U0625788

内蒙古黄河历史文化 上

李锐 崔思朋 编著

国家图书馆出版社

图书在版编目（CIP）数据

内蒙古黄河历史文化：全三册 / 李锐, 崔思朋编著. —
北京：国家图书馆出版社, 2021.12

ISBN 978-7-5013-7265-2

Ⅰ . ①内… Ⅱ . ①李… ②崔… Ⅲ . ①黄河流域—文化
史—研究—内蒙古 Ⅳ . ①K292.6

中国版本图书馆 CIP 数据核字（2021）第196888号

书　　名	内蒙古黄河历史文化（全三册）	
编　　著	李　锐　崔思朋	
责任编辑	谢阳阳	

出版发行	国家图书馆出版社（北京市西城区文津街7号　100034）
	（原书目文献出版社　北京图书馆出版社）
	010-66114536　63802249　nlcpress@nlc.cn（邮购）
网　　址	http://www.nlcpress.com
印　　装	北京科信印刷有限公司
版次印次	2021年12月第1版　2021年12月第1次印刷

开　　本	710×1000（毫米）　1/16
印　　张	60.75
字　　数	980千字
书　　号	ISBN 978-7-5013-7265-2
定　　价	900.00元

版权所有　侵权必究

本书如有印装质量问题, 请与读者服务部（010-66126156）联系调换。

《内蒙古黄河历史文化》编纂委员会

学术顾问：韩茂莉　张兆裕　赵　珍　张朔人　付　宁
　　　　　康建国　陶继波　赵子义　王聿慧　窦志斌

主　　编：李　锐　崔思朋
副 主 编：甄自明　高兴超　赵国兴　白林云

人员分工：李　锐（统筹整体工作，参与全书框架设计与文稿写作）
　　　　　崔思朋（参与全书框架设计与文稿写作、实地调研）
　　　　　甄自明（组织并带队负责内蒙古黄河流域各博物馆文物普查工作）
　　　　　高兴超（组织并参与实地调研，为考察队队长，负责绪论、
　　　　　　　　　第一章、第二章、第三章、第十章、后记等部分
　　　　　　　　　内容的配图）
　　　　　赵国兴（参与实地调研，负责第四章、第五章、第九章等
　　　　　　　　　部分内容的配图）
　　　　　白林云（参与实地调研，负责第六章、第七章、第八章、
　　　　　　　　　第十一章等部分内容的配图）
　　　　　成　鹏（参与实地调研、全书文稿校对与部分内容的补充完善）
　　　　　陈兴华（负责全书所需地图及部分图版的制作与改绘）
　　　　　苗　壮（参与实地调研，负责为参与人员搜集资料）
　　　　　刘海英（项目支持与帮助）
摄　　影：孔群　奥静波　赵占魁　甄自明
　　　　　高兴超　赵国兴　白林云
工作协调：马　俊　郝雪琴　张　伟　郝二玲
　　　　　赵　婷　张二军　刘建忠　张煦敏
　　　　　奇格日乐　王萍萍

李 锐

男，汉族，1978年生，内蒙古鄂尔多斯市人。毕业于内蒙古大学历史系，硕士。鄂尔多斯博物馆馆长，文博研究馆员。2009年获得"鄂尔多斯市直文化系统第十一届亚洲艺术节先进个人"称号。2016年被评为"西部之光"访问学者、"鄂尔多斯英才"。2020年，被聘为中国社会科学院研究生院兼职教授。主要研究方向为鄂尔多斯历史文化、文物器物学等。2013年—2018年，担任副主编完成《农耕 游牧·碰撞 交融——鄂尔多斯通史陈列》《八百年不熄的神灯——祭祀成吉思汗的鄂尔多斯蒙古族历史文化》《竞技游戏——历史上的北方少数民族体育》《北方草原古代壁画珍品》等。在《文化月刊》《收藏》《玉溪博物与收藏》《前沿》等刊物发表多篇文章。

近年来，先后组织和参与多项国家级、自治区级社科项目，为展示、利用和研究内蒙古地区的区域文化做出了积极努力。

崔思朋

男，汉族，1992年生，黑龙江省五常市人。本科与硕士先后毕业于内蒙古大学与中国社会科学院研究生院（现中国社会科学院大学），分别于2015年与2018年获得历史学学士与硕士学位，2018年至今为清华大学人文学院历史系博士研究生，鄂尔多斯博物馆特聘兼职研究员。主要研究方向为清史、环境变迁史与内蒙古区域历史文化，在《中国经济史研究》《自然辩证法研究》《求索》《重庆大学学报（社会科学版）》《求是学刊》《青海民族研究》《历史档案》《形象史学》《中国史研究动态》《西北民族论丛》等CSSCI核心期刊发表文章十余篇，部分文章被"人大复印报刊资料"与《历史学文摘》全文转载。

序一

　　黄河是中国的一条大河，五千多公里的流程，滋润着七十多万平方公里的土地，也孕育着两岸灿烂的文明。说起黄河流域的历史，有"五千年历史看山西，三千年历史看河南""地上文物看山西，地下文物看陕西"等各种说法，尽管这些说法存有争议，但每一个说法都站在一定事实的基础上，是一方水土上的文化精华。然而黄河播撒下的文明之火，从没有厚此薄彼，在大河拐弯之处，内蒙古的土地上同样有着令人瞩目的文化，不仅熠熠生辉，且独具风采。

　　古人有句话"一方水土养一方人"，不仅长久流传，且在时空的验证中获得人们的认同。一方水土指的是这块土地上的自然环境特征，无论往古还是当下，大自然中的一切都是人们赖以为生的资源，环境的属性不仅造就了人的性格，也塑造了一地的文化。环境与人关系最密切的是水，水是生命存在的前提，也决定了人们的生活方式。中国大地上有一条隐形的界限，这就是年降雨量400毫米等值线，这条界限落在地图上我们看得见，但踏上那片土地谁也无法找到它的落痕，就是这样一条隐形的界限将中国界分东西。年降雨量400毫米等值线与青藏高原东缘相互衔接，东部湿润多雨，西部干旱多风，东西两地景色迥然，民生迥然。"骏马秋风冀北，杏花春雨江南"出自画家吴冠中，寥寥几笔勾出东西迥然相异的景观与民生。环境打造了景观，也限定了人们的生业。《辽史·营卫志》有这样一段记载："长城以南，多雨多暑，其人耕稼以食，桑麻以衣，宫室以居，城郭以治。大漠之间，多寒多风，畜牧畋渔以食，皮毛以衣，转徙随时，车马为家。此天时地利所以限南北也。"长城以南，这是农耕区；大漠之间，属于草原畜牧业区。年降雨量400毫米等值线穿行而过的地带，正是农耕区与畜牧业区的交界处，这就是为人熟知的农牧交错带，黄河拐弯之处的内蒙古地区就在农牧交错带之内。

农牧交错带处于农耕区与畜牧业区的边缘地带，生活在这里的人们或农或牧，也营造了属于这里的文化。考古成果给我们留下了许多信息，成为了解这块土地上文化的依据。

农牧交错带意味着环境敏感，全新世以来的一万年中，这里有过数次冷暖之变，气候的冷暖自然也引发了民生方式之变。我们可以在考古遗址中找到对应的信息，并完成对这一地区环境变迁的认识。仰韶文化的那个时代是一个气候温暖期，公元前5000年至公元前4300年溯黄河北上的仰韶文化半坡类型与自东部而来的后岗一期文化首先在内蒙古中部地区相遇，形成红台坡下类型；公元前4000年左右属于仰韶文化的庙底沟类型沿汾河北上，在内蒙古中部形成王墓山类型；公元前3000年源于太行山东侧的大司空文化与红山文化又汇聚到这一地区，形成海生不浪文化；公元前2000年属于红山文化的后裔，再次与先于此时进入内蒙古中部地区的仰韶文化人群相会，形成了老虎山文化。上述文化类型所包含文化成分的地域来源虽然不同，但在器物类别上显示出共同的农业文明特征，如遗址中石斧、石刀等生产工具反映了原始农业的基本状况，房址、石城的变化也显示了与农业相伴的定居生活发展进程，至公元前2000年左右老虎山文化已经发展成规模可观的原始农业，这时候农牧交错带是以农为主的生活方式。

先民放弃以农为主的生活方式与气候转冷相关，考古界认定位于内蒙古中部的老虎山文化形成后即有向东、向南的文化扩散，其中向南扩散过程中经过几个不同阶段，发展成朱开沟文化。换句话说，朱开沟文化是老虎山文化的嫡系后裔。朱开沟遗址位于内蒙古伊金霍洛旗纳林塔乡朱开沟村，遗址文化遗存共分五段，揭示了伴随气候变迁，人类活动方式由农耕、狩猎、采集，转向半农半牧乃至畜牧业占重要地位的渐进过程。揭示气候变化的是植物类型，蒿科、藜科均属于半干旱、干旱气候条件下的草本植物，这类植物对旱生环境有较明显的指示作用。朱开沟遗址第一段文化层中蒿科、藜科植物花粉比例仅占50%，以后随着时间推移，这类植物所占比重越来越大，由50%增至70%，至第五段已达到93%，成为占绝对优势的植物。由于蒿科、藜科植物的旱生属性，这类植物比例增加反映了环境逐渐向冷干方向发展的变化特征。早期人类活动与环境之间的依存关系十分密切，伴随环境发生变化的同时，人类活动方式与生存手段也出现了相应的转变。在朱开沟遗址第一段发掘的生产工具既包含农业生产工具，也有用于射猎的工具，这些工具证明了人们在这一阶段不但从事原始农业种植，同时也将射猎作为辅佐农耕的重要谋生手段。在农耕与射猎两种生存方式之外，遗址中出土的动物骨骼从另一个角度显示了朱开沟时期的人们还从事放养业。如果对朱开沟遗址五个阶段的环境、工具，以及猪、羊、牛骨骼数量的变化进行对比分析，就会发现遗址文化层从第一段到第五段气候干旱与寒冷程度逐渐增加，羊、牛与猪之间的比例有逐渐增加的趋势。猪、羊、牛虽然都属于人类驯化、饲养的动物，但由于动物之间生理特征的差异，一般将猪的饲养视为农业生产的标志，而羊与牛的饲养则成为畜牧业的象征。朱开沟遗址五个文化段中猪、羊、牛比例的变化，显示的正是农业与畜牧业互为消长的过程。第一段中猪所占比例超过羊、牛比例的总和，这一时期农业生产在各业中占有突出地位，此后各段中随着气候转干、转冷，农作物渐渐失去了生存条件，面对环境变化，牛、羊等牲畜却具有较强的适应能力，其比例不断超过猪。内蒙古文物考古研究所编著的《朱开沟——青铜时代早期遗址发掘报告》中指出，当文化发展到第五段时，不但房址、墓葬数量明显减少且分散，而且人们使用的工具中已经出现了大量青铜工具，这些青铜工具与后来在内蒙古其他地区发现的青铜器均带有游牧经济的文化特征。面对气候变化，人们自然而然将生存的依托转向畜牧业，并在越来越多依靠畜牧业的同时，不断积累动物驯养经验，从牛、羊的畜养到马的驯化，进而使驯养牲畜变得更加成熟、独立。

属于朱开沟文化由农向牧的阶段性变化是在气候变迁宏观因素的诱发下形成的，这一诱发因素所及地区虽然范围很广，但反映最敏感地带当数农牧交错带。长期以来，内蒙古考古学者针对这一地区的发掘与研究，对环境变迁研究做出重要贡献。

气候变化让畜牧业逐渐成为内蒙古中部的主流生产方式，与此同时代表北方草原民族游牧文化的"鄂尔多斯青铜器"也出现在遗址中。从19世纪末叶开始，朱开沟以及伊克昭盟杭锦旗桃红巴拉等地，陆续出土了大量以动物纹装饰为特征的青铜及金、银制品，其中青铜器包括兵器、生产工具和生活用具。"鄂尔多斯青铜器"代表的时代以及自身的造型，都引起学术界的关注与思考，这些器物不仅代表着中国北方草原民族游牧文化，而且与欧亚草原民族文化有着十分密切的关联。"鄂尔多斯青铜器"多元的文化内涵，将我们的视线引入一个更大的历史舞台，唤起更多的思考，透过这些器物我们仿佛看到数千年前农牧交错带最壮观的一幕。

农牧交错带的地理环境，成为聚合农牧两种生产方式、融合两种文化的舞台，文化交融也伴随武力争雄，战国长城、秦长城、汉长城……砖石与夯土之间记录着那段历史中的人与事，无论走近鸡鹿塞，还是光禄塞，至今似乎还能依稀看到当年的金戈铁马、烽火狼烟。说起中国历史，人们的视角更多集中在中原地区，然而就在农牧交错带这块土地上，一座武川镇却走出了北周、隋、唐三代帝王，影响中国300多年历史。据说北魏晚期一位学了相面之术的和尚，来到武川这个寒荒之地，却惊奇地发现满街行走的都是帝王将相，这简直不可思议，于是和尚不再相信相面，又回到寺院中读经去了。如果历史上真有这位和尚，以后的事实证明他看到的都是真的。回顾中国历史，几乎没有哪一个地方有武川这样浓重的"王气"，正是当年那些戍守在武川镇的军人，走出了一群顶天立地、叱咤风云的政治、军事精英，在历史舞台上演绎了一幕幕动人心弦的大戏。无论关注隋、唐哪段历史，长安、洛阳始终是聚焦之处，却不曾想他们的起点是在武川。

农牧交错带的历史，或农或牧，交替落脚在这块土地上。近300年来，当晋陕农民渡黄河、走西口，来到内蒙古河套平原，农业逐渐成为这里的主旋律。今天这里的处处村庄、片片耕地，几乎都是几百年间口内农民经营的结果，由他们创造的文化也依然存在于当地的生活中。

历史离我们远去，文化却保留在内蒙古这片土地上。《内蒙古黄河历史文化》在鄂尔多斯博物馆的主导之下，通过内蒙古中部地区出土的器物、发现的墓葬壁画，以及由田野考察获得的摄影资料，全面展现了这片土地上的历史文化。在黄河与草原数千年的共同影响下，历史在这里留下了别样的灿烂。

韩茂莉

北京大学城市与环境学院教授

2021年1月14日

序二

  2019年8月20日，正在甘肃考察的习近平总书记来到嘉峪关关城，查看关隘、建筑布局，听取长城文物遗产保护和历史文化传承弘扬情况介绍。习近平总书记强调，当今世界，人们提起中国，就会想起万里长城；提起中华文明，也会想起万里长城。长城、长江、黄河等都是中华民族的重要象征，是中华民族精神的重要标志。我们一定要重视历史文化保护传承，保护好中华民族精神生生不息的根脉。2019年9月18日，习近平总书记在黄河流域生态保护和高质量发展座谈会上的讲话中专门谈到了"保护、传承、弘扬黄河文化"的问题，他说："黄河文化是中华文明的重要组成部分，是中华民族的根和魂。要推进黄河文化遗产的系统保护，守好老祖宗留给我们的宝贵遗产。要深入挖掘黄河文化蕴含的时代价值，讲好'黄河故事'，延续历史文脉，坚定文化自信，为实现中华民族伟大复兴的中国梦凝聚精神力量。"

  内蒙古自治区是长城和黄河"握手"的地方，是自然生态与人文景观完美融合的地方，也是黄河文化与草原文化交融汇聚的地方。黄河流经内蒙古段到鄂尔多斯地区，其主要是鄂尔多斯高原、河套平原与黄土高原的一部分，是黄河流经的最北端，著名的黄河"几字湾"的核心地区，还是黄河上游和中游的分界线。从地理上看，鄂尔多斯高原是一块相对独立的地理单元，是内蒙古高原的延伸，她的西、北、东面被黄河环绕，南部虽然与黄土高原相接，但有一道长城将两者明确分开。从历史上看，鄂尔多斯地区历史独特、个性鲜明，是草原文化与黄河文化、农耕文化与游牧文化高度交融汇聚之地。改革开放以来，鄂尔多斯博物馆围绕研究和展陈鄂尔多斯地域文化开展了许多工作，近几年又紧跟党和国家重大部署，开展了一系列以黄河文化为主题的保护传承弘扬工作，尤其是在内蒙古全区开先河，布置了以"黄河从草原流过"为主题的专题展览，极大地扩大了内蒙古黄河文化的传播力、影响力。现在，鄂尔多斯博物馆的领导和专家团队，又在多年积累的基础上，推出了这套厚重的《内蒙古黄河历史文化》图书。该图书图文并茂，兼具学术性、审美性和文化普及性，其厚重性和生动性不能不令人叹为观止。

近几年，为了推进我区黄河文化研究的整体进展，提升内蒙古历史与地域文化在全国乃至世界上的影响力，内蒙古自治区社会科学院在民族文化工程建设项目中设立了"内蒙古黄河区域文化研究"课题，并组织吸纳内蒙古沿黄河各盟市地区相关单位、专家学者加入研究团队。该课题旨在梳理总结内蒙古黄河区域文化发展历史进程的主线和时代特征，进而认识内蒙古黄河文化遗产及其当代价值。研究团队在梳理和考察我国北方草原地带悠久历史文化传统的基础上，从区域史、地方文化和历史人文地理等学术视角出发，率先提出以"内蒙古黄河区域文化"为概念范畴的研究，旨在为今天内蒙古区域文化和区域经济社会的建设发展提供历史经验和重要文化资源。这项研究从地区、民族和时代特点出发，深入考察内蒙古黄河区域文化的演进和传承过程，对这一区域的历史发展进行了多方面整体性研究，完整地揭示出了黄河文化区域多民族历史发展的总线索和社会进步的基本走向，尤其总结了历史上这一区域的各族人民在社会实践中弥足珍贵的经验教训和对中华民族的共同贡献。

在课题进行的过程中，为了推进课题进展，调动各地相关机构和专家学者的积极性，提高参与度，课题设立了几项协作子课题，其中鄂尔多斯博物馆承担了两项，分别是由鄂尔多斯博物馆馆长李锐主持的"内蒙古黄河'几字湾'文物考古资源调查与研究"和鄂尔多斯博物馆副馆长甄自明主持的"鄂尔多斯黄河文化与长城文化的互动互促研究"。这本厚重的书稿，也是上述课题项目的重要成果之一。

开展内蒙古黄河区域文化的保护研究、传承弘扬工作具有多方面重要的价值和意义。

第一，文化遗产是承载历史信息和传统文化的活的载体，是最客观、最可靠的关于历史文化的真实遗留，是人类社会生生不息向前发展的历史见证。内蒙古黄河文化所具有的丰富历史文化价值，能够丰富内蒙古大众的文化生活，能够为今天内蒙古文化强区建设添砖加瓦，为提升北疆地区民众美好生活的需要提供丰富的历史文化精神财富。

第二，内蒙古黄河区域文化丰富的内涵和鲜明的特色，是内蒙古地区开展知识传播和进行大众教育的重要历史文化资源。这一区域文化的社会价值深刻地体现在教育上，弘扬这一区域文化可以构筑群众社科普及地和传统文化的学习园地，堪称活生生的历史教科书。

第三，内蒙古黄河区域文化蕴含着丰富的经济价值，能够成为旅游开发、文化产业的重要载体和基础。内蒙古黄河区域文化作为丰富的历史记忆与人类情感的载体，具有旅游开发的巨大潜能。

第四，内蒙古黄河区域文化还具有重要的国际交流价值，能够成为国际交流交往的话题和国际旅游目的地。国家发展改革委、外交部、商务部联合发布的《推动共建丝绸之路经济带和21世纪海上丝绸之路的愿景与行动》中明确提出："2000多年前，亚欧大陆上勤劳勇敢的人民，探索出多条连接亚欧非几大文明的贸易和人文交流通路，后人将其统称为'丝绸之路'。千百年来，'和平合作、开放包容、互学互鉴、互利共赢'的丝绸之路精神薪火相传，推进了人类文明进步，是促进沿线各国繁荣发展的重要纽带，是东西方交流合作的象征，是世界各国共有的历史文化遗产。"内蒙古黄河区域文化同样具有重要的国际交流价值，这些文化遗产是沿线各国、各族人民的共同文化财富，最终将成为各国、各族人民相互沟通和交流的重要主题，成为各国、各族人民友好交流的最佳媒介。

第五，内蒙古黄河区域文化有助于我们研究人地关系，从而促进生态文明建设。从历史角度看，人地关系、生态环境的观念由来已久，尤其是在面对黄河流域治理的漫长历史过程，河道治理和黄河流域内的社会生产早已成为黄河文明进程中最为重要的一项人类活动，这一点对我们今天所提出的生态文明建设，以及新时代的黄河流域的治理工作，都有着重要的历史借鉴意义，相信我们在梳理前人研究成果、做探讨工作以及在我们今后研究河套地域历史的过程中，都会有更多新的启示，这样的研究和挖掘必将十分有益于今天的生态文明建设。

总之，相信该课题的研究，特别是这本书的出版，必将有助于全国乃至世界上关心和爱好长城和黄河文化的专家学者、有识之士，尤其是广大青少年深入了解内蒙古黄河区域文化，增强民族自豪感和凝聚力，也对铸牢中华民族共同体意识具有十分重大的现实意义。

李春林

内蒙古自治区社会科学院院长、二级研究员

2021年6月28日

序三

　　鄂尔多斯是内蒙古自治区下辖的一个地级市，城市名称来源于明代的蒙古鄂尔多斯万户，位于祖国正北疆，西、北、东三面均被母亲河——黄河环绕，南临明长城，毗邻晋、陕、宁三省。全市共辖七旗两区，总面积约8.7万平方公里，总人口206.87万，其中有蒙古族19.9万。它是一个以蒙古族为主体、汉族占多数的地级市。鄂尔多斯历史悠久，文化底蕴深厚，目前的考古学证据显示，早在十几万年前，"河套人"最早开始在这片广袤的土地上繁衍生息，成为鄂尔多斯地区人类文明的最早拓荒者。此后，人们在这片热土上生生不息，不断书写新的人类文明历史的辉煌。这里既有沟壑纵横的山地丘陵，也有绵延千里的漫漫黄沙；既有平整开阔、适宜农耕的冲积平原，又有一望无际、宜于放牧畜养的广袤草原。在黄河水的滋养和眷顾下，这里经历了原始农业、早期畜牧业、发达的游牧业到农牧交错的经济业态发展历程，也促就了这里辉煌灿烂的多元文化发展形态，形成了以黄河文化、草原文化、长城文化、蒙元宫廷文化、明清移民文化与近代红色文化等为主要特征的多彩而厚重的历史文化风貌，我们姑且将其通称为"鄂尔多斯文化"，徜徉在多彩的鄂尔多斯文化中，是我们鄂尔多斯人无比的荣耀，它是我们取之不竭、用之不尽的文化源泉。

一、文化开发的资源优势

鄂尔多斯地处祖国正北方，地形地貌多样，四季分明，气候适宜，独特的地理区位，使这里自古以来就是历代中原王朝政权与草原游牧政权相互争夺的战略要地，在大部分历史时期，双方在这里展开了旷日持久的拉锯战，使这里也成了农耕文明与草原文明交相辉映、冲突融合的文化大熔炉。

（一）历史文化资源优势

鄂尔多斯历史文化悠久、底蕴深厚，不仅是早期人类文明的重要发祥地，更是中国悠久历史文明的重要组成部分。优越的自然环境使鄂尔多斯早在距今十几万年以前就有古人类在这里繁衍生息，创造出了以河套人文化、永兴店文化、朱开沟文化，以及以"鄂尔多斯青铜器"为代表的青铜文化等为典型标志的早期人类文化；进入封建社会以后，逐渐形成了以成吉思汗祭祀文化、蒙古宫廷文化、鄂尔多斯婚礼文化等为代表的带有浓厚蒙古民族风情的草原文化，到了明清时期，逐渐形成了以"长城内外是故乡"的移民与多民族融合发展的长城文化及农牧交错带文化；近代以来，在中国饱受侵略时期，鄂尔多斯地区在经历了救亡图存的革命洗礼之后形成了不畏牺牲、勇敢拼搏的红色革命文化。这些悠久的人类文明深深地诉说着鄂尔多斯地区历史文化的悠久厚重与灿烂多元，也是悠久的中国历史文明的组成部分。

鄂尔多斯文化在本地区自成系统的孕育与发展的同时，也与本地区以外的人类文明产生了较为持久深远的交流互动，这也为鄂尔多斯文化增添了许多新的要素。鄂尔多斯地区作为历史时期草原对外交流的重要节点，同时也是中原王朝穿越草原的必经之地，自古南北文化、东西文明就在这里交互、流转，是中原农耕民族与草原游牧民族文化交流互鉴的必经之地，也是历代交通线路、文明过往的重要节点和枢纽。早在史前时期，这里就有了贯通东西的石器之路。商周以降，这里又是早期青铜之路上的重要发源地和转折点，创造出了享誉世界的鄂尔多斯青铜文明。进入封建社会以后，秦直道、草原丝绸之路、万里茶道、走西口之路等等，鄂尔多斯都是其必经之地和重要的流转环节。特别是存在时间较长且历史影响极为深远的草原丝绸之路，鄂尔多斯在其中是东西文化交流、南北陆路交通的重要枢纽和中转地，并在其中发挥了重要作用，促进了多元文化的相互交流与发展，形成了独具鄂尔多斯地域特色的草原文化。

到了明清时期，尤其是清代以来，随着口内移民的逐渐外迁而形成了"走西口文化"，这在鄂尔多斯地区展示得尤为精彩，鄂尔多斯地区也成为西口之路上的重要驿站和转折点，同时也是走西口移民的重要人口输入地。这一时期形成的是别具一格的农牧文化交错分布特征，同时又是农耕与游牧文化相互交融的地域文化特征，因而"走西口"也成为历史学、民俗学与社会学等多个领域关注较多的学术研究选题。与此同时，"走西口"的历史也逐渐登上荧屏，2009年央视的开年大戏《走西口》的热播，使越来越多的人对"走西口"这段洋溢着蒙汉交汇区内独特的历史文化与风俗民情产生了浓厚的兴趣。但电视剧《走西口》只是文学艺术作品，而非历史的真实再现，源于生活但又不等于真实生活，"走西口"的历史内容丰富，仍有待进一步发掘。

（二）文化传承主体优势

纵览鄂尔多斯地区自有人类以来的十余万年的发展变迁历史，黄河及其支流始终是滋养鄂尔多斯地区人类文明的重要源头。在漫长的历史岁月中，勤劳智慧的各族人民在这片土地上创造了灿烂的"鄂尔多斯文化"，同时也留下了丰富的历史文化遗产。目前，鄂尔多斯境内共发现不可移动文物遗址点1000多处，拥有萨拉乌苏文化遗址、朱开沟文化遗址、战国秦长城、阿尔寨石窟、成吉思汗陵、秦直道遗址、桌子山岩画等14处国家级重点文物保护单位和伊金霍洛旗郡王府、准格尔旗城壕城址、杭锦旗霍洛柴登古城遗址、鄂托克旗凤凰山壁画墓、乌审召庙等65处自治区级重点文物保护单位。这些历史价值独特、类型多样的物质文化遗存与历史遗址，为当下国家倡议开发黄河文化、讲述黄河文化故事提供了丰厚而多样的历史文化资源。

在鄂尔多斯地区，各个博物馆是当地历史文化传承与讲述的最大主体。近年来，鄂尔多斯市不断加大文博场馆建设的投入力度，大力鼓励扶持行业博物馆、非国有博物馆的发展建设。目前，全市备案登记的博物馆（包括纪念馆）就有28座，其中包括国有博物馆21座、非国有博物馆7座，全市国有馆藏文物近5.2万多件（套）、民间藏品260余万件（套）。随着考古发掘、文物征集等工作的进一步深入开展，与鄂尔多斯地区历史文化相关的文物会继续被发掘出来，文物数量与种类也会日趋丰富。

目前，随着鄂尔多斯博物馆、鄂尔多斯青铜器博物馆、鄂尔多斯革命历史博物馆、内蒙古沙漠博物馆、准格尔旗博物馆、延安民族学院城川纪念馆、乌审旗博物馆、鄂托克旗查布恐龙博物馆等国有博物馆相继建成，泰发祥博物馆、马文化博物馆、日兴红色文化博物馆、雍贵艺术博物馆等非国有博物馆也蓬勃兴起，初步形成了以国有博物馆为主体、非国有博物馆为补充的博物馆发展体系。这些数量丰富、形态多样的国有与非国有博物馆为多视角、深层次展示鄂尔多斯的历史文化提供了基础平台，更为发挥博物馆讲述、传承历史文化的功能提供了良好的主体条件，在当下黄河文化的开发建设之际，也为全面深入地讲述鄂尔多斯黄河历史文化故事提供了先天的基础条件。

（三）经济后盾优势

"经济基础决定上层建筑"是人们熟知的一条马克思主义基本理论。换句话说，就是在没有足够的经济实力前提下，也难以实现其他方面的发展建设，当然也包括文化方面的发展建设。就文化的保护、传承与发展建设的角度来说，经济基础也成为决定文化发掘、文化品牌打造与输出的最为坚实的物质基础。鄂尔多斯是改革开放以来中国经济迅速腾飞发展的18个典型地区之一，同时也是内蒙古自治区的新兴经济城市，且被自治区政府定位为省域副中心城市之一，也是呼包鄂城市群的中心城市。

目前，鄂尔多斯市已是国家重要的"清洁能源输出基地"与"现代煤化工基地"，也是国家规划的"呼包银榆经济区"和"呼包鄂榆城市群"的重要组成部分。这里有世界上最大的羊绒制品加工基地，有世界级的大型现代化露天煤矿和整装天然气田，"库布齐沙漠治理模式"已被载入《联合国宣言》向世界推广。全市主要经济指标连续多年保持内蒙古自治区首位，稳居全国中西部城市前列；先后荣获国家卫生城市、全国文明城市、国家森林城市、国家园林城市等荣誉称号。富集的自然资源、独特的区位优势、优越的自然环境与社会生活环境、强劲的经济实力，为发掘并打造鄂尔多斯历史文化品牌提供了经济支持，更为发掘内蒙古黄河历史文化与塑造内蒙古黄河文化展示平台、推进黄河文化品牌建设提供了强有力的支撑保障，并形成了独特的发展优势。

二、内蒙古黄河历史文化开发的实践

黄河环绕是鄂尔多斯地区的独特地理风貌，且黄河及其支流流经是早期人类选择在鄂尔多斯地区生存繁衍的重要自然基础，因而独特的鄂尔多斯文化抑或游牧时代的草原文化都同样离不开黄河的滋养。因此，保护、发掘、传承与弘扬内蒙古黄河历史文化，鄂尔多斯要勇于争先，承担起相应的责任和使命，鄂尔多斯市下辖各博物馆也要勇于承担，肩负起历史使命与时代责任，做好内蒙古黄河历史文化的发掘、保护与传播等工作。

（一）黄河文化开发的有利契机

近年以来，随着党和国家对文物与博物馆工作的极大重视，以文物讲述历史，以历史增强民族自信心、自豪感的愿望与现实需要日渐凸显。特别是2019年9月18日，习近平总书记在黄河流域生态保护和高质量发展座谈会上的讲话中也明确提出"保护黄河是事关中华民族伟大复兴的千秋大计"，同时也强调要讲好黄河文化故事，做黄河文化传播的使者，促进文化和旅游协同发展。习近平总书记提出黄河文化保护与传承的战略布局，更体现出国家层面对黄河历史文化的高度重视，这也为鄂尔多斯对本地区及毗邻的黄河流经的内蒙古其他地区的黄河文化开发提供了有利契机。

作为黄河流经内蒙古的重要区域，鄂尔多斯有责任把本地区乃至整个内蒙古黄河流域的文化讲清楚、理明白，并要打造成特色文化品牌，很好地传承下去。因此，立足内蒙古沿黄两岸，以文化建设和生态治理为工程方向的事业项目不断涌现。这些惠民工程与文化战略，以地域文化、黄河文化为内核，着力树立文化与旅游融合发展的新目标，努力实现以经济带动文化，以文化促经济发展的宏伟愿景。

其实早在历史时期，尤其是农业文明时代，我们的先民们就已经开始了对黄河的人为开发利用，当然也包括对黄河水患的治理。比如沿黄河及其支流出现的寨子圪旦原始聚落遗址、白草塔原始农业与聚落、大宽滩史前城址、后城嘴大型石城、西夏御金的城坡古城、包子塔明代巡检司及边墙关隘、板升错落，等等。这些城寨或村镇的建设虽然是出于防御外敌、保境安民或维持生存等目的，但在客观上起到了开发黄河流域资源与发展经济、文化等重要历史作用。与此同时，这些城寨或村镇的出现与长期自然发展也离不开黄河及其支流的水源补给，也正是这一过程，创造并丰富了本地黄河文化的内容。因此，无论是人们直接利用黄河给人类带来的优势自然资源，还是人类结合自身需求对黄河进行的开发建设，都为黄河文化增添了新的内容。

在经济建设发展的新时代背景下，围绕着国家经济发展建设的需要，一大批卓有成效的经济建设项目纷纷落户在内蒙古黄河流域，在鄂尔多斯黄河流域内出现的三盛公水利枢纽、万家寨水利枢纽、黄河大桥、沿黄高速公路、黄河渡口等是集中体现。在经济建设以外，更重要的是围绕着黄河文化、黄河故事而打造的文旅融合经济带，发挥其在旅游观光、文化交流、历史教育中应该承担起的重要历史与现实作用。如东胜区秦直道文化产业区、达拉特旗昭君文化园、托克托县河口古渡广场、清水河喇嘛湾休闲带、准格尔旗包子塔明代民俗民居文化村落、老牛湾度假旅游区、鸡鸣三省文化观光区、十里长川文化经济带等等，这些兼具历史文化与现实发展需求而打造的历史遗迹，不仅仅是对历史文化的发掘、继承与弘扬，更是现实经济社会发展的重要推动力量。此外，利用黄河沿岸自然风景打造的文化及旅游区还有达拉特旗恩格贝生态旅游区、响沙湾沿黄沙漠带旅游区、王爱召和烈士陵园纪念场馆等，这些经济和文化项目的建设与建成使用，充分发挥了黄河区域和黄河文化的地域优势，突出了黄河文化因素，彰显了黄河文化的厚重与多元，是建好黄河保护设施，讲好黄河文化故事的生动实践。随着这些实践的持续发力，黄河生态文化保护、利用、传承的价值与意义还会持续不断地凸显出来。

（二）不足与展望

当看到当前黄河文化发掘的有利机遇和发展优势时，我们还应该看到鄂尔多斯在黄河文化保护、传承和发掘上面临着许多困境与问题。比如目前鄂尔多斯的经济优势是建立在单一的煤炭经济基础之上的，这种经济结构是以牺牲不可再生能源与生态环境为代价的。煤炭等资源开发导致的黄河流经区域内生态环境的改变，尤其是向恶化趋势的发展，必然影响黄河文化发掘与建设的整体质量。另外还有一点，就是此前文化建设与经济建设发生冲突时，文化建设让步于经济建设的事实也是不容忽视的，在今后处理文化建设与经济建设之间的关系时需要做出平衡。

作为黄河文化深厚资源的历史文化，复杂多样，范围宽泛，多数与其他地区存在着雷同的文化内涵，地域特性、优势不明显，典型性文化数量少而内容寡，并且对地域文化的挖掘肤浅，对黄河文化挖掘面小，突破创新难度大。在文化开发传承主体上，虽然存在着众多的文化场馆或博物馆，但也应看到，这些博物馆发展参差不齐，缺少对黄河文化的精准定位与认识，也缺少对黄河文化的理解与辨识，主体认识不清，在研究黄河文化上容易泛化、全面化，认为只要是黄河范围以内的文化都可以纳入黄河文化中来。另外，对黄河文化展示与讲述的方式单一，思路不是很宽阔。

文化和旅游融合是时代发展需要，如何让旅游在文化内核的促动下更具活力，以旅游促进文化的良性和快速发展，是我们都应该思考的问题。面对"黄河文化高质量发展"的时代机遇，鄂尔多斯应顺势而为，应时而动，主动作为，积极创新，紧紧抓住黄河文化开发利用的大好时机，以文化旅游融合发展为目标，以建设"黄河文化带"，打造特色黄河旅游产品，助推文化旅游产业优化升级。特别是针对鄂尔多斯市冬季旅游产品短缺、吸引力不足等问题，应大力发展文化研学旅游，建设黄河文化冬季项目，提升冬季旅游品质，让鄂尔多斯的黄河文化资源与旅游发展"融起来""动起来"，讲好鄂尔多斯的黄河文化故事，讲好内蒙古的黄河文化故事。

赵子义

鄂尔多斯市文化和旅游局党组成员、局长

2021年6月

序四

中国的江河众多、流域（或分布区域）广泛，人们借以通行舟楫、发展水利、灌溉农田，并孕育了辉煌灿烂的中华文明。而在中国众多的江河之中，无论是对于中国历史还是自然环境而言，影响最大者莫过于长江与黄河。尤其是黄河，是环境史和历史地理学研究的一个永恒的话题。在中国人的视野中，黄河不仅仅是一条大河，而且是国家与文化精神的象征，是中华文化的发源地，古老的中华文明离不开黄河的滋养，黄河也被誉为我们中华民族的"母亲河"、中华民族的"摇篮"。

黄河全长约为5464公里，是我国的第二条大河（同时也是世界上的第五长河），流域面积约75.3万平方公里，黄河以多泥沙、善淤、善决、善徙而著称于世。黄河发源于青海省巴颜喀拉山脉北麓，从河源以下，沿途汇集了40多条主要支流和千万条溪涧沟川，逐渐形成了波涛澎湃的大河，流经青海、四川、甘肃、宁夏、内蒙古、陕西、山西、河南及山东9个省区，最后流入渤海。根据黄河全程流域的水文特点，上、中、下游分别以内蒙古托克托县河口镇、河南省洛阳市旧孟津为分界点，上、中、下游的地貌形态与环境特征也呈现出明显的地区性、差异性，因受到各地段不同地理环境特殊性的影响，黄河也形成了独具特色的区域性人类社会文明形态。

从河源到内蒙古托克托县的河口镇是黄河的上游地段，这一段河长3472公里（中段长1206公里、下段长786公里），落差3846米（中段落差890米、下段落差95米），上部是高山草原区，下部是峡谷区和宁蒙平原，本段流域面积为38.6万平方公里（中段流域面积为34.4万平方公里、下段流域面积为2.3万平方公里），汇入的主要河流有白河、黑河、大夏河、洮河、湟水、祖厉河、清水河、大黑河等，这段河道的基本特点是水多沙少，河水较为清澈，流量较为均匀，比降大，峡谷多，蕴藏着丰富的水力资源。

黄河流域孕育了中国的原始农业，最初的农业主要是沿河两岸的冲击沃土分布。这里地势平坦、气候温和，加之疏松易耕的黄土冲积层，故而从仰韶文化、龙山文化等史前社会开始，这里就出现了发达的原始农业，内蒙古地区的原始农业也广泛出现在黄河流域。从地理方位上看，黄河出青铜峡以后，地势豁然开朗，进入坦荡的宁夏平原和内蒙古河套平原，河道平缓，流速较小，流量稳定。它西面的贺兰山，阻挡着沙漠的侵袭；北面的阴山，屏障西伯利亚的寒风。就流经鄂尔多斯地区的黄河流域而言，从鄂托克旗巴音陶亥乡都斯图河口起，沿着杭锦、达拉特、准格尔三旗边缘，到准格尔旗马栅乡小站止，似弓形，可谓"九曲黄河"之大曲。约在清朝中叶，因黄河主道（史称北河，今称乌加河）淤塞，改道南移（今主流）形成现状。发源于鄂尔多斯高原的十三条孔兑（蒙古语，意为"川"）分别由东、西、北三个方向注入黄河。黄河水量每年夏季明显下降，而至秋初时陡增，8~9月为汛期，10月全线封冻，次年3月解冻。由于流线长，跨越纬差大，故河面结冰先下游而后上游，而解冻却相反，使上游河水暴涨，有时形成"冰坝"，两季凌汛期持续一个月左右。

鄂尔多斯地区是黄河在今内蒙古自治区的重要流经区，黄河在鄂尔多斯境内流域总长约840公里，流经鄂尔多斯市的鄂托克旗、杭锦旗、达拉特旗、准格尔旗等地。从地理方位来看，鄂尔多斯位于黄河最大的"几字湾"之内，被黄河三面环绕，因而鄂尔多斯地区也处于泛河套地区，在萨拉乌苏遗址中发现的当地目前已知的最早人类"河套人"便是以此命名。当代的考古学资料也揭示出，在人类文明初期原始农业衰落之后，即西汉时这里又开始修筑大量的灌溉渠道，成为黄河上游开发最早的重要农业区域之一。自此而后，当地经历了农耕与游牧民族之间长期的碰撞与交融，农业与畜牧业几经衰落变迁，并形成了独具特色的农牧过渡地带文化。

"鄂尔多斯"系蒙古语，意为"众多的宫殿"，因而"鄂尔多斯"之名称的提出是出现在蒙古族崛起并对这一区域的长期控制之后，具体说来则是出现在明代，即明朝时期的蒙古鄂尔多斯万户，"鄂尔多斯"因此而得名。在黄河的滋养下，鄂尔多斯地区自古以来就是人类繁衍生息、探索生存发展的热土。自距今14万年前的萨拉乌苏遗址出现了当地最早的人类以来，人们就在这片黄河环抱的土地上生息发展，通过十余万年的辛勤劳作和勇敢探索，他们创造出了灿烂多元、悠久绵长的历史文化。近代以来，考古发掘出的海生不浪文化、永兴店文化、朱开沟文化以及鄂尔多斯青铜游牧文化，等等，都代表着鄂尔多斯在历史上演绎着灿烂辉煌的人类文明。这些人类文明无一离开过黄河水的滋养与眷顾，无一不是在黄河水系的哺育下发展出的。

鄂尔多斯地区在史前时代人类文明肇始期是如此，在历史时期人类文明发展期亦是如此，黄河干流及其支流催生和哺育的满天星斗般的灿烂人类文化熠熠生辉。进入封建时代以来，尤其是到了有文字记载的历史时期，有关黄河与鄂尔多斯的历史文化记述更为精彩，相关的文物与遗迹也更加丰富。如自战国、秦汉以来持续不断的长城文化，秦皇汉武在这里置县设郡，屯兵长城，移民塞外，在这里开渠种地，创造出了轰轰烈烈的农业文明。除此之外，王昭君北离长安，从达拉特旗的古渡口渡过黄河来到蒙古草原与匈奴和亲，实现了汉与匈奴之间长达数十年的和平稳定局面。北魏时期，孝文帝西渡黄河，在这里留下了狩猎宫游的古代城池文化和宫廷故事。隋朝时，隋炀帝又北走黄河，巡幸州府，在黄河岸边的胜州城大摆宴席，设宴群臣。从13世纪开始，蒙古族开始崛起并成为蒙古草原上的实际控制者，他们逐渐控制了鄂尔多斯并在这里打上了蒙古族文明的深深烙印，成吉思汗在西鄂尔多斯草原凿百眼井、开百眼窟，休养生息，屯兵备战，鄂尔多斯也成为成吉思汗魂牵梦绕、生死眷顾的地方。在《蒙古源流》中，成吉思汗曾这样赞誉鄂尔多斯："梅花鹿儿栖身之所，戴胜鸟儿育雏之乡，白发老翁享乐之邦，衰落王朝振兴之地。"到了明清时期，这里是走西口移民的必经之地和迁徙到口外的重要落脚点之一，人们从黄河岸边的昭君古渡、磴口古渡、大树湾古渡迈向了更加广阔的草原腹地，重新开始了新的生产与生活，持续不断走西口的移民也为鄂尔多斯地区留下了"西口古渡""西口文化"等新的多元文化与历史遗存，如今鄂尔多斯地区流传下来的漫瀚调、骡驮轿、窑洞居等移民文化，无一不是内蒙古地区黄河历史文化在明清时期出现的新内容。

鄂尔多斯一直在对黄河历史文化进行发掘、保护与开发利用，也一直注重对黄河文化的继承和发扬，孜孜不倦地寻求创新，不断打造和丰富鄂尔多斯黄河文化品牌。远古时期，人们依河耕作，修筑聚落，过着简单的原始农业生活。历史时期，在政权主导下，国家向这里派兵戍边、移民屯垦，发展农牧业生产，开发出农牧兼顾的经济形态。近现代以来，人们围绕着黄河继续开发其能够为人类生存发展的潜能，利用黄河水发展大规模的灌溉农牧业，并从事商业、渔业、盐业、渡口经济等，使这里商贾云集、村镇繁盛、农牧并兴。新时代以来，特别是近年来在党和国家的高度重视下，鄂尔多斯地区的黄河治理成果显著，生态环境日益良好，有力保障了黄河两岸的生命财产安全，并确保下游的黄河开发利用。在黄河水利用方面，鄂尔多斯开展了一系列针对黄河水利开发与黄河水患治理的工程建设，如三盛公、万家寨、黄河大桥等大型黄河水利枢纽的建设，有效改善了鄂尔多斯境内黄河天然水利资源利用的劣势，转变劣势为优势，促进了当地经济的发展。如今，黄河成为鄂尔多斯地区"百益而无害"的致富水流。包子塔、老牛湾、喇嘛湾、河口古渡等众多现代文化旅游设施的开发与建设，使黄河水的利用进入了全新的发展阶段，守河、用河、爱河，真正实现了黄河造福两岸人民的愿望。

然而，我们也应清楚地认识到，随着鄂尔多斯经济的高速发展，煤炭、稀土等开采的加剧，天然气资源的开发，也极大地影响了本地区黄河水系的天然形态。人们普遍面临着严峻的生态环境压力，这些困境和难题的解决，需要国家和社会共同努力。我们是生活在黄河水环抱眷顾的鄂尔多斯人，我们有责任把母亲河保护好、治理好，要在历史文化中不断汲取营养和经验，汲取黄河水治理与利用的宝贵经验，把黄河文化保护好、讲述好、发扬好，使黄河文明一代一代地传承下去。鄂尔多斯博物馆作为内蒙古黄河流域的众多博物馆之一，也要勇于承担，做黄河文化的发掘者、开发与保护者，以及黄河文化的传播者，向世界讲述内蒙古黄河历史文化。为了做好这项工作，首先要立足高远，以全新的视角看待黄河文化，对黄河文化做出系统的考量和梳理，准确把握黄河文化的典型特征，准确辨识黄河文化的标准和内涵，不能泛泛化、简单化。

习近平总书记于2019年9月18日在黄河流域生态保护和高质量发展座谈会上的讲话中，明确提出了黄河生态环境保护治理与高质量发展的重要要求，黄河沿线应声而动，纷纷从各自领域、各自视角为黄河生态、文化保护建言献策，努力笃行。作为黄河八分之一水域的鄂尔多斯，作为鄂尔多斯地区最大的文博机构，鄂尔多斯博物馆有责任把鄂尔多斯乃至内蒙古黄河流域的黄河文化保护好、讲述好、打造好，并要很好地传承下去。

在此背景下，鄂尔多斯博物馆积极筹备，多方论证，通过参加学术研讨与交流，通过与中国社会科学院、清华大学、北京大学等国内顶级科研院所与高校的专业团队进行广泛且深入的交流与互动，提出符合鄂尔多斯本地实际状况与鄂尔多斯博物馆特长优势，同时又能够突出鄂尔多斯地域特征的黄河文化主题。根据最初的设计，为做好对黄河文化的发掘、保护与传承发扬工作，鄂尔多斯博物馆计划通过实地考察与文物征集，将与鄂尔多斯地区黄河文明相关的实物考古进行整理与学理上的分析，并结合史料记载，在本市博物馆设计"黄河文明"专题展览，并制作相关宣传文化手册或专辑类图录著作，向大家展示鄂尔多斯地区独特的黄河文明。经过鄂尔多斯博物馆同人们一年多的努力与实践，以及和合作单位的群策群力，我们在黄河文化的发掘、保护与传承发扬上，取得了一些实质性且卓有成效的突破性研究成果。

截至目前，我们已经成功开展了"鄂尔多斯黄河几字湾历史、民俗与文化调查"项目的调查工作，实现了对鄂尔多斯地区黄河文化遗存的实地调研；同时进行的活动还有鄂尔多斯博物馆黄河文化调查队针对内蒙古黄河流域各博物馆及相关单位的调研活动等，并完成了"黄河从草原上流过——内蒙古黄河流域古代文明展"重大宣讲展，实现了《黄河从草原上流过——内蒙古黄河流域历史文明》同名成果的编撰与出版等。无论是学术研究，还是向社会大众宣传等方面，都取得了积极影响。

此次《内蒙古黄河历史文化》三卷本专业成果的编著出版，也是鄂尔多斯博物馆在黄河文化发掘、保护与传承发扬方面取得的重要成果。此成果从内蒙古黄河流域全线的古代（时间跨度为旧石器时代人类文明出现，至清代灭亡）文明遗存与文物出发，以历史时期人们对黄河流域的农牧经济开发为视角，通过对各个历史时段的物质遗存研究、珍稀文物和历史文献佐证，梳理出一条清晰的黄河文化铸就的农牧经济发展线条，理顺内蒙古地区黄河文化的发展轨迹，展现黄河文化发展成就，这对于增强人们的文化自信，筑牢中华民族的共同体意识必将发挥积极作用。这套研究成果是目前有关内蒙古地区黄河文化研究的早期专著，也是全国范围内罕见的以图文相结合的方式展示内蒙古黄河历史文化的研究专著，其学术价值与现实意义可见一斑。相信随着时间的推移，这套成果的价值会更加凸显。

李　锐

鄂尔多斯博物馆馆长、研究馆员

2021年年初写于鄂尔多斯博物馆

目录

上卷

中卷

绪论

内蒙古黄河流域历史文化探析

绪论图表索引

河流是早期人类文明起源与发展的依托。四大文明古国（两河流域的古巴比伦、尼罗河流域的古埃及、恒河流域的古印度及黄河流域的中国）皆是发端于大河流域，并因在各自区域内发展起来早期农业而跻身于世界文明古国之列。中国地域辽阔，江河众多，人们借以通行舟楫、发展水利、灌溉农田，孕育了辉煌灿烂的中华文明。在中国众多的江河之中，无论是对中国历史还是对自然环境而言，影响最大者莫过于长江与黄河。尤其是黄河，因其滋养了古老的华夏文明，而成为环境史和历史地理学等领域研究的一个永恒的对象，历来受到国内外学术界的普遍关注。

一

歌曲《龙的传人》的歌词写道："遥远的东方有一条河，它的名字就叫黄河；古老的东方有一条龙，它的名字就叫中国。"这是歌者对中国与黄河关系的生动描述，黄河是滋养中国这条东方巨龙的自然源泉，将黄河与中国并列叙述，也足见黄河之于中国的非凡意义。在中国人的意识中，黄河不仅是一条大河，更是中华文化的第一发源地，中华文明的起源与延绵发展离不开黄河的滋养，因而她被视为国家与民族文化精神的象征，被誉为中华民族的"母亲河"、中华民族的"摇篮"等。由此不难看出，黄河在中国文明起源及发展演进过程中扮演着十分重要的角色。

黄河作为我国北方最大的供水源地，只占全国河川径流水源的2%，但是承担着本流域和沿线流域的全国9%的土地灌溉任务，同时还要负责向流域外地区远距离调水的任务。时至今日，黄河流域尤其是中下游地区仍是中国人口分布较为密集之处，同时也是经济文化发展的核心区域之一。据2019年的统计，黄河流域途经各省份在2018年年底的总人口数约为4.2亿，占全国人口总数的30.3%；地区生产总值约为23.9万亿元，占全国总产值的26.5%。[1] 可见，不仅在历史时期，在当下国家人口及经济文化建设方面，黄河仍发挥着不可小觑的重要历史作用。

黄河发源于今青海省巴颜喀拉山脉查哈西拉山的扎曲、北麓的卡日曲和星宿海西的约古宗列曲，黄河从河源以下，沿途汇集了四十多条主要支流和千万条溪涧沟川，逐渐形成了波涛澎湃的大河。黄河全长约为5464公里，流域呈"几"字形分布特征，是我国境内仅次于长江的第二条大河（同时也是世界第五长河），流域面积约75.3万平方公里（也有79.5万平方公里等不同说法），流经青海、四

图1　内蒙古黄河流域示意图（鄂尔多斯博物馆制图）

川、甘肃、宁夏、内蒙古、陕西、山西、河南及山东9个省区，最后经山东省东营市垦利区注入渤海（图1）。

黄河以多泥沙、善淤、善决、善徙而著称于世，有关历史时期黄河淤塞、决堤及改道等记述不绝于史。[2] 根据韩茂莉所述："由于黄河上、中、下游地貌、泥沙含量以及河道水文特点不同，各河段的水患程度也存在明显的差异。历史时期黄河干流河道变迁主要发生在下游平原地带，但是地处上游的银川平原、河套平原以及位于中游的禹门口至潼关段、孟津至武陟段，河道都发生过较大幅度的摆动。"[3] 因此，人们常说的"三十年河东，三十年河西"，不仅仅是在描述人事变迁、世事难料，更是黄河河道（尤其是禹门口至潼关段）极易发生改道的客观事实（图2）。[4]

黄河流域孕育出了中国的早期人类文明，在黄河两岸肥沃的黄土冲积平原上也出现了最初的原始农业。这里地势平坦、气候温和，加之肥沃且疏松易耕的黄土冲积层，故而从仰韶文化、龙山文化等史前社会开始，这里就出现了发达的原始农业。国学大师钱穆在《中国历史精神》一书中就黄河与中国文明起源论述道：

最早的中国，并不和现在中国一般，那时的活动范围，只限在黄河流域

一较狭小的地区。古史传说中之神农氏，大概只在今河南省的西部，黄帝则像在今河南省东部，活动范围都不大。唐尧、虞舜，便在今山西省南部，龙门下黄河南套的东北面，在同蒲铁路的南

端。夏、商、周三代的活动中心，也不
过在今天河南、山东和陕西省东部，山
西省南部，及河北省的一部分，最多达
到汉水上流和淮水北部，要之是一个不
完全的黄河流域。[5]

根据钱穆先生所述，黄河是中华
文明的发源地，尤其是在黄河中下游
地区，演绎了早期中国最为辉煌灿烂
的文明。

中国考古学家苏秉琦先生发表了

图 2　内蒙古中南部黄河（鄂尔多斯博物馆供图）

《关于仰韶文化的若干问题》《关于考古学文化的区系类型问题》等系列文章，把现今中国人口分布密集地区的考古学文化分为六大区系：以燕山南北长城地带为重心的北方，以山东为中心的东方，以关中（陕西）、晋南、豫西为中心的中原，以环太湖为中心的东南部，以环洞庭湖与四川盆地为中心的西南部，以鄱阳湖—珠江三角洲一线为中轴的南方。[6]这一划分是对中国新石器时代文化区域分布格局的整体区划，并提出了重要的全新见解，在考古学界产生了广泛影响。

但随着考古发掘工作的深入开展与新的考古成果的不断涌现，黄河流经的中上游地区（尤其是宁夏平原与内蒙古流域），也同样发现了辉煌灿烂的早期人类文明形态。黄河流出青铜峡以后，地势豁然开朗，进入坦荡的宁夏平原和内蒙古河套平原（包括"前套"与"后套"），这一流域的河道平缓，流速较小，流量稳定。它西面的贺兰山阻挡着沙漠的侵袭，北面的阴山屏障西伯利亚的寒风，塑造了这一区域相对优渥的农业生产与人类生存的自然环境。因此，这里不仅在人类社会早期出现了发达的原始农业，且在原始农业衰落畜牧业兴起发展之后的秦汉时期，又开始出现人为修筑的大量灌溉渠道，成为黄河上游最早开发的重要农业区之一（图3）。

二

根据黄河流域的水文特点，黄河的上、中、下游分别以内蒙古托克托县河口镇、河南省洛阳市旧孟津为分界点。黄河上、中、下游的地貌形

图3　当今准格尔旗北部黄河与灌溉农业（高兴超摄影）

态与环境特征呈现出明显的地域差异性，受黄河各地段不同地理环境的影响，形成了各具特色的区域性人类社会文明形态。从河源到内蒙古托克托县的河口镇是黄河的上游段，[7]此段河长3472公里，上游段的上部分是高山草原区，下部分是峡谷区和宁蒙平原，本段流域面积约38.6万平方公里，占黄河全流域总面积的51.3%。内蒙古托克托县河口镇至河南旧孟津的黄河河段为黄河中游河段，[8]河长1206公里，本段流域面积34.4万平方公里，占

图4 巴彦淖尔地区黄河上游现代大桥（内蒙古河套文化博物院供图）

全流域面积的45.7%（图4）。因下游河段不在本书讨论范围内，故在此不做叙述。

内蒙古地区既有黄河上游河段与中游河段的分界点（托克托县河口镇），也是黄河的主要流经区之一。黄河由宁夏石嘴山附近便进入内蒙古地区，以今日之行政区划来看，黄河流经内蒙古自治区的乌海市、鄂尔多斯市、阿拉善盟、巴彦淖尔市、包头市、呼和浩特市及乌兰察布市等七个盟市。黄河内蒙古流域位于黄河上游下段，地处黄河流域的最北端，在106°10′E~112°50′E，37°35′N~41°50′N，全长约823.0公里。[9]鄂尔多斯地区是黄河的主要流经区之一。[10]由南向北，黄河围绕鄂尔多斯高原形成了一个马蹄形特征分布的流域，流经今日鄂尔多斯地区的西、北、东三面（图5）。

清代以来，鄂尔多斯地区的农业区也主要分布在周边有黄河流经地区（即围绕着鄂尔多斯高原周边地区分布），英国人毕兰勒在清末考察时记述道："鄂尔多斯之四周，皆有汉人移徙而至，逐蒙古人而自居。"[11] 此段黄河流域的总长度有840多公里，并成为鄂尔多斯与周边盟市的天然分界线。从鄂托克旗巴音陶亥乡都斯图河口起，沿着杭锦、达拉特、准格尔三旗边缘，到准格尔旗马栅乡小站止，似弓形，可谓"九曲黄河"之大曲。约在清朝中叶，黄河主道（史称"北河"，今称"乌加河"）淤塞难通，改道南移（今日的主流河道）后形成今日黄河流域现状。[12]

根据当代学界的界定，内蒙古沿黄河流域分布的七个盟市在考古学上被称为"内蒙古中南部地区"，即人们所习称的"泛河套文化"分布区。关于河套

地区的分布范围，郝诚之等认为河套是"天下黄河十八湾"中最大湾经过的地区，包括鄂尔多斯高原（前套）和河套平原（后套）两个大的地理单元，自古即被称为"河套地区"。在此区域内形成的地域和流域文化，被统称为河套文化（图6）。[13]

三

"河套"地处黄河中上游地带，是一个相对独立的地理及文化分布区域，在中国乃至世界历史研究中，均占有重要地位。这里是中国岩画分布最多的地区之一，这里有以大窑文化、萨拉乌苏文化、水洞沟文化为代表的距今五十万

图5 黄河与长城握手之地（鄂尔多斯博物馆供图，奥静波摄影）

图6　河套地区地貌（赵国兴摄影）

年的中国北方完整的旧石器时代早、中、晚期发展连环文化，这里也是新石器时代以海生不浪文化为代表的北方文化圈的核心区域之一，这里还是以老虎山（永兴店）文化为代表的探讨中华文明起源的重要地区之一，等等。这一区域内的早期人类文明异彩纷呈。

在这片土地上，以朱开沟文化为代表的古人类，率先拉开了早期北方民族登上中国历史大舞台的帷幕，以鄂尔多斯青铜器为代表的早期草原游牧民族，由这里吹响了驰骋欧亚草原的号角。鄂尔多斯青铜器的发掘始于十九世纪末叶，在我国北方长城沿线地带陆续出土了大量以装饰动物纹为特征的青铜及金、银制品，由于以鄂尔多斯及其周边地区发现的数量最多、分布最集中，也最具典型性，因此，被称作"鄂尔多斯青铜器"，被学术界称作"鄂尔多斯青铜器"或"北方系青铜器"。鄂尔多斯青铜器以它复杂巧妙的图案构思、独特的艺术风格和优美的造型而享誉海内外。[14]鄂尔多斯青铜器也成为中国青铜文明时代最重要的组成部分（图7）。

在内蒙古黄河流域，人类文明早期的原始农业衰落之后，畜牧业曾在该区域长期存在并取得了繁荣发展。但到了西汉时代，这里又开始修筑大量的灌溉渠道，成为黄河上游开发最早的重要农业区域之一。自此而后，农耕与游牧民族之间长期的碰撞与交融，使得当地农业与畜牧业几经衰落变迁，形成了独具特色的农牧过渡文化地带，即今日学界普遍提及的"农牧交错带"（此在上卷第四章内容中有具体介绍，在此不赘述）。

内蒙古黄河流域之所以与中下游流域在自然环境和人文社会方面呈现出显著的差异，这与黄河流经内蒙

图7　鄂尔多斯青铜器（鄂尔多斯博物馆供图）

图8　反映鄂尔多斯高原农牧文化交错的浮雕展墙（鄂尔多斯博物馆供图）

古地区的特殊地理环境与气候条件密切相关。当代科学研究指出，地理环境包括地貌环境与气候环境。草原是内蒙古地区的典型地貌景观，包括内蒙古地区在内的北方草原是中国草原文明的发祥地。历史上，以黄河文明为代表的农耕文化与以草原文明为代表的游牧文化在此交汇，在碰撞与融

合的互动过程中，演绎了黄河在内蒙古地区的独特地域历史文化特征。对此，杨建华曾总结指出："欧亚内陆的社会发展动力主要来自其南部与农业地区接壤的大前沿地带，这里有农牧社会的军事接触以及技术、思想、贸易和人群的接触。从这个观点出发，我们就能够理解介于欧亚草原与中原之间的中国北方地区在东部草原中的作用了。"[15]这段论述也表明内蒙古黄河流域见证了农耕与游牧文明的碰撞与交融，且在此过程中发挥了重要作用（图8）。

与此同时，农耕与游牧政权在长期的对峙过程中，也人为建造了隔离彼此的长城隔离带，[16]但长城未能阻隔双方的往来，而是成为碰撞与交融

的最前线，双方越过这一界限进入彼此区域或长期占据对方领地也是常有的事。以长城为纽带，双方最终形成了相互依存且不可分离的依附关系。因此，围绕着黄河与长城，农耕与游牧民族在这里长期相互作用、互为影响，缔造了内蒙古黄河流域独特的历史文化形态（图9）。

四

走出黄河，走出内蒙古，走出中国，以全球视角来看黄河，可以发现，内蒙古黄河流域也是历史时期中国通往世界的大通道。如早期沟通新疆与草原的石器之路，通往欧洲、非洲及中亚的丝绸之路，通往俄蒙的草原丝绸之路及

图9　长城与草原效果图（鄂尔多斯博物馆供图，王东光制图）

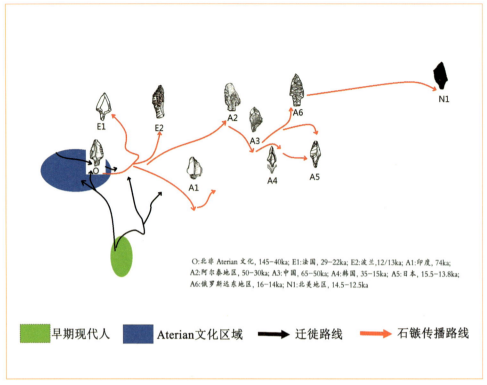

O:北非Aterian文化，145-40ka; E1:法国，29-22ka; E2:波兰，12/13ka; A1:印度，74ka;
A2:阿尔泰地区，50-30ka; A3:中国，65-50ka; A4:韩国，35-15ka; A5:日本，15.5-13.8ka;
A6:俄罗斯远东地区，16-14ka; N1:北美地区，14.5-12.5ka

早期现代人 ▨ Aterian文化区域 ■ 迁徙路线 ➡ 石镞传播路线 ➡

图10　带铤石镞传播路线示意图（摘自《鄂尔多斯乌兰木伦遗址发现带铤石镞及其对现代人迁徙研究的启示》，《中国文物报》，2013年11月8日第006版考古 。）

明清时期的万里茶道，都在这一区域留下了深刻的印痕（图10）。

明清以前，包括内蒙古黄河流域在内的整个北方草原上一直存在着沟通欧亚内陆诸国及地区的草原丝绸之路，其存在历史悠久且影响深远，因而在元代及以前各代，北方草原丝绸之路所经范围包括欧亚大陆的广阔区域，希腊历史学家希罗多德在《历史》一书中较早关注到这条贸易线路。根据中外学者的考证，希罗多德笔下的这条联通欧亚大陆的草原通道，西从多瑙河，东到巴尔喀什湖，中间经过第聂伯河、顿河、伏尔加河、乌拉尔河或乌拉尔山，再往东与蒙古草原相通。[17]这仅是对元代及以前北方草原丝绸之路的宏观概述，由此足见草原丝绸之路沟通范围之广泛，且在不同时期，北方草原丝绸之路的涵盖范围也不同，并呈现出差异显著的不同发展阶段特征。

对于元代及以前北方草原丝绸之路的生成、发展、变迁状况，杜晓勤总结指出：草原丝绸之路在史前时代就已出现，北欧草原的铜器经由此路传至中国，周穆王西征的传说应是以此为地理背景，秦始皇所修"直道"为此路的畅通奠定了基础，汉与匈奴之间的贸易往来也有赖于此道，魏晋时期此路西段的"北新道"开始兴盛起来，唐代的"北新道"、"安东道"、"渤海道"及"日本道"等拓宽了此路影响范围并联通了海上丝绸之路，辽元时期此路进入鼎盛发展阶段，在此之后此路渐趋衰落。[18] 这是元代以前草原丝绸之路发展变迁的阶段性特征，但其繁荣发展始终是主要表现形式（图11）。

对于元代以后北方草原丝绸之路的衰落，乌拉吉米索夫分析指出："元朝崩溃之后，回到草原和山岳的蒙古人，更较比陷于成吉思汗时代以前之孤立状态。当然，这种的状态由他的经济可以详细说明。资料虽然缺乏，我们可以断言其他文化各国的贸易复又几乎完全陷于停顿状态。贸易道路的荒废，商人的足迹都断绝了。同时以前手工职业人和农民的居留地也随之消灭。交易场被掠夺，不但蒙古人相互掠夺并且掠夺其他邻近的游牧民和定着民，掠夺袭击是成为日常事务。"[19]

由上述可见，元朝的覆灭无疑是给北方草原丝绸之路造成了巨大破

图11　敖伦苏木城址北城墙［摘自《内蒙古自治区全国重点文物保护单位》（上册），内蒙古自治区文物局主编，2017 年 8 月第一版，第 387 页。］

图12　草原茶马驼道（包头博物馆供图）

坏，尤其是元朝覆灭退居蒙古草原之后，蒙古诸部与新建立的明朝多处于对立冲突的严峻态势，直接导致丝绸之路在元代结束之后出现了衰落，但这并非导致北方草原丝绸之路就此衰落下去。在明清两代，又因茶叶贸易的繁荣而在草原上兴起的"万里茶道"，成为此时期内蒙古地区沟通中原与世界的重要通道（图12）。

五

德国哲学家奥斯瓦尔德·斯宾格勒对人类文化发展演变的兴衰规律曾进行过深入思考，并于第一次世界大战前后完成了著名的《西方的没落》一书，他认为，任何民族、任何文化，都离不开"生、老、病、死"的演进过程，如古巴比伦、印度、埃及、波斯、希腊及罗马等，都曾出现过一段辉煌的历史与文化，但也都最终衰落了。因此，斯宾格勒预言，西方文化也快要没落了。[20]但就中国而言，上下五千年文明非但没有中断，反而以顽强而又富有活力的生命力继续向前不断发展，其中之道理自然值得我们思考。

具体就内蒙古黄河流域而言，从历史发展的角度来看，当地的人类文明虽然经历着农耕与游牧民族之间不曾间断的碰撞与交融，但未曾中断或终结，始终以农牧交错带的形态呈现给世人，历史时期农牧交错带的范围波动及带内经济结构的变化就是见证双方之间互动最基本的表现形式。甚至到了今日，农耕与畜牧经济仍旧在这一区域内普遍存在，且交错分布、相互依存、互有影响，是维系民生的基础。在此区域内，人类发展农、牧业都离不开水源补给，

尤其是农业的发展，水源更是不可或缺。受到当地干旱少雨等自然条件的制约，黄河流经对当地农、牧业的发展至关重要（图13）。

走出文化，让黄河回归自然，可以发现，她在哺育中华文明的同时，也有其自身的发展演变，诸如黄河改道、洪水之灾等，都是其自身发展演变的重要体现。因此，黄河既承载着中华文明的形成与发展演变，同时也孕育了灾难，"洪水猛兽"是形容难以抵抗的灾难时的常用词语，黄河"三年两决口"，浊流横溢，冲毁农

图13　当今黄河沿线农牧交错经济地貌（奥静波摄影）

田房舍，危害人们的生存繁衍，是中国历史上难以忘记的大灾大难。据统计，历史上黄河决口泛滥约1600次，较大的改道有二三十次，其中有六次（一说为七次）重大改道。[21]黄河的这些决口、改道等灾难，对中华文明之发展无疑产生了深刻的影响。

对于历史时期黄河为何出现频繁的淤塞、泛滥与改道，谭其骧先生分析指出：黄土高原地区水土流失程度是导致黄河发生灾害极为重要的一个方面，水土流失也与这里的植被覆盖率直接相关，而植被情况如何又主要决定于生活在这里人们的生产活动方式，因此，正是人类社会非合理的开发活动，加剧了黄河的致灾性。[22]因此，科学合理的开发黄河，对于保护黄河及减少黄河的灾害性影响甚为关键（图14）。

黄河开发利用过程中对"河患"的治理历来受到国家的高度重视，历代中原王朝的统治者皆不遗余力地针对黄河开展各项开发与治理工作。钱穆在《中国历史研究法》中也曾提到，"河患"与"漕运"两个问题为中国历史所特有且是国家层面极为重要的问题，说其是中国特有皆因中国所特有的地理背景。黄河"屡有泛滥溃决之患，历代专设机关特命大员设法防治，耗费甚巨，常因此而激起社会的经济危机"。漕运是"指水道运

输粮食言，或运至京师，或供应边防，或沿途分储食廒"。此黄河与漕运两件大事，"在中国史书中，历代均有详细叙述。此两事，每使历代政府岁糜巨帑，耗费国家财力，不可计算"。想研究中国经济史，此等特殊问题亦不可不加注意（图15）。[23]

选取中国的特定区域展开具体而深入的研究也是了解和把握中国历史的必要途径，如柯文的"中国中心观"就指出："中国的区域性与地方性的变异幅度很大，要想对整体中国有一个轮廓更加分明、特点更加突出的了解，就要把中国从空间上分解为较小的、较易于掌握的单位。在这个意义上，这种取向并不以中国为中心，而是以区域、省份或地方为中心，进行区域性的历史研究。"[24]与柯文研究视角相类似，赵世瑜在进行中国史研究时也曾指出："传统中国区域社会研究的目的之一，就是要努力了解由于漫长的历史文化过程而形成的社会生活的地域性特点，以及不同地区的百姓关于'中国'的正统性观念。"[25]因此，区域性的历史文化研究不仅能够突出本地区的独特文化魅力，同时也是理解中国整体历史文化的一条有效而且重要的途径。

根据上述可见，作为一个独立且又独具特色的地理单位——内蒙古黄河流域（或者说内蒙古中南部地

图 14　鄂尔多斯东部黄河支流及冲击地貌卫星图（鄂尔多斯市文物考古研究院供图）

图 15　乌海境内的黄河大桥（乌海博物馆供图，龚福宁摄影）

图 16-1 定居农业（高兴超摄影）

图 16-2 游牧生活（奥静波摄影）

区），历史文化内容丰富，在考古学上被视为一个相对独立的地理文化单元。尤其是自青铜时代以来，农耕与游牧文化的发展纷繁复杂且深厚浓重，在这里上演了持续上千年的碰撞与交融的历史。因而无论是作为中国还是内蒙古地区内部一个独立的文化区域或地理单元，对当地历史文化的发掘与研究无疑具有重要的历史与现实意义，值得深入探讨（图16）。

六

时至今日，黄河文明研究和黄河问题治理仍然受到国内外各界人士的高度关注。2019年9月18日，习近平总书记在黄河流域生态保护和高质量发展座谈会上的讲话中也明确提出，保护黄河是事关中华民族伟大复兴的千秋大计，并强调要讲好属于我们自己的黄河文化故事，做好黄河文化传播的使者，促进文化和旅游协同发展。[26]就内蒙古地区黄河流域人类文明研究与黄河问题治理而言，应充分发掘黄河流经内蒙古七个盟市在各地区所形成的不同文明特征，各地区之间要团结协作，互通有无，文化共享，讲好内蒙古黄河流域的历史文化

图16　当今黄河腹地的农牧经济

图17　黄河鄂尔多斯段地貌（李根万摄影）

故事（图17）。

《内蒙古黄河历史文化》用历史发展的眼光审视历史时期内蒙古黄河流域的自然及人类社会的历史发展变迁，结合历史器物、遗迹及文献资料，以图证史，充分展示黄河在内蒙古地区的独特魅力，社会学、民俗学与地理学的方法在研究中也得到应用。本书的创作有三个亮点值得注意，分述如下：

第一，回顾历史，注重发掘内蒙古黄河流域的文明历史，进行学理上的探讨与分析研究。既注重黄河对人类文明孕育与繁荣发展的重要意义，

同时也注重其灾害性对人类社会存在破坏性的一面。这一过程就需要关注当地特殊的地理环境，深入发掘其特殊的黄河文化，既突出此段黄河的特殊地理环境与文化特征，同时又兼顾黄河文明的整体性。通过学术梳理，向大家展示并讲述一段内蒙古黄河流域独具特色的人类文明历史（图18）。

第二，兼顾现实，关注当下内蒙古黄河流域遗存实物与存在的问题，进行实地调查走访与资源的重新整合。通过当下考古发掘、实地考察与文献资料梳理，将与内蒙古黄河流域相关的器物、遗址及历史文献等进行

考察整理与学理上的分析，并结合史料记载，通过在博物馆设计"黄河从草原上流过——内蒙古黄河流域古代文明展"专题展览，并制作相关宣传文化手册或专辑类图录著作，向大家展示内蒙古黄河流域独特的人类文明（图19）。

第三，展望未来，结合内蒙古黄河流域文明历史与当下中国社会发展，对当地黄河文明未来发展趋势加以展望。尤其注重当地黄河文明的保护性开发利用、相关文物保护、公共服务管理体系建设、旅游区建设、智慧旅游及特色节庆活动等，在为当代人服务的同时，也不损害子孙后代共享黄河文明的利益。

研究过程中，本团队（"黄河几字湾历史文化调查队"）成员先后多次在内蒙古黄河流域与黄河流经的七个盟市博物馆、文管所及高校等文化机构进行学术考察与资料发掘，这对本书文字写作与图录整理工作的完成有重要帮助。作为一个独立且又独具特色的文化区域——内蒙古黄河流域（内蒙古中南部地区），当地的历史文化内涵纷繁复杂且深厚，本书仅为初步探讨，期待有更多的机会去深入接触内蒙古黄河流域，做更多、更深入、更具体、更有意义的研究。

图 18　当今黄河灌溉农田风貌（白林云摄影）

图 19　黄河从草原上流过——内蒙古黄河流域古代文明展主题（鄂尔多斯博物馆供图）

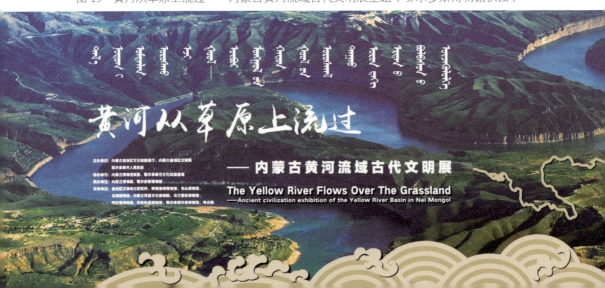

注释

[1] 习近平：《在黄河流域生态保护和高质量发展座谈会上的讲话》，《水资源开发与管理》2019 年第 11 期，第 1~4 页。

[2] 历史时期，黄河每次出现决口、泛滥和改道对其流经地区而言，都是一次灾难。其中，洪水吞噬生命、漂溺房屋、淹没农田是其直接后果，由此引发的土地退化、政区变化、社会风气及社会动荡等都是滞后的影响。沈怡在《中国之河工》一书中，曾率先做过黄河河决次数的统计，并于 1933 年成书的《黄河年表》中再次对黄河决溢进行统计，此外，他在 1971 年出版的《黄河问题讨论集》中把决溢事件分成溢、决和大水三种情况，按照清初学者胡渭在《禹贡例略》中从此前历史文献记载的上千次黄河改道信息中，提出的五大徙之说，再加上清咸丰五年（1855）及之后的两次大变迁，把黄河变迁史分成七个时段，并对各个时段的溢、决和大水分别进行统计，即溢 422 次、决 1151 次、大水 973 次。到了 1959 年，黄河水利委员会编《人民黄河》，对黄河决口次数和改道均提出了新的观点，根据他们的统计，从夏禹到 1946 年的三四千年中，黄河决口泛滥达 1593 次，较大的改道为 26 次，更加完善了有关历史时期黄河决口次数与改道的相关内容。

[3] 韩茂莉：《中国历史地理十五讲》，北京：北京大学出版社 2015 年版，第 115 页。

[4] 从地理区位考察，黄河自龙门涌出山西、陕西两省间峡谷地带，河面骤然展宽，失去地形束缚的河道频繁做东西向摆动。黄河河道的摆动不仅使周围的土地时而处于河西，时而处于河东，且令洛河某些年份也注入黄河，属于黄河的一级支流；另一些年份则注入渭河，成为黄河的二级支流，洛河、渭河以及黄河干流之间的位置关系不断变化。（参见韩茂莉：《中国历史地理十五讲》，北京：北京大学出版社 2015 年版，第 116 页。）

[5] 钱穆：《中国历史精神》，贵阳：贵州人民出版社 2019 年版，第 110 页。

[6] 苏秉琦：《中国文明起源新探》，北京：生活·读书·新知三联书店 1999 年版，第 35~37 页。

[7] 上游河段：本段落差 3846 米（中段落差 890 米，下段落差 95 米），汇入的主要河流有白河、黑河、大夏河、洮河、湟水、祖厉河、清水河、大黑河等，这段河道的基本特点是水多沙少，河水较为清澈，流量较为均匀，比降大，峡谷多，蕴藏着丰富的水力资源。

[8] 中游河段：河段流经黄土高原地区，支流带入大量泥沙，使黄河成为世界上含沙量最多的河流。最大年输沙量达 39.1 亿吨（1933 年），最高含沙量 920 千克/立方米（1977 年）。三门峡站多年平均输沙量约 16 亿吨，平均含沙量 35 千克/立方米。主要支流有白河、黑河、湟水、祖厉河、清水河、大黑河、窟野河、无定河、汾河、渭河、洛河、沁河、大汶河等，其中渭河为黄河的最大支流。

[9] 吴保生、王平、张原锋：《黄河内蒙古河段河床演变研究》，北京：科学出版社 2016 年版，

第 2 页。

［10］在鄂尔多斯地区，发源于鄂尔多斯高原的十三条孔兑（蒙古语，意为"川"）分别由东、西、北三个方向注入黄河。黄河水量每年夏季明显下降，而秋初陡增，8~9 月为汛期，10 月全线封冻，次年三月解冻。由于流线长，跨越纬差大，故河面结冰先下游而后上游，而解冻却相反，使上游河水暴涨，有时形成"冰坝"，两季凌汛期持续一个月左右。（参见伊克昭盟地名委员会编：《伊克昭盟地名志》，内部刊印，1986 年版，第 481 页。）

［11］［英］毕兰勒：《鄂尔多斯游记》，甘永龙译，载李文海主编：《民国时期社会调查丛编》二编《少数民族卷》（上），福州：福建教育出版社 2014 年版，第 70 页。

［12］伊克昭盟地名委员会编：《伊克昭盟地名志》，内部刊印，1986 年版，第 481 页。

［13］郝诚之、郝松伟：《"河套人"无须改为"鄂尔多斯人"》，《社会科学评论》2006 年第 3 期，第 29~34 页。

［14］杨泽蒙：《鄂尔多斯青铜器国际学术研讨会论点摘要》，《鄂尔多斯文化》2008 年第 4 期，第 34~41 页。

［15］杨建华：《国外关于欧亚草原史前时代晚期的综合研究评介》，《边疆考古研究》2014 年第 2 辑，第 355~363 页。

［16］朱泓提出了"内蒙古长城带"的概念，并指出：这一地理概念"泛指我国华北、东北的长城沿线及其邻近地区"。该地区主要包括内蒙古中南部的鄂尔多斯高原、乌兰察布草原和锡林郭勒草原，以及长城沿线的陕北、晋北、冀北等地和地处燕山南北的内蒙古赤峰地区、辽西地区及京、津、唐地区。从自然地理概念上来看，该地带北以阴山山脉为界，南接黄土高原，西至贺兰山麓，东抵渤海湾。域内地貌以高原、山地、丘陵、草原为主，黄河、海河、滦河、西辽河、大小凌河等水系蜿蜒其中，万里长城横亘东西。自古以来，这里便是北方草原文明与中原农业文明发生碰撞、融合的重要接触地带。（参见朱泓：《内蒙古长城地带的古代种族》，《边疆考古研究》2002 年第 1 辑，第 301~313 页。）因此，无论是从地理区位上，还是文化碰撞与融合上，长城与黄河在内蒙古中南部都无可避免地存在着千丝万缕的必然关联。

［17］黄时鉴：《希罗多德笔下欧亚草原居民与草原之路的开辟》，载黄时鉴编：《东西交流史论稿》，上海：上海古籍出版社 1998 年版，第 10 页。

［18］杜晓勤：《"草原丝绸之路"兴盛的历史过程考述》，《西南民族大学学报（人文社会科学版）》2017 年第 12 期，第 1~7 页。

［19］［苏联］乌拉吉米索夫：《蒙古社会制度史》，瑞永译，蒙古文化馆 1939 年版，第 241 页。

［20］参见［德］奥斯瓦尔德·斯宾格勒：《西方的没落》，齐世荣等译，北京：商务印书馆 2001 年版。

［21］黄河的六次重大改道为：第一次是战国中期，黄河下游大规模筑堤固定下来的河道，结束了多股分流局面，可称第一次改道。第二次是王莽建国三年（11 年），黄河在今

河北大名东决口，造成第二次重大改道。公元 69 年王景治河，固定了河道。第三次是北宋庆历八年（1048 年），河决澶州商胡埽（今濮阳东），为第三次重大改道，河分北、东两条河道。第四次是南宋建炎二年（1128 年），人为决河于今滑县李固渡，大河由泗入淮，这是第四次重大改道。第五次是 1232 年，人为决河于归德凤池口（今商丘西北），构成黄河第五次重大改道。这次改道形成多条河道，主要如下：夺濉入淮、夺汴入淮、夺涡入淮、夺颍入淮，此前黄河南徙不超过唐宋汴河一线，至此夺颍、夺涡入淮，黄河下游河道已经到达了这个扇形平原的西南极限。1351 年，贾鲁治河，挽河东南走由泗入淮的故道，这就是"贾鲁河"。第六次是清咸丰五年（1855 年）河决铜瓦厢，结束了下游 700 多年由淮入海的历史，回到渤海湾入海。（参见韩茂莉：《中国历史地理十五讲》，北京：北京大学出版社 2015 年版，第 114~130 页。）

［22］谭其骧：《何以黄河在东汉以后会出现一个长期安流的局面——从历史上论证黄河中游的土地合理利用是消弭下游水害的决定性因素》，《学术月刊》1962 年第 2 期，第 23~35 页。

［23］钱穆：《中国历史研究法》，北京：生活·读书·新知三联书店 2001 年版，第 72 页。

［24］［美］柯文：《在中国发现历史——中国中心观在美国的兴起》，林同奇译，北京：社会科学文献出版社 2017 年版，第 318 页。

［25］赵世瑜：《小历史与大历史：区域社会史的理念、方法与实践》，北京：生活·读书·新知三联书店 2010 年版，前言，第 5 页。

［26］习近平：《在黄河流域生态保护和高质量发展座谈会上的讲话》，《水资源开发与管理》2019 年第 11 期，第 1~4 页。

第一章

文明的曙光：旧石器时代内蒙古
黄河流域的人类祖先

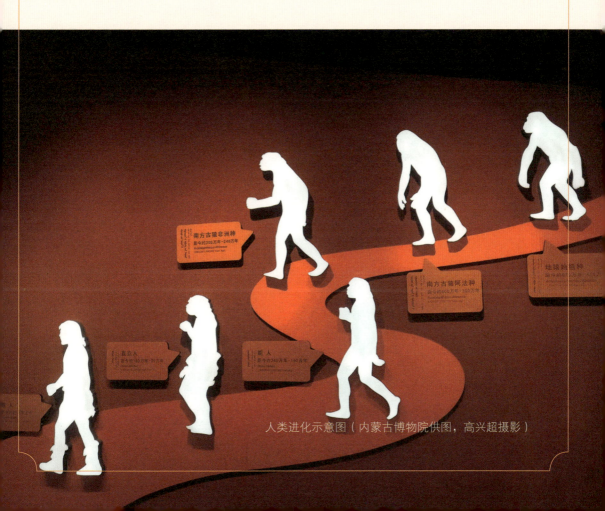

人类进化示意图（内蒙古博物院供图，高兴超摄影）

南方古猿非洲种
距今约300万年~240万年
Australopithecus Africanus

直立人
距今约180万年~20万年
Homo Erectus

能 人
距今约240万年
Homo Habilis

智人

第一章图表索引

人类是对人的总称，可以从生物、精神与文化等多个层面进行定义，或是这些层面定义的结合。人类因为创造了文化而比其他生物高出了许多，由此也被称为"万物之灵"。但这万物之灵的出现，也同样经历了长时段的发展演变过程。在人类出现之前，孕育地球早期生命的自然生态系统就有规律地存在了，物种的兴衰、季节的更迭、海陆的变迁等亦在有条不紊地进行着。我们不能说一个物种的灭绝就意味着生态系统出现了问题，而只能说该物种自身不适应当时的生态环境而灭亡了。

人类无疑是适应地球自然环境，进化出现的一类全新的物种，地球也因人类的存在而显得更加充满生机与活力，与此同时，人与地球之间的长期相互作用也演绎了更加丰富多彩的人类文明形态。当代DNA与化石研究表明，人类大约于300万年前起源于非洲，与其他动物相比，人类具有发达的大脑，复杂抽象的思维、语言、意识，以及发现和解决问题的能力，这也是人类不同于其他物种的重要表现形式。适宜人类生存的自然环境与气候条件的出现，奠定了人类出现的自然前提与维持人类社会生存延续的必要条件，同时也塑造了不同自然环境下形态各异的人类社会文明形态。当今世界共有三大人种，分别为黄色人种（蒙古利亚人）、白色人种（高加索人）和黑色人种（尼格罗人）。人类生存发展变迁过程中的各项活动，也不同程度地改变了其赖以为生的自然环境，重新塑造了新的景观格局。越是到了现代社会，人类社会活动对自然环境的改造程度也越深入。

研究表明，史前时期适宜人类生存的自然环境与气候条件之形成，得益于地球的形成及其表面自然环境的形成、发展与变迁。然而，自人类社会产生以来，自然环境的变迁则更多是受到人为因素的影响，但也有气候波动导致发生变迁的情况，有时也是人类社会与气候波动的叠加影响使然。若是从旧石器时代算起，人类在地球上已经走过了万年甚至是百万年以上的历史。史前时代，内蒙古黄河流域良好的自然条件，为早期人类尤其是单纯依赖采集渔猎经济的远古人类选择在此生存蕃息奠定了必要基础。随着近代考古学的兴起，越来越多的考古学证据表明，在这片土地上曾经生存繁衍过多批远古人类。较具代表性的如旧石器时代的"大窑遗址"、"萨拉乌苏遗址"（河套人遗址）、"乌兰木伦遗址"、"水洞沟遗址"，以及新石器及青铜时代的诸多遗址，这些都是远古时期人类在内蒙古黄河流域生存与繁衍的见证，代表着早期人类在这一地区取得的辉煌文明成就，具有重要历史与现实意义。

一、文明的初现：内蒙古黄河流域的人类祖先

在人类出现以前的漫长岁月中，宇宙与地球就已经在悄无声息地演变着。地球上适宜生命存活尤其是适宜人类生存的自然环境之形成，同样经历了漫长的历史变迁。地球自地壳形成以来，经历了各个地质时代的演变，这一过程历经数十亿年（如今地球已有40亿~46亿岁）。从地质变迁角度而言，地球主要经历了隐生宙和显生宙两个大的地质变迁阶段（图1–1）。[1]显生宙是生命大发展和演变的重要时期，同时也是人类出现并发展的初期阶段，这一时期尤其是此后一段时期，内蒙古黄河流域也出现了早期人类文明。

（一）人类及人类文明的起源探索

人类的出现与当时恐龙等对人类生存有巨大威胁的大型动物相继灭绝直接相关。恐龙生活的繁盛阶段是显生宙的中生代，包括白垩纪（同位素年龄1.35亿~0.65亿年）、侏罗纪（同位素年龄2.05亿~1.35亿年）、三叠纪（同位素年龄2.5亿~2.05亿年）等三个阶段。在此时期内，出现了地球上生命的第二次大爆发，鸟类自此时期开始出现，爬行动物取得了较快发展，植被进入裸子类植物时代。在中生代末期，又出现了地球上的第二次生命大灭绝，恐龙就是在这一时期灭绝的（图1–2）。到了新生代，进入哺乳类动物与被子植物繁荣发展的新时期，人类也在此时期开始出现。[2]

中生代白垩纪燕山造山运动结束后，地球构造力逐渐衰退，地球开始进入相对稳定时期。在稳定期内，剥蚀的外营力起主要作用，白垩纪时期造山运动形成的山脉被夷平，地表径流将一些地表物质携入海洋或堆积到凹陷地区，地表的高低差度逐渐缩小。新生代生物界也发生了巨大变化，被子植物代替了裸子植物。被子

宙	代	纪	世	距今年代	植物进化	动物进化
显生宙	新生代	第四纪	全新世	1万年	现代植物	人类时代
			更新世	180万年		
		新近纪	上新世	533万年		
			中新世	2300万年	被子植物	哺乳动物
		古近纪	渐新世	3390万年		
			始新世	5580万年		
			古新世	6550万年		
	中生代	白垩纪		1.45亿年		
		侏罗纪		2.00亿年	裸子植物	爬行动物
		三叠纪		2.51亿年		
	古生代	二叠纪		2.99亿年		两栖动物
		石炭纪		3.59亿年		
		泥盆纪		4.16亿年	蕨类植物	鱼类时代
		志留纪		4.43亿年		
		奥陶纪		4.88亿年		
		寒武纪		5.42亿年		无脊椎动物
		埃迪卡拉纪		6.30亿年	藻类	
元古宙				25亿年		细菌
太古宙				38亿年		
冥古宙				46亿年	地球形成与化学进化	

图1-1　地质年表（鄂尔多斯博物馆供图，高兴超摄影）

图1-2　陨石撞击地球的恐龙灭绝猜想（鄂尔多斯博物馆供图，高兴超摄影）

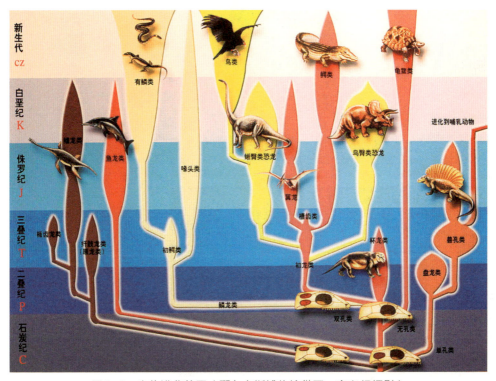

图1-3 生物进化简图（鄂尔多斯博物馆供图，高兴超摄影）

植物是植物进化发展到高级阶段的产物。在新生代，爬行类动物开始大量灭绝，哺乳类动物随之兴起，并迅速发展，因而新生代被称为"哺乳动物的时代"。灵长类出现于古新世，灵长目包括了人类及与人类最近的亲属类动物，这预示着人类时代即将到来（图1-3）。[3]

在显生宙的新生代，人类出现并创造了早期人类文明。北方草原的自然环境历史发展与生命演变和整个地球几乎是同步的，也同样经历了地球初成时期的荒凉，原始海洋中孕育的

生命萌芽，以及之后不断发展演变并走向繁荣的生命世界，随着人类社会的出现而缔造了以人类为核心的文明形态（图1-4）。

在探索人类起源及其地区分布时，蒙古高原被视为人类的发祥源地之一。有研究指出，中国的人种来源具有多元性，一是蒙古高原系，二为南太平洋系。对于"冰河时代"蒙古高原上的原始文明，翦伯赞先生在《中国史纲》一书中曾赞誉道：

当时的中国除接近热带的西南一

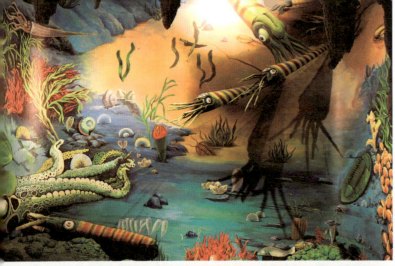

图 1-4 海洋生命场景复原
（鄂尔多斯博物馆供图，高兴超摄影）

图 1-5 古生代环境复原（鄂尔多斯博物馆供图，高兴超摄影）

图 1-6 新生代哺乳动物化石及生存环境场景复原（鄂尔多斯博物馆供图，高兴超摄影）

图1-7 新生代哺乳动物化石及生存环境场景复原（鄂尔多斯博物馆供图，高兴超摄影）

带，天气和暖，雨水充足，生长着繁茂的森林以外，黄河以北都是一片冰雪皑皑的世界。特别是蒙古高原，因为地处中国的极北，首当冰河之冲击，所以在那里，"有冻寒积冰，雪雹霜霰，漂润群水之野"。在那里，是"寒冷之所积也，蛰虫之所伏也"。洪大的冰流以排山走石之力，从西伯利亚滚滚而来。这些冰流挟着砾石，卷着泥沙，把大量的冰块继续不断地倾注于今日之瀚海盆地，因而使这个盆地汇成一个波澜壮阔的大内海。这就是中国传说中所谓北方的寒泽。

太阳虽然照在蒙古高原上，但它仍然不能消解由冰河带来之寒冷和潮湿的气候。即因气候过于寒冷，所以植物不易繁殖。虽然如此，当时内海周围没有为冰雪所掩蔽的山谷和原野里，已经生长出耐寒的石松、枞桧、月桂树、无花果以及球根类的植物。此外，在卑湿的地方或溪涧的沿岸，则生满了地衣和苔藓。这些古生的植物，就用它们生命的色素，点缀这荒旷的原野（图1-5）。

巨型的爬虫类已经灭绝了。现在驰逐于蒙古高原的，是披毛犀、毛象、剑齿虎、洞熊、鬣狗、麝香牛、北极狐及旅鼠之类的古生动物。它们弱肉强食，相互吞噬，用它们的咆哮，打破这洪荒世界的沉寂（图1-6）。

地球在转动，冰河在冲刷，海洋在隆起，陆地在沉沦，风雪在飘零，内海在荡漾，月桂树在摇曳，剑齿虎在咆哮，这就是开天辟地时代的景象

图1-8 距今20万年前古人类生存活动场景复原（鄂尔多斯博物馆供图，高兴超摄影）

图1-9 人类由猿向人进化示意图（鄂尔多斯博物馆供图）

（图1-7）。就在这个宇宙洪荒的时代，在蒙古高原大内海的周围，出现了中国最初的人类。[4]

由以上介绍可知，自地质学上的第四纪，地球地质史上的"冰河时代"开始，蒙古高原上便出现了生机盎然的生态和谐景象，这是原始生命产生的自然之源，优渥的自然环境更是人类诞生的自然前提。

现代考古学将旧石器时代[5]视为人类出现与文明形成的肇始阶段，及以使用打制石器为标志的人类物质文明发展阶段（图1-8）。

从地质时代而言，旧石器时代属于上新世晚期到更新世，距今300万年~1万年，占整个人类历史的99.9%。在这一漫长的历史发展过程中，为了适应自然环境的变化，人类在体质上做着相应的演化和调整，具体来说，表现在生存方式的不断改变，思维能力与生产、生活技能的逐步提高，不断创造着由简单到复杂、由原始到进步的物质文化。[6] 因此，旧石器时代起始于人类诞生之日，也是早期人类创造的文明形态。毛泽东主席在《贺新郎·读史》一词中对石器使用与人类文明之间的关系做过形象的描绘，他指出："人猿相揖别，只几个石头磨过，小儿时节。"可见，人猿相揖别后的人类如呱呱坠地的新生儿，随着使用石器而逐渐成长，最终演绎出人类社会的壮丽史篇（图1-9）。

"石器时代"是考古学上的一个术语，由英国考古学家、生物学家约翰·卢伯克于1865年首先提出（当时提出了"旧石器时代"和"新石器时代"两个名词），是考古学对早期人类历史分期的第一个时代，涵盖从人类出现到青铜器的发明，始于距今二三百万年，止于距今5000年至2000年。"石器时代"又可分为旧石器时代、中石器时代与新石器时代。旧石器时代的人类文明活动没有文字记载，对该阶段历史文明

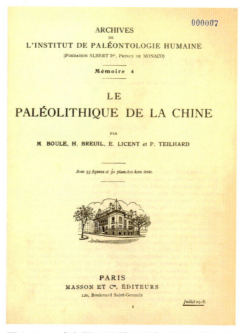

图1-10 《中国旧石器时代》书影（鄂尔多斯博物馆供图）

的研究主要依托考古学发现的新资料。考古学以埋藏于地下的实物资料为对象，研究旧石器时代人类文明的演化过程、社会组织结构、文化与技术能力、适应生存特点、区域性文化在时空上发生和发展的规律及其相互关系，以及人类行为与周围环境关系等（图1-10）。[7]

（二）大窑遗址：内蒙古黄河流域的早期人类文明

目前，考古发现的内蒙古黄河流域最早的人类文明是"大窑"文明。

图1-11　内蒙古中南部旧石器时代遗址分布示意图〔摘自《中国文物地图集（内蒙古自治区分册）》（上册），西安地图出版社，2003年。〕

大窑遗址是目前内蒙古黄河流域（乃至整个内蒙古地区）发现的唯一一处旧石器时代早期遗址。因此，内蒙古黄河流域人类祖先的历史也要从这里说起（图1-11）。

大窑遗址位于今日内蒙古自治区呼和浩特市东北33公里的保合少乡大窑村南山及呼和浩特市东30公里的榆林镇前乃莫板村脑包梁。遗址包括旧石器时代早期和晚期的石器制作场各一处，其中早期制作场位于村南的四道沟一带，晚期制作场在村南的二道沟一带（图1-12）。大窑遗址最早发现于20世纪70年代，由内蒙古自治区博物馆与文物工作队首次发掘。当时考古工作者发现了石核、石片、石斧等石器共计387件，还包括一些动物化石。这一发现引起了国内外许多学者的重视，并吸引了一些外国考古工作者相继来此考察，深化了对这一考古遗址的研究（图1-13）。

目前考古资料揭示出，大窑遗址的时代距今有六七十万年，是全国范围内少有的早期旧石器时代遗迹，并一直延续至距今1.2万年的旧石器时代晚期。[8] 值得注意的是，在发掘大窑

图 1-12　大窑遗址全景（内蒙古博物院供图）

图 1-13　大窑四道沟遗址发掘现场（内蒙古博物院供图）

图1-14 大窑二道沟遗址及其发掘（内蒙古博物院供图）

图1-15 大窑遗址四道沟剖面（内蒙古博物院供图）

遗址的同时，也在小南沟坡下全新世地层中进行了试掘，发现了典型的细石器，有锥状石核、石片和刮削器等，但未发现陶片，其时代相当于所谓的"中石器"时代。[9]由此可见大窑文化持续时间之久远（图1-14）。

大窑遗址的发现把内蒙古黄河流域乃至整个内蒙古地区人类活动的历史向前推到了六十万至七十万年以前，这也证明了内蒙古黄河流域也是中华民族远古人类文明的发祥源地之一。此外，大窑遗址也是目前内蒙古地区发现的唯一一处旧石器时代早期的遗址。[10]大窑遗址贯穿内蒙古地区旧石器时代的大部分时间，对了解这一时期内蒙古地区环境概况及人类文明形态等提供了重要线索（图1-15）。

大窑遗址是旧石器时代的遗存，以"石器"为主要文化标志。通过研究出土石器可以发现，大窑遗址的石器自旧石器时代开始至结束，始终坚持使用传统的打制石器，具有较高的延续性。以大型石器为主，但是也呈现出石器体积逐渐变小的趋向，且器物组合以刮

图1-16　大窑遗址出土的典型石器一组（内蒙古博物院、呼和浩特博物馆供图）

图1-16-1　尖状器

图1-16-2　盘状刮削器

图1-16-3　复刃砍砸器

图1-16-4　石球

削器物为主，砍砸器物次之，尖状器物不发达，其中龟背形刮削器最具特色。[11]砍砸石器的大致用途是砍伐树木，刮削石器的用途在于加工狩猎所需木棒等工具和在灌木草甸自然环境中解剖动植物和生产（图1-16）。

通过对大窑遗址出土器物的分析可以发现，这一时期内蒙古黄河流域的远古先民们多是以原始采集渔猎生活状态为主，"狩猎为主，采集为辅"，原始农业尚处于萌芽阶段或尚未出现。

对于"大窑"文化时期当地人类生存的自然环境考察，孙黎明等通过分析大窑遗址土层中孢粉指出：旧石器时代的大窑遗址地区草本植物花粉含量（72%~89%）高于木本植物花粉含量，优势植物为蒿属类、葵、禾本科、菊科、黄麻等。[12]而大窑遗址中发现的石器多是以刮削类、砍砸类等占绝对的数量优势，这些石器的基本用途是砍伐和加工树木，这类石器适宜在草甸灌木的环境下使用。在当时人类交通工具与生产及生活设施并不发达的情况下，人类必须选择靠近原材料产地的地区，因而这一地区在旧石器时代显然是自然环境整体良好，森林与灌丛等植被密布。此外，通过对大窑遗址的旧石器时代遗存分析，考古学界也普遍认为此地区在旧石器时代既有深山，也有小片森林和灌木丛，还有野草茂盛的坡地及平川。[13]通过分析遗址中出土的石器功能和利用现代"孢粉"实验手段，可以得出当时这一地区草原与灌木丛广布的结论。

因此，以上所述均表明当时此地区能够维持人类狩猎与采集的生存模式，这也表明当时这一地区有较好的自然条件，存在满足人类采集、狩猎的森林及草原自然环境，并且自然环境所能提供的给养也能够满足人类生存所需，因而自然环境是优越的。

此外，大窑遗址中发现的石球与剥兽皮及肢解动物的工具也显示出，当地人类的生产及生活方式是以狩猎生产活动为主，兼有采集渔猎，这也进一步表明这一时期的内蒙古黄河流域或许业已出现了带有狩猎性质的原始人类生存形态，即采集狩猎经济成为"大窑"时期当地人类社会的主要经济类型（图1-17）。

孙黎明等通过对大窑遗址的孢粉组合与哺乳类动物化石研究指出：第四纪以来，呼和浩特等内蒙古中部地区的气候经历了"温干—干凉—干寒—温暖"的发展变化阶段，与之相对应，当地植被也经历了"针阔叶疏林草原植被带—干草原植被带—寒温性针叶疏林草原植被带—针阔叶林草原带"的发展变迁。各类草原动物也随着当地气候与自然环境的变化而出现了"肿骨鹿、斑鹿等大型食草动物—小型食草动物如啮齿类、兔形类—耐寒的奇蹄类、啮齿类等哺乳动物"[14]。此外，科学实验数据也表明，"大窑"时期内蒙古黄河流域动植物种类繁多，尤其是能够满足捕猎需求的小型可食用动物的大量存在，为当地早期人类进行采集渔猎奠定了自然基础（图1-18）。

然而略微有些遗憾的是，在大窑遗址内并未发现早期人类的化石遗存，我们无法了解此时期与人种相关的信息，这也限制了学界对"大窑"文化时期内蒙古黄河流域人类祖先

的进一步深入考察研究。因此，对于"大窑"文化时期人类活动的研究，也有待新的考古发掘，以及运用更多、更新的科学技术手段。

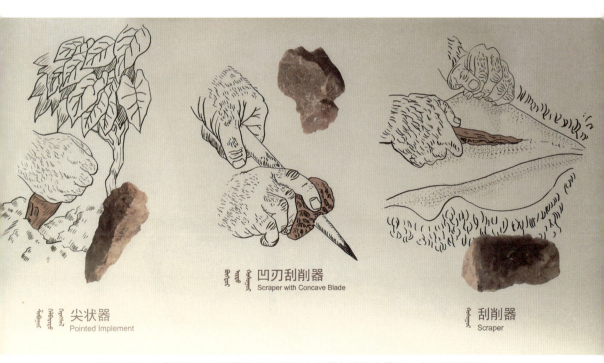

凹刃刮削器
Scraper with Concave Blade

尖状器
Pointed Implement

刮削器
Scraper

图1-17　大窑遗址出土石器使用示意图（内蒙古博物院供图，高兴超摄影）

图1-18 大窑遗址出土肿骨鹿骨骼化石及肿骨鹿复原图（内蒙古博物院供图）

二、文明的发展：旧石器时代中后期的人类文明遗迹

对史前内蒙古黄河流域古人类遗址的考察梳理表明，当地的古人类遗址众多，因而此时期人类文明形态异彩纷呈。正如苏秉琦先生所说，从新石器时代直至夏商时期，中国境内同时存在着发展水平相近的众多文明，散布在中国的四面八方，苏先生将之形象地概括为"满天星斗"的发展模式。这一模式的提出打破了历史考古学界根深蒂固的中原中心、汉族中心的传统研究观念，引发了对中国文明的起源等问题的重新思考。[15]内蒙古黄河流域虽地处中国边疆的偏远之地，但其地域内的史前人类文明，是

图 1-19　萨拉乌苏旧石器遗址地貌（白林云摄影）

中国早期人类文明不可或缺的重要组成部分。除前文所述出现时间最早的大窑遗址外，后期兴起的萨拉乌苏遗址、朱开沟遗址与受到黄河流域文明影响的岱海文化等人类遗址也同样重要。[16]因此，本部分主要就内蒙古黄河流域旧石器时代中晚期的人类遗址文化进行择要介绍（图1-19）。

（一）旧石器时代中期遗址

旧石器时代中期遗址在内蒙古黄河流域已发掘的考古遗址中较为典型，数量也相对较多，并吸引了大量学者的关注。目前，学界关注较多的内蒙古黄河流域旧石器时代中期遗址是萨拉乌苏遗址与乌兰木伦遗址。

图1-20 萨拉乌苏河位置及流域示意图（鄂尔多斯博物馆供图）

图1-21 萨拉乌苏遗址全景（鄂尔多斯博物馆供图）

这两处遗址虽皆位于鄂尔多斯高原之上，却较为全面地展示了内蒙古黄河流域的远古人类文明（图1-20）。

1.萨拉乌苏遗址

内蒙古黄河流域的"河套人"所在地萨拉乌苏遗址，是中国境内最早发现的旧石器时代遗址，距今14万至7万年。"河套人"的发现，在中国乃至世界的考古学、体质人类学等领域均具有较大影响，对研究人类的进化过程和晚期智人的体质特征及旧石器晚期文化类型特征等有着十分重要的价值。目前，萨拉乌苏遗址至少包括"范家沟湾""杨四沟湾""米浪沟湾""大沟湾""滴哨沟湾""邵家沟

湾""清水沟湾""杨树沟湾""刘家沟湾"等九处（图1-21）。[17] "河套人"也同"北京人""山顶洞人"等被誉为中国旧石器时代最具代表性的人类化石。[18]

"河套人"的得名源于一枚人类牙齿化石（为一小孩上门齿），因这枚牙齿的发现地位于河套地区而得名。关于河套地区的范围划定，有广义和狭义之分。广义河套的范围包括贺兰山以东、阴山以南、吕梁山以西、明人所修长城以北的广大地区，这也是明清时期河套的最初概念。以今天行政区划来说，包括宁夏回族自治区所在的银川平原、内蒙古自治区巴彦淖尔盟后套一带、鄂尔多斯市全境、包头市、呼和浩特市以及陕北长城以北地区，总面积约有二十多万平方公里。狭义河套则仅限于广义河套的一小部分，即今巴彦淖尔市的磴口县巴彦高勒镇以东、乌拉特前旗西山嘴以西、狼山以南、黄河以北的后套平原。[19] 由此可见，对"河套人"的命名是根据广义上的河套来确定的（图1-22）。

"河套人"生活在萨拉乌苏河[20]流域，地理坐标37°10′N~37°59′N、108°10′E~108°58′E。萨拉乌苏河是黄河的一级支流、无定河上游的一部分，萨拉乌苏河沿岸蕴藏着丰富的第四纪地层、古生物、古气候与旧石器时代人类文化遗存等地质信息。而尤为重要之处，它是20世纪20年代"亚洲迄今已知的第一件旧石器时代人类遗骸"的始现之地，这一古人类学领域开天辟地的发现，揭开了当时欧洲人视角中遥远而神秘的亚洲人类起源研究的序幕。一个世纪以来，众多中外地质地理和考古学家陆续涉足该地开展考察与探索，"萨拉乌苏"一名也因此被广传博引，历经百年不衰，在国内外享誉盛名（图1-23）。[21]

系统或专门对萨拉乌苏遗址的发掘工作始于20世纪20年代。[22] 中国科学院古脊椎动物与古人类研究所吴新智院士对此古人类遗址发掘工作进行了梳理和评价，其指出：1922年，法国神父、博物学家桑志华等人在今鄂尔多斯市鄂托克旗城川一带传教过程中，在今乌审旗的萨拉乌苏河流域考察期间，发现的诸多哺乳类动物化石中，有一颗是人类的"门齿"，这是最早在科学期刊报道的我国更新世人类身体的遗物之一。后续研究还表明，这个动物群可以作为我国北部更新世晚期动物群的代表，萨拉乌苏遗址被认为是华北更新世晚期的标准剖面。20世纪50年代以来，在萨拉乌苏河谷的考古工作中还不时会发现一些古人类化石，都是被自然侵蚀出地层的标本。自20世纪70年代起，中国科学院兰州沙漠研究所（现名中国科学

图 1-22　德日进在萨拉乌苏遗址发掘现场（鄂尔多斯博物馆供图）

图 1-23　桑志华在萨拉乌苏与当地牧民合影（鄂尔多斯博物馆供图）

图1-24-1 20世纪初科学家在萨拉乌苏考察

图1-24-2 汪宇平在萨拉乌苏考察

图1-24 科学家在萨拉乌苏考察（鄂尔多斯博物馆供图）

院寒区旱区环境与工程研究所）等单位在这个区域做了大量的地质学调查和学术研究。在野外考察工作中，他们从地层中发现了一些人类化石，为深入研究我国晚更新世人类积累了宝贵材料（图1-24）。[23]

经过近一个世纪的考古发掘与研究考证，外国人发现的"河套人牙齿"与我国学者发现的23件"河套人化石"（图1-25），以及遗址中发现的石器、骨器等都显示了当时萨拉乌苏地区的原始人类文化形态与农业发展水平。"河套人"遗址的进一步深入发掘，为我们了解内蒙古黄河流域的古人类文明提供了重要线索。据统计，历年来萨拉乌苏遗址发现的更新世古人类化石共计25件，具体信息参见表1-1。

表1-1 萨拉乌苏遗址的人类化石

编号	标本	发现地点	地层层位	发现时间
IMM148777	额骨	杨四沟湾T3基座，距河面16米	萨拉乌苏组下部	1978
IMM148778	额骨	清水沟湾	脱层	1978
IMM148779	额骨	杨四沟湾T5基座，距河面10米	萨拉乌苏组下部	1978
PA.114	额骨	石马圪T2	现代堆积	1963
IMM148780	顶骨	曲家沟湾T2	现代堆积	1980
IMM148781	顶骨	杨四沟湾T2	现代堆积	1980
PA.87	顶骨	滴哨沟湾T2	现代堆积	1956
PA.115	面骨	踏土沟湾T2	现代堆积	1969
IMM148782	枕骨	范家沟湾，距河面15米	萨拉乌苏组下部	1980
IMM148783	枕骨	杨四沟湾T2	现代堆积	1980
	左侧门齿	邵家沟湾T2	现代堆积	1922—1923
IMM148784	下颌	杨四沟湾右岸，距河面28米	萨拉乌苏组下部	1978

编号	标本	发现地点	地层层位	发现时间
IMM148785	下颌	曲家沟湾T2	现代堆积	1980
IMM148786	胸椎	杨四沟湾T2	现代堆积	1980
IMM148787	右肩胛骨	米浪沟湾，距河面15m	萨拉乌苏组下部	1980
IMM148788	右肩胛骨	滴哨沟湾T2	现代堆积	1980
IMM148789	左肱骨	杨四沟湾T2	现代堆积	1980
PA.61	左肱骨	剖面	现代堆积	1980
IMM148790	右股骨	米浪沟湾T2	现代堆积	1980
IMM148791	右股骨	米浪沟湾T2	现代堆积	1980
PA.62	右股骨	剖面	脱层	1923
PA.63	右股骨	剖面	脱层	1922
PA.88	左股骨	滴哨沟湾T3	现代堆积	1956
IMM148792	左胫骨	刘家沟湾T2，距河面3米	萨拉乌苏组下部	1978
IMM148793	左腓骨	杨树沟湾	现代堆积	1980

（资料来源：内蒙古博物院，华南师范大学地貌与区域环境研究所等编著：《萨拉乌苏河晚第四纪地质与古人类综合研究》，北京：科学出版社2017年版，第207页。）

由表1-1所统计的"河套人"化石类型及分布情况显示，在距今14万至7万年前旧石器时代的内蒙古黄河流域就已出现了人类活动的足迹与逐渐发展着的人类文明，这对于中国境内人类起源地区分布及相关问题研究发挥了重要作用。

目前，学术界对于中国现代人的起源存在两大主要对立学说，即"近期出自非洲说"和"多地区进化说"[24]，其争论的关键点之一便是在早于6万年前的中国，是否存在具备现代人类特征的古人类。萨拉乌苏遗址的古人类——河套人生活在这一时段，又具有明显的现代人特征，这些形态学证据是对多地区进化说的有

图 1-25-1　股骨化石

图 1-25　"河套人"化石（鄂尔多斯博物馆供图）

图 1-25-2　牙齿化石

力支持。[25]因此，萨拉乌苏遗址与河套人这一古人类化石的发现，对中国现代人起源研究及分布地区考察具有重要意义，需要开展更加深入具体的研究。当代学界对出土"河套人"化石的研究发现，"河套人"在人类历史发展阶段中属于晚期智人，"河套人"的体质特征很接近现代蒙古人种，但仍保留一定的原始性状，他们的社会形态正由落后的原始群向新的更高级的社会形态——母系氏族社会过渡。[26]就"河套人"的身体特征而言，"萨拉乌苏河人更新世男性的身高可能约为161.8厘米，比晚更新世山顶洞人矮，比柳江智人和北京直立人高"（图1-26）。[27]

现阶段，在萨拉乌苏遗址中考古发掘出的石器有五百余件，还包括人工打砸而成的动物骨头、骨骼化石等，其中以刮削器、钻具及尖状物器等为最多（图1-27）。对遗址中发掘的动物骨骼化石等的研究发现，这些动物化石多是大型食草类动物与啮齿类动物，动物种类包括诺氏菱齿象、诺氏骆驼、披毛犀、王氏水牛、原始牛、普氏羚羊、野马、野驴、河套大角鹿等，被称为"萨拉乌苏动物群"（图1-28）。

通过对萨拉乌苏遗址主要分布地区邵家沟湾古人遗址和其他沟湾相关地层的发掘以及向当地老乡的征集，

首次发现了大批哺乳动物化石和鸟类化石，可以确定动物名称的就有40余种，分别是：

刺猬、麝鼹鼹、翼手目（属种未定）、鼠兔、野兔、黄鼠、五趾跳鼠（相似种）、索氏三趾跳鼠、子午沙鼠、中华鼢鼠、绒鼠、仓鼠、跟田鼠（相似种）、田鼠（未定种）、仓鼠（未定种，后修订为灰仓鼠）、狼、最后斑鬣狗、獾、纳玛象（后修订为诺氏古棱齿象）、普氏野马（相似种）、野驴、披毛犀、野猪、诺氏驼、马鹿、河套大角鹿（后修订为鄂尔多斯中国大角鹿）、蒙古鹿（后修订为马鹿）、普氏羚羊、哦喉羚、恰克图转角羚羊、盘羊、王氏水牛、原始牛、鸵鸟（未定种）、鸷（相似种）、大兀鹰、山鹑（相似种，后修订为灰山鹑）、麻雀、鹌鹑、毛腿沙鸡、涉禽（属种未定）、角䴙䴘、野鸭、翘鼻麻雀。他们把河谷底部古人类遗址Pal层至谷坡上部第3层即披毛犀上限L.Rh发现的各种脊椎动物化石，统称为萨拉乌苏动物群，时代定为中更新世（图1-29）。[28]

这些动物遗存表明，当时的鄂尔多斯地区存在茂密的森林，星罗棋布的湖泊、河流，这也表明旧石器时代的内蒙古黄河流域气候呈现出温暖湿

图 1-26　萨拉乌苏遗址出土的古人类头骨化石（鄂尔多斯博物馆供图）

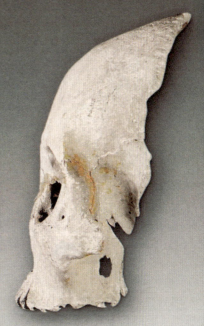

图 1-27 萨拉乌苏遗址出土石器（鄂尔多斯博物馆供图）

图 1-28-1 披毛犀

图 1-28 萨拉乌苏遗址出土的动物化石（鄂尔多斯博物馆供图）

图 1-28-2 河套大角鹿鹿角

润的特征。此外，这也说明当地是以草原自然环境为主，森林、灌木丛并存的复合式景观格局。[29] 与此同时，当地也存在干旱的沙漠和广阔的干旱或半干旱草原。但总体而言，当时的气候比今日鄂尔多斯要更温暖，这也是"河套人"出现与生存繁衍的必要自然条件（图1-30）。

通过综合梳理与研究考古发现的资料，裴文中对当时鄂尔多斯高原的"河套人"生活场面进行了描绘，即"河套人生活在现在的萨拉乌苏河的两岸，在河的两旁是广大的平原草地，在河湖的附近生长着草木。在平原草地上，有河套扁角鹿、有赤鹿、有野猪，也有善于奔驰的羚羊、野驴

图1-29 萨拉乌苏遗址出土的王氏水牛化石（鄂尔多斯博物馆供图）

图1-30　萨拉乌苏河河谷地貌（高兴超摄影）

和野马。不怕干旱的，还有骆驼和一些啮齿类。在河旁有水牛及原始牛，来吃河旁比较丰富的水草。有决定时代意义的是纳玛象、披毛犀和赤鹿，都生活在草原之上。这样的环境给河套人提供了生活的必要条件，得以子子孙孙生活下去"[30]。借助裴文中的这幅图景描述，我们可以感受到当时内蒙古中西部地区良好的自然环境与适宜人居的良好自然条件，这与今日高寒荒凉的自然景观存在着天壤之别，因此也就不难理解为何旧石器时代的早期人类会选择在这里生存繁衍了（图1-31）。

2.乌兰木伦遗址

乌兰木伦遗址第一地点的地理坐标为39°35′03.48″N，109°45′41.97″E，总面积约20000平方米，位于今鄂尔多斯市康巴什区乌兰木伦景观河北岸（康巴什新区2号桥以东约300米），属于旧石器时代中期晚段的遗址。乌兰木伦河[31]系黄河在内蒙古流域的干流水系，是一条季节性河流，源于鄂尔多斯市柴登乡巴定沟畔，自西北流向东南，最终进入陕西省神木市境内（图1-32）。

截至目前，乌兰木伦遗址共发现

图1-31　萨拉乌苏动物群及生存环境复原图（鄂尔多斯博物馆供图）

图1-32 乌兰木伦遗址全景（鄂尔多斯市文物考古研究院供图）

20余个地点，分布于乌兰木伦河的上中游，其中以第1、第2、第3地点最为重要（图1-33）。乌兰木伦遗址是我国境内少有的旧石器时代中期遗址，遗物堆积为呈灰绿色的河湖相三角洲沉积。遗址目前由中国科学院古脊椎动物与古人类研究所、鄂尔多斯青铜器博物馆、鄂尔多斯市文物考古研究院组成的联合考古队共同开展考古和研究工作，并取得了许多新的重要发现。

从考古学角度来讲，乌兰木伦遗址的发现恰好填补了距今7万至14万年的萨拉乌苏遗址和距今3.8万至3.4万年

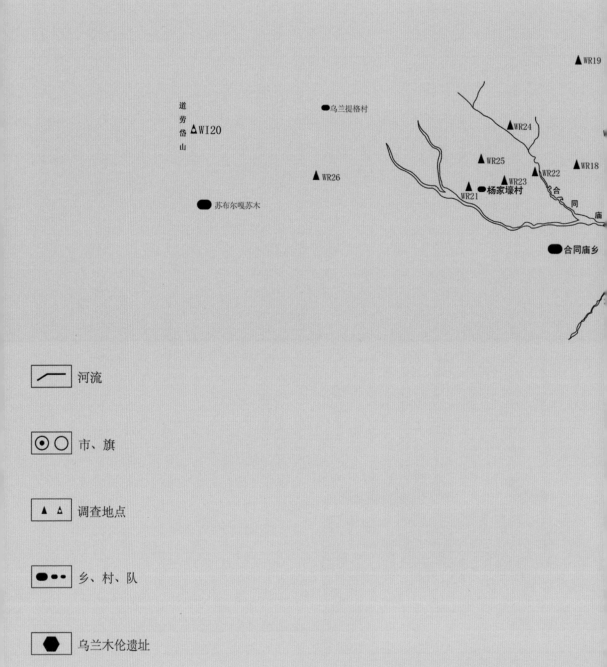

图 1-33　乌兰木伦流域旧石器时代遗址调查分布示意图（鄂尔多斯市文物考古研究院制图）

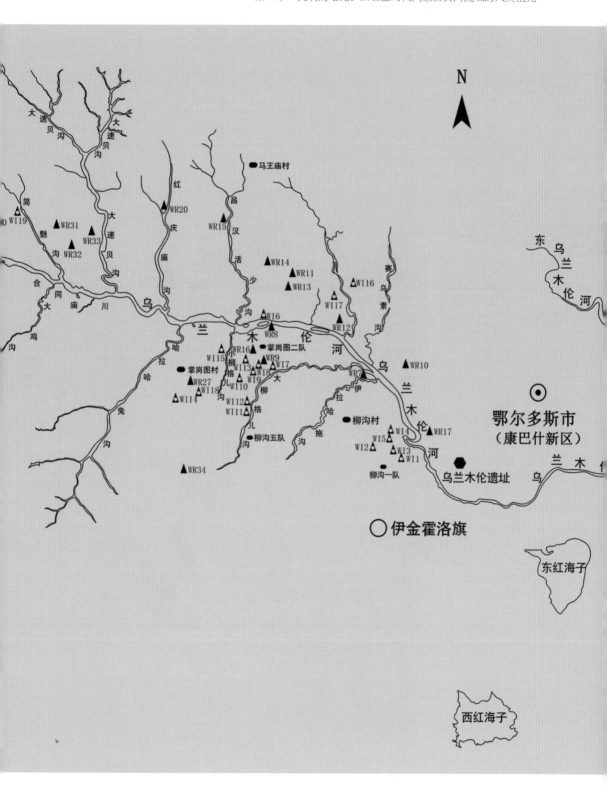

图1-34　乌兰木伦遗址第3地点考古发掘（鄂尔多斯市文物考古研究院供图）

的水洞沟遗址的中间缺环，这三处遗址的发掘形成了一个旧石器时代中期至晚期相对完整的文明演进序列，在内蒙古黄河流域乃至整个内蒙古及华北旧石器时代考古研究中，具有不可替代的重大价值，再一次证明了鄂尔多斯草原是早期中国人类进化的重要舞台之一。[32]

乌兰木伦遗址的最初发现始于2010年5月，正式发掘于2011年（图1-34）。经科学测定，乌兰木伦遗址的存在时间为距今3万至7万年。经过多年发掘，至今已出土了万件以上的石制品和动物化石，并清理出土了火塘等遗迹。[33]火的使用对于人类而言具有重要意义，诚如斯塔夫里阿诺斯所言："旧石器时代的人之所以成为'人'，是出于他们学会了说话、制作工具和使用火。这些本领使他们远远地胜过周围的其他动物。"[34]不仅如此，考古发掘工作中关于用火痕迹与烧骨现象的发现，也说明乌兰木伦人可能有食用熟食的习惯（图1-35）。[35]此外，乌兰木伦遗址中出现的大量动物碎骨、骨骼上的切割痕迹以及火塘和烧骨等表明，在乌兰木

图1-35 乌兰木伦遗址第2地点用火遗迹、烧骨、灰烬（鄂尔多斯市文物考古研究院供图）

伦遗址还发生了屠宰动物的行为和生活行为（图1-36）。综合来看，乌兰木伦遗址是一个多功能的古人类活动营地。[36]

遗址中的石制品类型较为丰富，研究者认为其石器工业总的来说属于北方小石器文化传统，但其中发现的一些石器技术，如以锯齿刃器、凹缺器为代表的工具组合、Kombewa（孔贝瓦）技术、带铤石镞等显示出乌兰木伦遗址存在东西方文化交流的特征。[37]尤其是以发达的锯齿刃工具和

凹缺器为代表的石器工业组合与欧洲旧石器时代中期文化的面貌趋同，预示着旧石器时代东西方之间存在文化上的交流与融合（图1-37）。

刘扬等于2010年对乌兰木伦遗址进行第2次试发掘和2011年—2012年的正式发掘后，在出土的石制品中选取136件，经过修理之后的相关研究表明：工具类型可分为锯齿刃器、凹缺器、刮削器、钻具、尖状器、石镞、琢背石刀、雕刻器、鸟喙状器等9个类型。其中锯齿

图1-36 考古地层出土的基本完整的披毛犀骨架化石（鄂尔多斯市文物考古研究院供图）

图1-37 乌兰木伦遗址出土的带铤石镞（鄂尔多斯市文物考古研究院供图）

刃器、凹缺器和刮削器是该遗址的主要类型，三者比例合计达87%。其他器型比例均较少。[38]由此可见，该遗址出土的石器制品类型多样，既有对以往文化的继承，同时也具备了诸多创新因素（图1-38）。[39]

制造石器的石料多来源于乌兰木伦遗址周边地区。考察发现，乌兰木伦遗址周边的白垩系砾石层中，具有较为容易获得的优质石英岩原料，而其他原料类型在砾石层中也有类似发现。由此可见，生活于乌兰木伦遗址的古人类没有（或者并不需要）进行长距离运输或交换即可获得所需原料，且这些原料的大量存在也无须偶遇发现。"乌兰木伦"古人类对基岩砾石层的砾石构成和分布有较好的了解和认识，不仅能够认识到优质石英岩原料的较好可获性，也能够采集到较难获得的极为优质的玉髓等原料（图1-39）。[40]

目前，乌兰木伦遗址共出土了4200余件人工打制的石器，3400余件古动物化石，以及大量灰烬、木炭、烧骨等组成的用火遗迹。乌兰木伦遗址发掘成果表明，当时这一地区的气候深受东亚季风的影响，气候旋回明显，夏季风来临时水草丰美，气候湿润区域随之向北扩大，适合生命活动。软体动物化石所在层位代表了温暖湿润型的气候阶段，对属于"萨拉乌苏动物群"的大型食草类动物和众多小型啮齿类动物肢骨、牙齿化石的发现，也说明当时正是这一地带这类

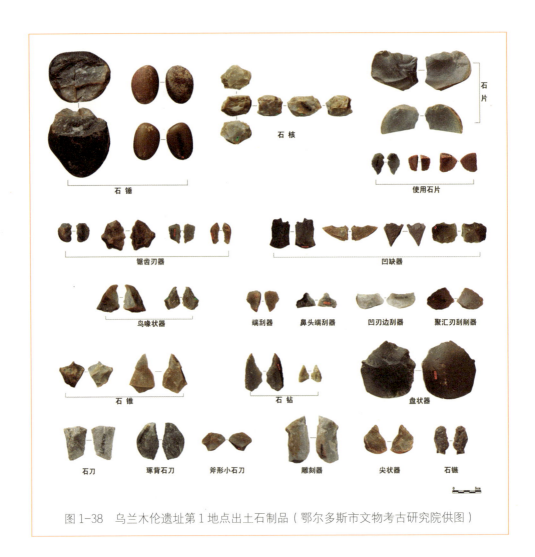

图 1-38　乌兰木伦遗址第 1 地点出土石制品（鄂尔多斯市文物考古研究院供图）

图 1-39　乌兰木伦湖二级阶地及顶部砾石堆积（石料基地）（鄂尔多斯市文物考古研究院供图）

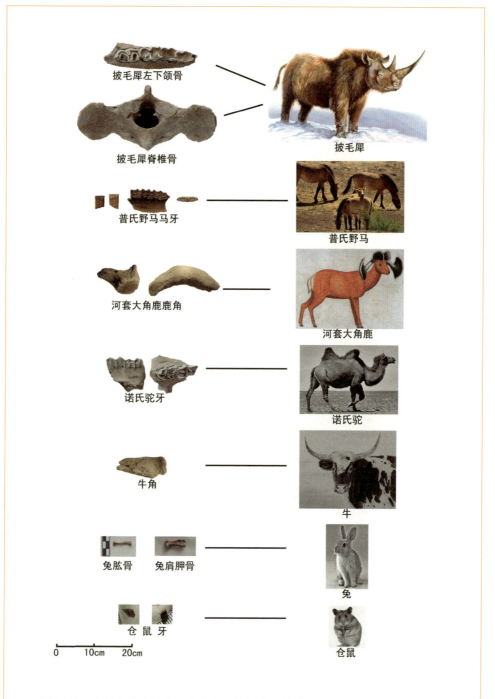

披毛犀左下颌骨

披毛犀脊椎骨

披毛犀

普氏野马马牙

普氏野马

河套大角鹿鹿角

河套大角鹿

诺氏驼牙

诺氏驼

牛角

牛

兔肱骨　兔肩胛骨

兔

仓鼠牙

仓鼠

0　10cm　20cm

图 1-40　乌兰木伦遗址出土具有人工切割痕迹的动物化石及其对应的古生物复原图（鄂尔多斯博物馆供图）

动物生活的活跃期（图1-40）。[41]

（二）旧石器时代晚期遗址

内蒙古黄河流域考古发现的旧石器时代晚期人类遗址数量不多，目前可以明确时段的仅有水洞沟遗址一处。且需要注意到，萨拉乌苏遗址、乌兰木伦遗址与水洞沟遗址先后出现在鄂尔多斯高原上，且出现时间前后相继，文化先后也有传承和发扬，因而构成了内蒙古黄河流域内相对完整的旧石器时代的文明发展脉络，其历史意义极为重要。因此，在本部分主要就水洞沟遗址加以介绍（图1-41）。

按照今日之行政区划，水洞沟遗址属宁夏回族自治区灵武市（古称"灵州"），灵武素有"塞上江南"之美誉。但从地理区域及历史时期的文化区域发展角度而言，水洞沟遗址却属于鄂尔多斯高原，且此遗址与鄂尔多斯地区人类文明存在千丝万缕的联系。夏侃对此也指出："从地质结构上讲，（水洞沟遗址）远古时期同属于鄂尔多斯盆地，后来同属于鄂尔多斯台地，从历史渊源、文化血脉上讲，也属于同一传统，因此，该遗址反映的无疑是鲜为人知的鄂尔多斯远古人类历史的重要篇章。"[42]鉴于此，本书也将水洞沟遗址作为内蒙古黄河流域早期人类文明遗

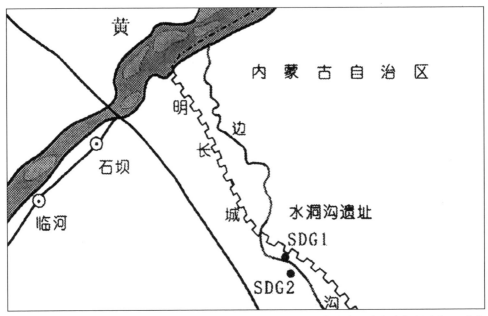

图1-41　水洞沟遗址第2地点地理位置（摘自《宁夏水洞沟遗址第2地点发掘报告》，《人类学报》，第31卷第4期，2012年11月。）

址的主要关注对象加以介绍。

水洞沟遗址，地理坐标为38°21′N，106°29′E，位于鄂尔多斯高原南缘，是旧石器时代晚期原始人类文明的发祥地。遗址位于黄河一级支流处，该处支流全长约60公里，流域面积达950平方公里。水洞沟遗址所在支流流经了鄂托克前旗西角的上海庙镇芒哈图村后汇入黄河干流。水洞沟沟宽50~200米，沟深6~14米，两岸为棕钙土。由于沿河有泉水溢出，形成许多小洞，故称"水洞沟"。此外，水洞沟遗址也被誉为"中国史前考古的发祥地""中西方文化交流的历史见证"，更被国家列入"最具中华文明意义的百项考古发现"，具有重要的学术意义（图1-42）。

水洞沟遗址于1923年首次被发现，由法国学者桑志华和德日进发现并最早进行了系统发掘。桑志华等人最初的发掘地是水洞沟遗址的第1地点，该次发掘面积80多平方米，发现了300多公斤的石器和混合着碎骨、炭屑的痕迹，以及13种第四纪哺乳动物化石。此外，他们还在第1地点的南岸发现了第2地点，此地点出土的遗物虽然没有第1地点丰富，但将混合着人工打制遗物的堆积延伸至100米远。[43]此外，水洞沟遗址也是我国考古发掘延续性最好的，也是最长的一处旧石器时代遗址。自1923年首

次被发现及进行发掘以来，先后在水洞沟遗址发现了多个石器地点，连续进行了多次发掘，取得了重要学术研究进展（图1-43）。

水洞沟遗址自被发现以来的数十年里，先后经历了六次较大规模、有系统的发掘工作，分别是：1923年桑志华和德日进主持的第一次发掘，出土标本大部分被运到国外；1960年中国与苏联组建的中苏古生物考察队的第二次发掘；1963年裴文中先生领导的第三次发掘，这次发掘首次揭示出水洞沟遗址包含了旧石器时代和新石器时代的两个不同时代的遗存，只有底砾层下部才是旧石器时代文化层，即水洞沟文化层；1980年宁夏博物馆考古队主持的第四次发掘，本次发掘的成果已形成专著发表；2003年和2007年由宁夏文物考古研究所和中国科学院古脊椎动物与古人类研究所联合对这个遗址进行的第五、第六次正式考古发掘，这两次发掘的成果目前还在整理中（图1-44）。[44]

遗址中出土了大量的石制品和动物化石，其中以石制品最具特色，它是我国北方广阔区域内出土最明确的具有明显西方文化元素的旧石器考古遗址。这些可以与西方对比的石器技术包括勒瓦娄哇技术、石叶技术，以及与欧洲旧石器时代莫斯特尖状器、"新月形"边刮器、奥瑞纳端刮

图 1-42　水洞沟遗址第 1 地点全景（内蒙古博物院供图）

图1-43　德日进在考古发掘工地帐篷外与骑骆驼者交流（鄂尔多斯博物馆供图）

图1-44　贾兰坡考察水洞沟遗址（鄂尔多斯博物馆供图）

器相似的尖状器、边刮器和端刮器等石器类型。[45]由此可以发现，水洞沟遗址出土石器种类、用途及制作工艺等可能是受到以华北为中心的旧石器时代文化的影响，即其文化的根源还是在中国的华北地区。只不过在旧石器时代晚期，西来文化的挺进促使"水洞沟"地区发生了一定规模的以石叶文化取代石片文化的变革（图1-45）。[46]

因此，在旧石器时代，中国与域外世界就已出现了广泛的交流互动，正如刘学堂所指出的那样："近年来考古发现与研究表明，至少从旧石器时代中晚期开始，东西方人群就有了来往。西方的勒瓦娄哇技术东传和中国北方东谷坨石器技术的西传，拉开了东西方文化交流的序幕。"[47]具体如"勒瓦娄哇技术"的传播，近年来频频被中国学界提及，且许多学者以

图 1-45　水洞沟遗址出土的典型石器（鄂尔多斯博物馆供图）

水洞沟遗址出现的勒瓦娄哇技术为考察对象，指出这一技术是旧石器时代完成了自西向东传播，并被中国早期人类利用，这似已成为学术界的主流观点（图1-46）。[48]

由上述可见，水洞沟遗址体现出当时中国与域外世界之间存在一定程度上的交流互动。刘东生院士对此曾指出："水洞沟不同于一般的考古遗址。它是一个东西文化交流中不断进

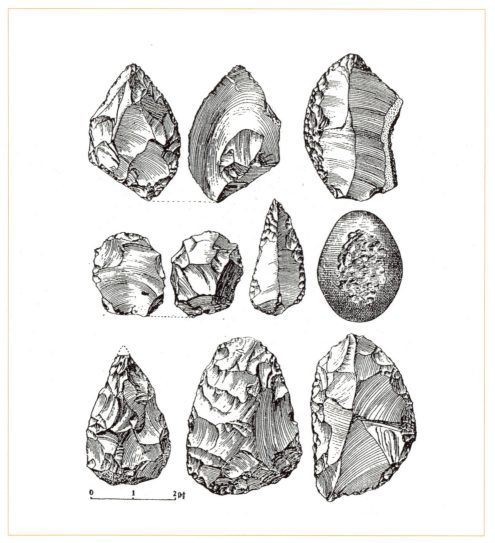

图1-46　欧洲莫斯特文化典型石器（鄂尔多斯市文物考古研究院供图）

发出明亮火花的闪光点。从2万多年前旧石器时代猎人们之间的往来，到现代东西方科学家的共同工作，都体现了这种东西文化的交流与碰撞（图1-47）。"[49]

此外，侯亚梅通过对"水洞沟"文化中"东谷坨石核"的再现，对"水洞沟"文化在东西方文化交流中的位置做了分析。她指出：在历史文明时期东西方文化交流中起到重要作

图1-47　水洞沟遗址发掘区及地层采样点（鄂尔多斯博物馆供图）

用的"丝绸之路"出现之前，从旧石器时代早期开始，经过中期一直到晚期，在已知的"丝绸之路"的北部，以及在广大的中亚和东亚的北部地区，东方与西方人群之间的流动以及文化的交流一直存在且较为广泛，它实际上造就了一条史前文化的跨洲传播之路，在人类早期文化的发展融合中起到了非常重要的作用，建议将这条在史前时期曾经长长地将东西方连接到一起的路称为"石器之路（Lithic Road）"，而水洞沟遗址的文化正是这条传播路线上东西方文化交流的结晶（图1-48）。[50]

内蒙古黄河流域流经的鄂尔多斯地区显然是"石器之路"的必经之地，而该地区现有的旧石器文化证据也支持了这一论断。位于内蒙古鄂尔多斯市乌审旗的萨拉乌苏遗址和位于鄂尔多斯高原西部的水洞沟遗址，是中国境内最早经过系统研究的两个旧石器时代遗址，正是对它们的研究，揭开了中国旧石器考古的序幕，也为欧洲与东亚北部旧石器文化对比奠定了初步基础。萨拉乌苏遗址石制品类型具有明显的欧洲旧石器中期文化的特色（图1-49）。而"水洞沟"文化具有"东西混合"的特点，正是东西方文化交流的产物。[51]

利用当代科学技术手段对水洞沟遗址中出土器物的分析研究表明，旧石器时代晚期水洞沟遗址的自然环境与气候条件整体而言是较为优渥的，是一处当时人类社会生存的较佳环境选择。此段黄河流域为典型的温带季风性气候，南北耸立的贺兰山隔阻了来自西伯利亚的寒冷气流。因此，当时水洞沟遗址人类社会的生存环境是属于开放的疏林草原旷野环境，其间分布着小的湖泊和河流，古代居民靠近湖岸或河岸居住以便获取水源；居住区内动植物资源较充沛，为先民提供了便利的生存条件（图1-50）。[52]20世纪80年代，中国科学院院士刘东生先生为《水洞沟——1980发掘报告》一书所做序言中就水洞沟遗址的远古人类生存状况写道：

2万多年前，一群远古人顶着凛冽的西伯利亚寒风，艰难地跋涉在鄂尔多斯黄沙漠漠的旷野之上。他们是一支由男女老少组成的队伍，随身携带着猎人的专用工具、武器、帐篷和火种（图1-51）。当他们翻上一道连绵起伏的山梁而来到一处今天叫作水洞沟的地方时，眼前出现了一片水草丰盛的湖泊，远处草原上还隐约可见成群奔跑的野马、野驴和羚羊。显然，这是一处诱人的地方。于是他们放下行装，就地宿营，开始书写生活的新篇章。[53]

此段描述亦可表明，"水洞沟"

图 1-48　水洞沟遗址第 12 地点发掘剖面（鄂尔多斯博物馆供图）

图 1-49　水洞沟遗址第 12 地点出土的细石核（鄂尔多斯博物馆供图）

CM

图 1-50　水洞沟遗址周边地貌（鄂尔多斯博物馆供图）

地区的早期居民是生活在自然条件较为优渥的环境中。正是这样的自然环境吸引着人类祖先选择并长期在此地繁衍生息，并在这一区域内创造了辉煌灿烂的早期人类文明。

　　值得注意的是，水洞沟遗址的早期居民逐渐走出鄂尔多斯高原进入宁夏平原，并对宁夏平原及贺兰山等进行开发利用，这在贺兰山岩画[54]中有所体现。薛正昌对此研究指出，3万年前移居于"水洞沟"地区的移民，

跨过一步之遥的黄河就可以进入银川平原。银川平原西侧高耸的贺兰山，森林茂密，水资源丰富，各类动植物为早期水洞沟移民提供了全新的生存空间，这也吸引着早期人类来此寻求维持生存的机会。贺兰山东麓的沟谷和坡地上的山石，还为他们提供了记载和描绘早期生产、生活等生存经历的岩石。贺兰山岩画大多创作于旧石器时代晚期，从岩画的内容与社会发展阶段看，水洞沟遗址与贺兰山岩画

有吻合之处。因此，水洞沟文化与贺兰山岩画有一定的关联（图
1-52）。[55]

　　贺兰山虽不属于内蒙古黄河流域，但贺兰山早期人类开发与文
明发展却受到以水洞沟遗址为代表的内蒙古黄河流域早期人类的深
远影响，这也体现出内蒙古黄河流域早期人类文明对于周边地区的
辐射影响。

图 1-51　水洞沟遗址第 2 地点用火遗迹（鄂尔多斯博物馆供图）

图1-52-1 狩猎图

图1-52-2 人面像

图 1-52　贺兰山岩画（内蒙古博物院供图）

注释

[1] 隐生宙包括冥古代、太古代与元古代三个时期，绝对年龄在 5.45 亿~46 亿年间，始自地球的形成时期，占地球年龄的 88.15%。显生宙是地质时代的又一个发展阶段，包括古生代、中生代与新生代三个阶段，显生宙是生命大发展和演变的重要时期，同时也是人类出现并发展的初期阶段。

[2] 广州博物馆编：《地球历史与生命演化》，上海：上海古籍出版社 2006 年版，第 39 页。

[3] 王幼平：《中国远古人类文化的源流》，北京：科学出版社 2005 年版，第 4 页。

[4] 翦伯赞：《中国史纲》第一卷《史前史·殷周史》，北京：商务印书馆 2010 年版，第 10~11 页。

[5] 旧石器时代考古学是 19 世纪中叶在欧洲兴起的一门学科。经过几代考古学家的不懈努力，到 20 世纪中叶才建立起比较完善的旧石器文化分期序列。它以欧洲冰期—间冰期地层和共生哺乳动物化石为基础，并以和分期相联系的标志性技术、工具为标志。标志性技术和工具毕竟是人类发展生产力过程中创新能力的体现，是一种客观现象，可以在研究早期人类文化进化上发挥其独特作用。（参见刘扬：《内蒙古鄂尔多斯乌兰木伦遗址石器工业中的西方文化元素》，《草原文物》2018 年第 2 期，第 20~27 页。）在中国，旧石器时代考古学的大门由法国学者最早开启。

[6] 高星、仪明洁：《理论视野下的中国旧石器时代文化》，载魏坚、朱泓主编：《乌珠穆沁边疆考古国际学术研讨会论文集》，北京：科学出版社 2014 年版，第 111 页。

[7] 高星、仪明洁：《理论视野下的中国旧石器时代文化》，载魏坚、朱泓主编：《乌珠穆沁边疆考古国际学术研讨会论文集》，北京：科学出版社 2014 年版，第 112 页。

[8] 汪英华：《大窑遗址四道沟地点年代测定及文化分期》，《内蒙古文物考古》2002 年第 1 期，第 6~11 页。

[9] 田广金：《内蒙古石器时代—青铜时代考古发现和研究》，《内蒙古文物考古》1992 年刊，第 1~20 页。

[10] 李鑫叶、岳够明：《内蒙古高原旧石器考古研究综述与展望》，载董为主编：《第十六届中国古脊椎动物学学术年会论文集》，北京：海洋出版社 2018 年版，第 331~344 页。

[11] 张久和主编：《内蒙古通史》第一卷《远古至唐代的内蒙古地区》，北京：人民出版社 2011 年版，第 67 页。

[12] 孙黎明、刘金峰、张文山：《内蒙大窑文化遗址第四纪地层及古气候环境》，《河北地质学院学报》1996 年第 2 期，第 185~188 页。

[13] 内蒙古博物馆、内蒙古文物工作队：《呼和浩特市东郊旧石器时代石器制造场发掘报告》，《文物》1977 年第 5 期，第 7~15、98 页。

［14］孙黎明、刘金峰、张文山：《内蒙大窑文化遗址第四纪地层及古气候环境》，《河北地质学院学报》1996 年第 2 期，第 185~188 页。

［15］苏秉琦著，赵汀阳、王星选编：《满天星斗：苏秉琦论远古中国》，北京：中信出版社 2016 年版。

［16］这些遗址多是沿黄河、黄河支流或有水源地区分布。它们分布在河湖岸或阶地、台地上，最大的特点就是近水。除萨拉乌苏遗址外，这些遗址附近都有较为丰富的石料可供古人类选择利用。（参见李鑫叶，岳多明：《内蒙古高原旧石器考古研究综述与展望》，载董为主编：《第十六届中国古脊椎动物学学术年会论文集》，北京：科学出版社 2018 年版，第 331~344 页。）

［17］杨泽蒙：《鄂尔多斯地区著名古人类活动遗址概述》，《鄂尔多斯文化》2008 年第 1 期，第 37~42 页。

［18］郝诚之、郝松伟：《"河套人"无须改为"鄂尔多斯人"》，《社会科学评论》2006 年第 3 期，第 29~34 页。

［19］陶继波、崔思朋：《清代河套地区土地政策演变及农业生产影响探析》，《清史论丛》2017 年第 2 辑，第 149~172 页。

［20］萨拉乌苏河是蒙古族语的汉语译名，按照中国地名规范，其拼音应该为"Xarusgol"，过去西方人的拼写为"Sjara-osso-gol"。在蒙古语中，"萨拉"意为"黄色"，"乌苏"意为"水"，是夏季洪水期内河流侵蚀严重而使河水浑浊呈现出黄色而得名。当地人也称其为"红柳河"，起源于陕西省西北部的白于山北麓，由西南至东北弯弯曲曲穿行在鄂尔多斯高原南部毛乌素沙漠之中。

［21］内蒙古博物院、华南师范大学地貌与区域环境研究所等编著：《萨拉乌苏河晚第四纪地质与古人类综合研究》，北京：科学出版社 2017 年版，前言，第 1 页。

［22］对萨拉乌苏的早期调查包括：在 1922 年桑志华调查之前，俄国学者 B.A. 奥勃鲁契夫为调查黄土成因时，曾于 1892 年—1984 年间，两次涉足萨拉乌苏河沿岸进行地质调查，由此揭开了萨拉乌苏河晚第四纪地质研究的序幕。（参见内蒙古博物院、华南师范大学地貌与区域环境研究所等编著：《萨拉乌苏河晚第四纪地质与古人类综合研究》，北京：科学出版社 2017 年版，第 4~6 页。）

［23］内蒙古博物院、华南师范大学地貌与区域环境研究所等编著：《萨拉乌苏河晚第四纪地质与古人类综合研究》，北京：科学出版社 2017 年版，第 11 页。

［24］内蒙古博物院、华南师范大学地貌与区域环境研究所等编著：《萨拉乌苏河晚第四纪地质与古人类综合研究》，北京：科学出版社 2017 年版，第 227 页。

［25］内蒙古博物院、华南师范大学地貌与区域环境研究所等编著：《萨拉乌苏河晚第四纪地质与古人类综合研究》，北京：科学出版社 2017 年版，第 226~227 页。

［26］高毅：《"河套人"及其文化》，载鄂尔多斯青铜器博物馆编：《鄂尔多斯文物考古文集·第

三辑》（上册），内部刊印，2019 年版，第 85 页。

［27］内蒙古博物院、华南师范大学地貌与区域环境研究所等编著：《萨拉乌苏河晚第四纪
　　　地质与古人类综合研究》，北京：科学出版社 2017 年版，第 227 页。

［28］内蒙古博物院、华南师范大学地貌与区域环境研究所等编著：《萨拉乌苏河晚第四纪
　　　地质与古人类综合研究》，北京：科学出版社 2017 年版，第 11 页。

［29］张久和主编：《内蒙古通史》第一卷《远古至唐代的内蒙古地区》，北京：人民出版
　　　社 2011 年版，第 68 页。

［30］裴文中：《中国原始人类的生活环境》，《古脊椎动物与古人类》1960 年第 1 期，第 18 页。

［31］乌兰木伦河全长约 132.5 公里，流域面积为 3837.27 平方公里，陕西境内河长 36.5 公里，
　　　流域面积 770 平方公里，在陕西神木市以北的房子塔与悖牛川河相汇合，以下称为窟
　　　野河。

［32］参见百度词条"乌兰木伦遗址"，网址：https://baike.so.com/doc/6681559-6895456.
　　　html。

［33］陈永志等主编：《鄂尔多斯文化遗产》，北京：文物出版社 2014 年版，第 42~49 页。

［34］［美］斯塔夫里阿诺斯：《全球通史：从史前史到 21 世纪》（第 7 版），吴象婴、梁赤民、
　　　董书慧、王昶译，吴象婴审校，北京：北京大学出版社 2012 年版，第 23 页。

［35］王志浩、侯亚梅、杨泽蒙等：《内蒙古鄂尔多斯市乌兰木伦旧石器时代中期遗址》，《考
　　　古》2012 年第 7 期，第 2~13、97 页。

［36］刘扬、侯亚梅、杨泽蒙等：《试论鄂尔多斯乌兰木伦遗址第 1 地点的性质和功能》，《北
　　　方文物》2018 年第 3 期，第 34~40 页。

［37］刘扬：《内蒙古鄂尔多斯乌兰木伦遗址石器工业中的西方文化元素》，《草原文物》
　　　2018 年第 2 期，第 20~27 页。作者在文中专门就带铤石镞在此时期的分布和传播路线
　　　考察指出："这种技术的传播显然是支持北线迁徙路线的。早期现代人最先到达北非，
　　　受到 Aterian 文化的影响，并将该文化最为典型的工具类型——带铤石镞带入到世界其
　　　他地方。从目前的材料看，带铤石镞技术最早在 7.4 万年前到达印度。在旧石器时代中
　　　期，在 5 万年左右到达亚洲北部的俄罗斯阿尔泰地区和中国北方内蒙古的乌兰木伦遗址。
　　　而继续向东传播的过程，乌兰木伦遗址显然具有中转站的地位。目前的材料表明极有
　　　可能是由乌兰木伦遗址向东进一步扩散到朝鲜半岛和日本，并向东北扩散到俄罗斯远
　　　东地区和北美。值得注意的是，是否存在从印度向北传播到乌兰木伦遗址，目前还难
　　　以确认，需要中国西南部的材料证据。"

［38］刘扬、侯亚梅、杨泽蒙：《鄂尔多斯乌兰木伦遗址的工具类型与修理技术初探》，《人
　　　类学学报》2016 年第 1 期，第 76~88 页。

［39］王志浩、侯亚梅、杨泽蒙等：《内蒙古鄂尔多斯市乌兰木伦旧石器时代中期遗址》，《考
　　　古》2012 年第 7 期，第 2~13、97 页。

［40］刘扬、侯亚梅、杨泽蒙等：《鄂尔多斯乌兰木伦遗址石制品原料产地及其可获性》，《人类学学报》2017 年第 2 期，第 165~175 页。

［41］王志浩、侯亚梅、杨泽蒙等：《内蒙古鄂尔多斯市乌兰木伦旧石器时代中期遗址》，《考古》2012 年第 7 期，第 2~13、97 页。

［42］夏侃：《续北方远古历史　开草原文化滥觞——纪念水洞沟遗址发现 90 周年》，载杨泽蒙主编：《鄂尔多斯文化遗产》，2013 年版，第 23~26 页。

［43］刘扬、侯亚梅：《法国学者对中国旧石器考古学的贡献及其相关遗址的研究进展》，《文物春秋》2012 年第 4 期，第 3~10、21 页。

［44］刘扬、侯亚梅：《法国学者对中国旧石器考古学的贡献及其相关遗址的研究进展》，《文物春秋》2012 年第 4 期，第 3~10、21 页。

［45］李鑫叶、岳够明：《内蒙古高原旧石器考古研究综述与展望》，载董为主编：《第十六届中国古脊椎动物学学术年会论文集》，北京：海洋出版社 2018 年版，第 331~344 页。

［46］刘扬、侯亚梅：《法国学者对中国旧石器考古学的贡献及其相关遗址的研究进展》，《文物春秋》2012 年第 4 期，第 3~10、21 页。

［47］刘学堂：《石器时代东西方文化交流初论》，《新疆师范大学学报（哲学社会科学版）》2012 年第 4 期，第 47~56 页。

［48］除本书引述此类成果外，相关研究成果参见汤惠生：《水洞沟与莫斯特：旧石器晚期的中国与西方》，《中国文物报》2003 年 12 月 19 日；曹明明：《水洞沟——穿越史前与现在》，《化石》2004 年第 2 期，第 2~5、42 页；唐荣尧：《水洞沟：见证远古东西方文化的远古撞碰》，《中国国家地理》2008 年第 4 期，第 94~98 页；高星等主编：《水洞沟——穿越远古与现代》，北京：科学出版社 2010 年版；邓聪：《水洞沟仰止——读〈水洞沟——穿越远古与现代〉》，《中国文物报》2011 年 12 月 23 日；邓聪：《追寻东方的勒瓦娄哇技术——宁夏水洞沟遗址的世界性意义》，《中国文物报》2012 年 1 月 6 日；等等。

［49］宁夏文物考古研究所编著：《水洞沟——1980 年发掘报告》，北京：科学出版社 2003 年版，刘东生序言，第 2 页。

［50］侯亚梅：《水洞沟：东西方文化交流的风向标？——兼论华北小石器文化和"石器之路"的假说》，《第四纪研究》2005 年第 6 期，第 750~761 页。

［51］刘扬：《中国北方小石器技术的源流与演变初探》，《文物春秋》2014 年第 2 期，第 3~13 页。

［52］关莹、高星、王惠民等：《水洞沟旧石器时代晚期遗址结构的空间利用分析》，《科学通报》2011 年第 33 期，第 2797~2803 页。

［53］宁夏文物考古研究所编著：《水洞沟——1980 年发掘报告》，北京：科学出版社 2003 年版，

刘东生序言，第 2 页。

［54］贺兰山岩画的开凿者应是早期游牧于河套地区的原始人类，生存在水洞沟时代早期的游牧民族就是贺兰山岩画的开创者之一。此后鬼方、猃狁、匈奴、突厥等多个时期的游牧民族，都是贺兰山岩画的创造者，他们描绘和记载了那个遥远年代的生活经历和生活实践，是生活实践的艺术化结晶。（参见薛正昌：《宁夏水洞沟：西方与东方的最初相遇》，《大众考古》2014 年第 4 期，第 67~69 页。）

［55］薛正昌：《宁夏水洞沟 西方与东方的最初相遇》，《大众考古》2014 年第 4 期，第 67~69 页。

第二章

文明的辉煌：新石器时代的人类活动与历史发展变迁

准格尔旗黄河阶地地貌（鄂尔多斯博物馆供图）

第二章图表索引

新石器时代内蒙古黄河流域的人类文明已步入辉煌发展的新阶段，从第一章"文明的曙光：旧石器时代内蒙古黄河流域的人类祖先"所介绍内容可知，目前，已发现的内蒙古黄河流域的旧石器时代遗址跨越了早、中、晚三个时期，为我们展示了当地悠久且连续不断的早期人类文明状况。到了新石器时代，内蒙古黄河流域的古人类遗址则更加丰富，呈现出辉煌发展的态势。迄今为止，在整个内蒙古自治区发现的新石器时代遗存有2000余处，其中位于内蒙古黄河流域的遗址占了相当高的比重，并且出现了许多能够代表当时内蒙古乃至整个北方人类文明发展程度的人类遗迹，近代以来的考古发掘成果也展现出当地在新石器时代的出现及发展状况。

"新石器时代"指的是考古学上石器时代的最后一个发展阶段，是以使用磨制石器为标志的人类物质文化发展阶段，也有学者将原始农业的起源视为新石器时代出现的主要标志。现阶段研究指出，世界范围内的新石器时代是从一万多年前开始的，结束时间是距今5000多年至2000多年。在中国境内的新石器时代，人类逐渐摆脱了单纯从自然环境进行采集渔猎的获取型经济模式，由食物获取者开始成为食物生产者，这也表明原始农业在新石器时代开始普遍出现并成为人类维持生计的重要生存依托。因而在新石器时代的社会生产与生活中，根据目前在内蒙古黄河流域已发掘的新石器时代考古遗迹中出土的诸多器物，无论是生产、生活工具，还是出土的动物化石及由实验分辨出的植物种类等，都表明当地的原始农业是从新石器时代开始的，在内蒙古黄河流域的考古遗址中都有迹可循，并随着时间的推移而逐渐繁荣发展起来。

纵观整个新石器时代，内蒙古黄河流域原始农业的出现与此时期气候向着暖湿的方向变动有关。根据竺可桢等人的研究，新石器时代是我国境内温度普遍升高的时期，这一时期我国正处于仰韶文化时期，故而将此时期称为"仰韶文化温暖期"。在此气候温暖期内，中国大部分地区尤其是内蒙古黄河流域所处的中高纬度地区，农业生产的整体自然条件相对优渥，整个内蒙古地区的原始农业都有所发展，尤其是黄河流经的内蒙古中南部地区原始农业发展最为迅速，这也是受到气候向着温暖波动的直接影响。此外，内蒙古中南部地区于新石器时代出现人类文明遗存，在文化内涵上与中原仰韶文化和龙山文化虽有一定的相同之处，但也存在差别，从而成为独具地域特色的古人类遗址，这对于中国历史尤其是史前文明发展史的研究具有重要意义，有待进一步深入发掘研究。

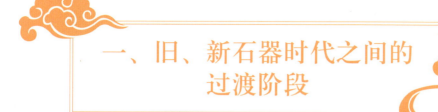

一、旧、新石器时代之间的过渡阶段

旧石器时代到新石器时代之间存在一个过渡阶段，学界将其称为"中石器时代"，中石器时代处于冰后期，即全新世初期阶段，此时期的经济生活仍为采集和渔猎，以使用打制石器或琢制石器为主，磨制石器尚未出现。该阶段内的人类遗址遗存在内蒙古黄河流域的考古发掘中亦有发现，这便是新近发现的"裕民遗址"。裕民遗址位于今内蒙古自治区乌兰察布市化德县德包图乡裕民村东北2.5公里处，该遗址也因此而得名，裕民遗址东、北、西三面均有山丘环绕，南部为冲沟，总面积约2万平方米（图2-1）。2014年考古发掘面积725平方米，清理出土石器、骨器、陶器等多件组，代表着这一时期内蒙古黄河流域旧、新石器时代的文明发展特征。

裕民遗址出土遗物共计500余件，其中大部分为石器，较少量的陶器、骨器等。石料主要为角页岩、砂岩、花岗岩、石英石等。石器除磨盘、磨棒、磨石外，均为打制和琢制。器形有半圆形刃石铲、片状砍砸器、矛形器、三角状石锥、刮削器、石片状器、石叶、石核等。陶器只发现有圜底釜和饼形器，釜为夹砂黑褐陶，质地疏松，火候低，纹饰为较乱麻布纹。饼形器为椭圆形或方圆形，夹砂黄褐陶，质地疏松，火候低，部分有草编纹（图2-2）。骨器有骨角刀、骨锥。另外，还出土较多残碎的兽骨（图2-3）。

根据当代考古发掘成果与相关研究，裕民遗址的发生年代距今约7000~8000年，纵观整个裕民遗址的地理分布情况，其南部较开阔，呈簸箕状，地势北高南低。打制石器与磨制石器共出，反映了裕民遗址的文化独特性。此外，裕民遗址的考古发现，填补了中国北方草原地带旧石器时代至新石器时代过渡期考古学文化的空

图2-1 裕民遗址近景（摘自《乌兰察布岩画》，文物出版社，2014年。）

白，具有重要的学术意义，也再次证明了内蒙古黄河流域人类文明演进的持续性和完整性。但需要注意到，所谓的"中石器时代"，不能作为世界各地区石器时代遗址普遍存在的一种石器文化，只能作为某些特定地区的一种"石器文化"的发展阶段，本处有关裕民遗址的介绍并将其列入新、旧石器时代的过渡阶段，也是基于此种学术考虑。

图 2-2　裕民遗址出土陶器（乌兰察布博物馆供图）

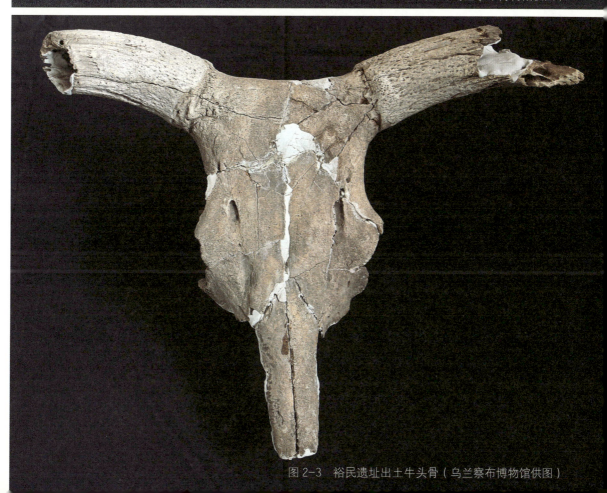

图 2-3　裕民遗址出土牛头骨（乌兰察布博物馆供图）

二、仰韶文化时期的人类文明遗址

　　仰韶文化出现在距今约7000年至5000年，持续时长约2000年。从气候角度来说，仰韶文化时期是我国历史上一个著名的气候温暖期。根据当代科学研究，在仰韶文化温暖期内，我国大部分地区的温度较现在温度平均高出约2℃，1月份平均气温也较如今高出3℃~5℃。[1]与此同时，黄河在内蒙古地区南流形成的冲积平原，地质构造属山西背斜与内蒙古地轴相接之过渡地带。在此带内，岩石平缓，黄土覆盖较厚，故这一区域也是内蒙古中南部地区重要农耕区和人类文明兴盛地区。[2]

　　在新石器时代内，内蒙古黄河流域的人类文明进入繁荣发展的全新阶段，主要体现在原始农业的产生与逐步发展。原始农业的产生是新石器时代最为重要的标志，著名英国考古学家柴尔德称之为"新石器时代革命"。由"攫取经济"的时代跨入到"生产经济"的时代，这在人类的发展史上也具有划时代的意义。[3]此外，由旧石器时代过渡到新石器时代，也体现出人类文明的巨大发展进步，对此，斯塔夫里阿诺斯曾指出："当人类成为食物生产者时，一个崭新的世界展

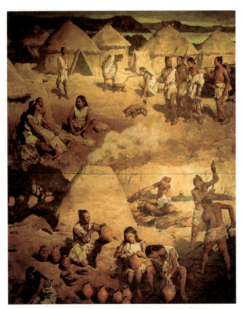

图2-4　仰韶文化生活场景创作图（来源于国家博物馆展览）

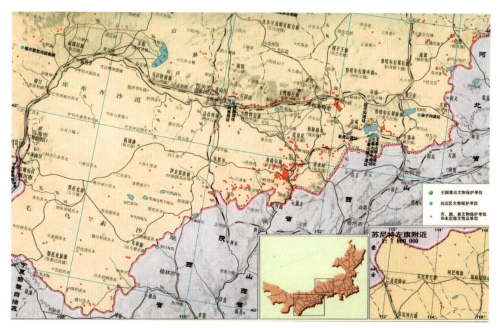

图 2-5　内蒙古中南部新石器时代遗址分布示意图［摘自《中国文物地图集（内蒙古自治区分册）》（上册），西安地图出版社，2003 年。］

现在人类面前，使人类的眼界大为开阔；从此，人类告别了旧石器时代，跨入了新石器时代（图2-4）。"[4]

　　由于自然地理环境和气候条件的限制及历史发展情况的不同，内蒙古地区新石器时代人类活动频繁且对自然环境的影响较为广泛。根据现阶段的考古发掘可知，新石器时代文化分布比较集中，在各自区域内形成了相应的考古学文化谱系，使得中华文明在这一地区出现繁荣发展的全新局面，形成了人类文明的两大发展中心。一个是内蒙古东南部的西拉木伦河和大凌河支流地带，该地区在新石器时代形成的文化具有自己的渊源和

发展序列，是一个具有独立发展性质的文化圈。另一个是内蒙古中南部的黄河流域及环岱海山岳地带，该地区由于本身就是黄河流域的一部分，其新石器时代文化的形成和发展则不可避免地受到中原地区仰韶文化的较大影响。[5]由此可见，黄河流经的内蒙古中南部地区不仅是中国北方古人类文明的发祥地之一，更是中原与北方人类文明碰撞与交融的互动区，体现出早期中国文明不同区域间的碰撞与交流互动（图2-5）。

　　考古学研究还表明，内蒙古黄河流域在仰韶文化时期的文化类型大致分为"后岗类型"、"庙底沟类型"

与"半坡类型"三大类型。其中仰韶早期以后岗一期为典型代表，主要遗址如红台坡遗址，仰韶中期以"半坡"和"庙底沟"类型为主要代表，主要遗址如石虎山遗址等，仰韶晚期遗址如庙子沟遗址等。本书选取上述三处遗址作为个案，对仰韶文化时期内蒙古黄河流域古人类文明的三个不同发展阶段

加以介绍，来反映该时期内蒙古黄河流域的人类文明（图2-6）。

（一）红台坡遗址

在内蒙古中南部，黄河两岸冲积平原与乌兰察布境内的黄旗海、岱海等地区，在史前人类文明早期就存在

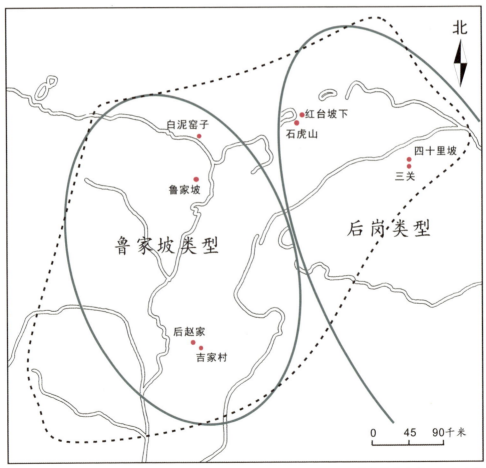

图 2-6　内蒙古中南部地区仰韶文化早期遗址分布和地方类型图（内蒙古博物院供图，高兴超摄影）

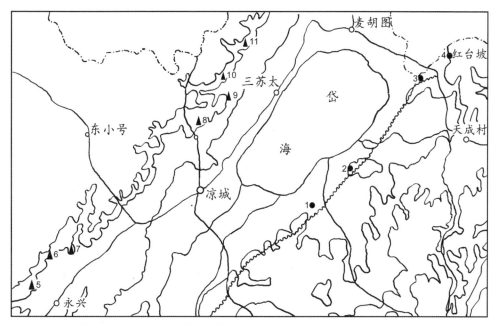

图 2-7　红台坡遗址位置示意图［摘自《岱海考古（三）——仰韶文化遗址发掘报告集》，科学出版社，2003 年。］

地理区位上的密切联系，充沛的水源与河流两岸冲积平原的沃土使得当地成为早期人类文明的发源地之一，且近代以来的考古发掘也逐渐揭示出该区域在史前诸人类文明之间的联系。根据目前的考古发现，红台坡遗址是此时期较具代表性的人类文明遗址之一。红台坡遗址位于内蒙古自治区乌兰察布市凉城县岱海以东的丘陵之间，于1987年—1992年间进行了多次大规模发掘，并整理出了系列考古与研究成果，为进一步揭示新石器时代内蒙古黄河流域的历史文化提供了重要历史参照。

红台坡遗址位于内蒙古自治区乌兰察布市凉城县岱海地区（图2-7）。目前，岱海地区发现时代最早的遗存是"红台坡"下、"石虎山" Ⅰ、Ⅱ两个遗址，距今约6530~6440年，此后又在这一区域相继发现了多处古人类遗址，被学界称为"岱海遗址群"[6]。"岱海遗址群"所在的岱海盆地（今凉城县境内）是内蒙古台地的一部分，境内的主要河流是黄河、永定河、岱海的支流，其中以岱海面积为最大。该地区地形地貌条件复杂多样，以山地丘陵为主，盆地北部为蛮汗山，南部为马头山，中部地区为地堑型内陆湖盆地——岱海盆地，岱海位于其中，盆地周围山麓及山前地点为冲积扇发育。[7]岱海盆地较为优渥的地理环境与气候条件及岱海所提供的水源优势，奠定了古人类选择在此生存的自然前提。

对于红台坡遗址的存在文化时期，可以通过对比"红台坡"下层遗址与"海生不浪"文化[8]影响下出土的器物加以判断。研究发现，红台坡的遗存在形制、风格上与海生不浪遗址第1段存在明显差异，前者的发生时间应该早于后者。此外，红台坡遗址中所见半地穴式房基进深大于间宽，中间只有一圆形坑灶。海生不浪遗址的房址间宽与进深之比渐大，由半地穴式发展为浅穴式甚至地面式、设双灶的房基。因此，"红台坡"上组房

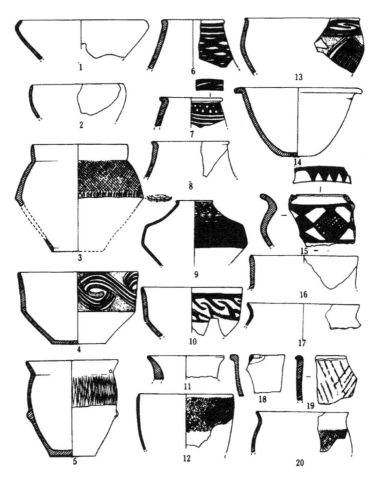

图2-8 红台坡上遗址出土陶器［摘自《岱海考古（三）——仰韶文化遗址发掘报告集》，科学出版社，2003年。］

基形制早于海生不浪遗址第1段。[9]
此外，魏坚等结合出土器物分析指
出："红台坡"下组的"年代约相当
于后岗一期文化，距今约6500年。遗
址内出土的石斧、红顶钵及陶器中夹
杂较多云母片，陶器装饰流行刺纹和
指甲压印纹等，均明显具有后岗一期
文化的特征。该阶段的遗存在白泥窑
子遗址、西园遗址、狐子山遗址均有
发现"（图2-8）。[10]

　　综合上述可知，红台坡下层遗址
的出现及存在时间应早于海生不浪文
化各遗址，这无疑可以确定，红台坡
下层遗址属于新石器时代早期遗址，
而上层遗址则可归属于海生不浪文化
的"庙子沟"类型，由此可知，红台
坡遗址时期的人类生存时段跨越了新
石器时代的较长阶段。

　　目前考古发掘资料还表明，当时
此地区的居民主要住在半地穴式房屋，
以定居生活为主（图2-9）。这种生活
方式的出现受原始农业的影响极大。对
此，斯塔夫里阿诺斯认为："农业革命
最明显的影响是产生了定居这种新的生
活方式。事实上，为了照料新驯化的动
植物，人类也不能不定居下来。于是，
新石器时代的村庄取代旧石器时代的流
浪团体而成为人类最基本的经济文化单
位。实际上，它构成了18世纪末期之前
一直居统治地位的一种生活方式的基
础。这种生活方式即使到今天还存在于

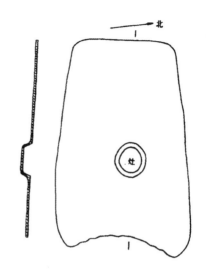

图2-9　红台坡遗址房址平剖面图［摘自《岱
海考古（三）：仰韶文化遗址发掘报告集》，
科学出版社，2003年。］

世界上许多经济不发达的地区。"[11]
因此，新石器时代人类走向定居生活和
原始农业的出现，是这一时期人类文明
发展的一个重要表现，同时原始农业的
出现对人类文明发展产生了深远影响。

　　红台坡遗址发掘出土的陶器以夹
砂陶为主，出土石器中的石磨棒、石磨
盘、石斧、石铲等均为典型的农业生产
和加工工具，这也说明当时此地区的农
业生产已经发展到一定水平，据此可知
内蒙古黄河流域的原始农业在"红台
坡"时业已出现，并有所发展。遗址内
出土的细石器比例虽然不大，但一些用
于捕猎的器具表明狩猎业仍然存在。因
而当时的经济形态是以农业生产为主，
兼有狩猎业的复合式生产方式。[12]这

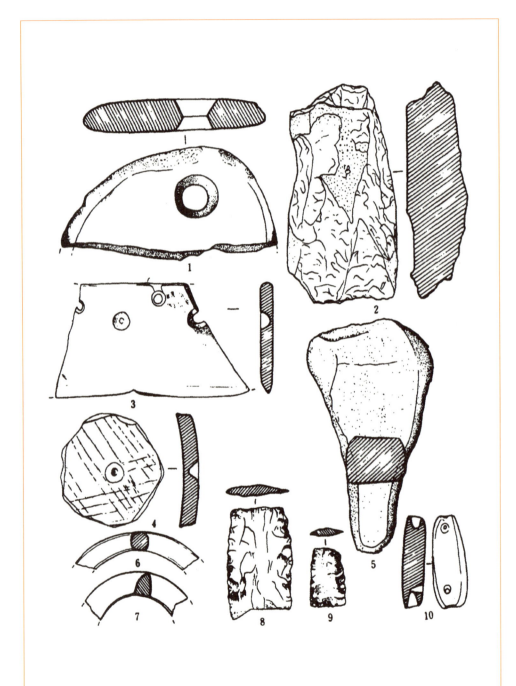

图 2-10　红台坡遗址出土石器［摘自《岱海考古（三）——仰韶文化遗址发掘报告集》，科学出版社，2003 年。］

表明此时期的原始农业尚不足以满足人类生存的全部需求，需要采集狩猎经济的补充（图2-10）。

（二）石虎山遗址

石虎山遗址位于今内蒙古自治区乌兰察布市凉城县天成乡双古城村东南约2公里处，北距岱海约2.5公里，西距凉城县海城镇约18公里，地处王墓山北坡岱海南岸山地丘陵的顶部，海拔高度在1348~1363米之间，地势略为平缓，这一平缓的地形地貌也较为适宜农业生产与定居生活（图2-11）。

关于石虎山文化的起源，目前考古及历史学界的大部分学者都赞同外来传入说。该说法认为，在庙子沟文化之前，距今6000年前后（相当于中原地区后岗一期、半坡文化、庙底沟文化阶段），由于乌兰察布地区的气候条件十分有利于人类生存，尤其是适合原始农业的发展，一些来自陕、晋、冀地区的原始先民沿着南流黄河两岸及汾河谷地溯源北上，纷纷涌入乌兰察布地区，使本地区的人口有了较大幅度的增加，遗址数量也有了较大的增长。田广金等对此分析指出："岱海地区的早期农业开发，是由中原地区向北移民垦荒完成的（图2-12）。"[13]因此，有关石虎山文化起源于外来迁入之说法得到学界较为普遍的认可，此非本书讨论重点，在

图 2-11 石虎山遗址远景图（摘自《乌兰察布文化遗产》，文物出版社，2014年。）

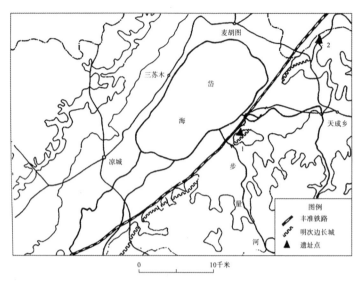

图 2-12　石虎山类型遗存分布示意图（摘自《长河沃野——魏坚北方考古文选》，科学出版社，2020 年。）

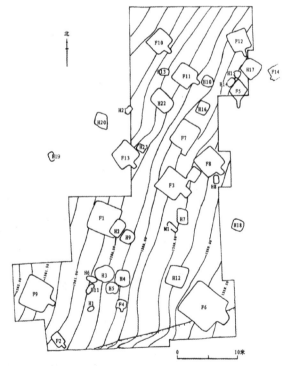

图 2-13　石虎山Ⅱ遗址遗迹分布示意图［摘自《岱海考古（三）——仰韶文化遗址发掘报告集》，科学出版社，2003 年。］

此不做深入考察分析。

石虎山遗址最早发现于1993年，此后数年间，考古工作者对其进行了数次考古发掘。其中规模最大的一次发掘是1996年8月由内蒙古自治区文物考古研究所和日本国京都中国考古学研究会联合开展的"岱海地区文明起源和发展"的考古学研究项目，重点是对石虎山遗址进行考古发掘和清理。此次清理发掘工作前后历时约2个月，发掘面积约2800平方米，发现围沟1条、房址20座、灰坑36个、墓葬1座（图2-13），出土各类遗物约400件。通过对出土器物研究可以发现，石虎山遗址至少包含四种文化面貌、性质各不相同的文化遗存，时代分别相当于新石器时代中期、晚期和春秋战国时期。由于这些文化遗存各自都有不同的分布范围，彼此之间区域分割、互不相连，应是相对独立的四处文化遗址。[14]本章只对新石器时代的石虎山遗址各主要文化层进行分析介绍，对以后时期的各遗层不做具体介绍。

石虎山遗址的早期遗存在考古学文化面貌上与中原地区同时代的遗存有较大的一致性，但也存在明显的地方文化元素。这时的人们过着定居生活，居住在半地穴式的房屋中，出土器物主要有陶器、骨器和石制农业生产和狩猎工具等，这反映出其经济结构在石虎山文化初期为农业生产和

狩猎业。[15]冯宝等结合植物鉴定和出土生产工具等分析指出："石虎山类型遗存的农业和采集工具占绝对主导地位，但存在一定数量的狩猎和渔猎工具。表明石虎山类型应该以农业生产为主，采集也是获得植物性食物的来源之一，而以狩猎和渔猎作为补充。"[16]因此，在石虎山遗址早期，当地原始农业虽有了较快发展并逐渐占据重要地位，但也存在一定数量的采集渔猎业（图2-14）。

石虎山文化时期虽然以原始农业为主，人们过着定居生活，但采集渔猎经济仍然是社会生活的有效补充，因而在此时期当地人们的生活应是极为艰难的，为维持生计需要付出巨大的代价。正如斯塔夫里阿诺斯所说："人们常常易把新石器时代的村落生活浪漫化；显而易见，这样做将会误入歧途。为了生产食物和若干手工业品，每一个人，包括成年男子、妇女和儿童，都必须工作，而且必须努力地工作。由于人们对土壤、种子、肥料和农作物轮植诸方面知识的掌握是极其缓慢而又费力的，所以生产率很低。"[17]

因此，我们在认识到这一时期人类文明取得发展进步的同时，也要注意到人类为之付出的巨大代价，人们为了维持生计在探索农业生产过程中迈出的每一步都是十分艰难的。因而达尔文在论述栽培植物人工选择的作

图 2-14　史前河川捕鱼图（内蒙古博物院供图，高兴超摄影）

用时曾指出："在原始未开化状态下的人们，曾经经常被食物的严重缺乏所迫，不得不尝试几乎每一种可以嚼碎和吞咽下去的东西。我们在几乎所有植物的效用方面的知识，大概都要归功于这些人（图2-15）。"[18]

石虎山遗址中出土的动物骨骼可以从一个侧面展示出这一时期人们的生活状态。截至目前，根据顾佩等人的统计，石虎山遗址中出土的可用于鉴定研究的标本有2036例，其中以狍（866例）、马鹿（532例）、水牛（520例）、猪（171例）为最多，貉（56例）、狗（39例）、棕熊（30例）、狗獾（22例）、中华鼢鼠（27例）次之，并有少量的豺、野兔、黄鼠、斑鹿、黄羊等动物，合计有17种。此外，还发现少量的鲤科鱼类的咽齿、鳃盖骨、脊椎骨和河蚌、鳖及少量的禽类。[19]据此可知，此地区虽然存在着渔猎经济，但是以定居生活所能饲养的猪、狗等家庭饲养牲畜为最多，这也表明当地定居式农业生产的逐渐形成与稳定。然而，这也从一

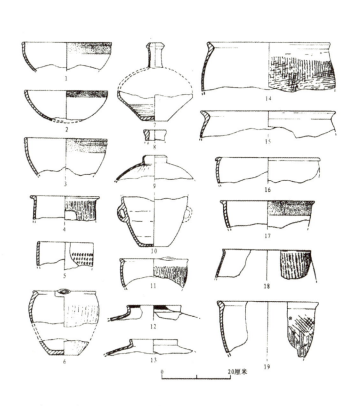

图 2-15 石虎山 I 遗址出土陶器［摘自《岱海考古（三）——仰韶文化遗址发掘报告集》，科学出版社，2003 年。］

个侧面反映出当时的农业发展水平极为有限，采集渔猎经济仍旧占有相当比重（图2-16），是人们维持生存的重要补充。

从生存状态而言，原始农业的出现促使石虎山时期的远古人类走向了定居生活。目前已发掘的考古材料也进一步表明，石虎山文化聚落遗址的数量和规模都非常小，遗址间的面积差亦不明显。聚落形态为房排式排列的房址，具有贮藏功能的房址与其他房址间尽管有明显的面积差，但是这一差别仅仅反映了房址的功能差，并不能反映居住者之间的地位差（图2-17）。对以上三个方面的分析可知，石虎山遗址的聚落、房址、生产单位之间无明显的地位差，人们之间属于平等社会状态。[20]

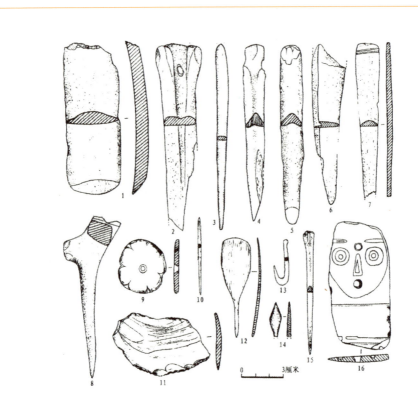

图2-16 石虎山Ⅰ遗址出土石器、骨器［摘自《岱海考古（三）——仰韶文化遗址发掘报告集》，科学出版社，2003年。］

除石虎山遗址外，这一阶段考古发掘的其他地区的居住村落遗址也比较多，如凉城县六苏木乡石虎山Ⅰ遗址（年代为距今6440—6530年）、石虎山Ⅱ遗址（年代要早于6500年）、王墓山坡下遗址（图2-18）[21]和商都县章毛乌素遗址等。仅就石虎山Ⅰ、Ⅱ两个遗址来说，虽与早期石虎山遗址在文化上是一脉相承的，但也存在极大

不同。因此，石虎山文化对于展现内蒙古黄河流域人类文明在新石器时代前中期及后期的变迁过程具有重要的参照价值。

（三）庙子沟遗址

庙子沟遗址位于今内蒙古乌兰察布市察哈尔右翼前旗乌拉哈乌拉乡庙

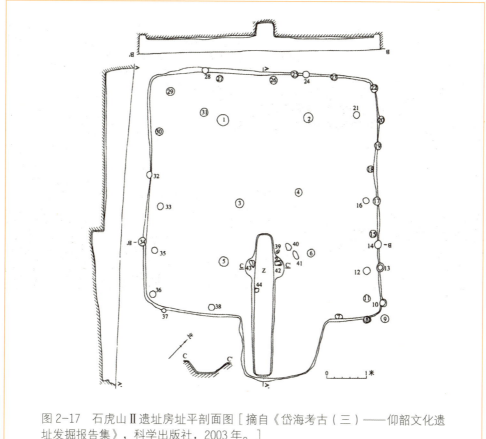

图 2-17　石虎山Ⅱ遗址房址平剖面图 [摘自《岱海考古（三）——仰韶文化遗址发掘报告集》，科学出版社，2003 年。]

子沟村南一条南北向山沟的西坡上，山坡东侧的河沟宽约 70 米，深近 10 米，山坡的整体地势为西南高、东北低，呈缓坡状（图 2-19）。遗址所在地名为"庙子沟"，庙子沟村及庙子沟遗址也因此沟而得名。庙子沟内常年有泉水，涓涓溪水由南往北傍村东而过，当夏季水量大时，可北上注入黄旗海。从时间断限上来说，庙子沟

文化属于仰韶文化晚期的新石器时代遗址，[22] 距今 5800~5000 年。庙子沟文化在这一时期产生发展，并分化出庙子沟类型、阿善二期类型[23] 和海生不浪类型三种地方文化类型。[24]

庙子沟文化的发源地以黄旗海与岱海为中心，与黄河流域早期人类文明存在密切联系。根据魏坚等人的研究，庙子沟文化是在庙底沟文化的主

图 2-18　王墓山坡遗址（摘自《乌兰察布文化遗产》，文物出版社，2014 年。）

图 2-19　庙子沟遗址近景（摘自《乌兰察布文化遗产》，文物出版社，2014 年。）

图 2-20 庙子沟文化与马家窑文化分布示意图（摘自《长河沃野——魏坚北方考古文选》，科学出版社，2020 年。）

导因素基础上发展起来的区域性考古学文化系。从地理位置上看，庙子沟文化处于东北地区的红山文化区、陇东地区的马家窑文化区以及晋、陕北部的仰韶文化区三个大文化区相交会的三岔路口，同时受到多种不同区域文化的影响，吸收了周边地区多种文化因素，再经过本地区的发展变异，最终形成独具内蒙古黄河流域地方特色的古人类遗址，在考古学文化面貌上表现出独特性（图2-20）。[25]因此，庙子沟文化不仅在内蒙古黄河流域古人类文明发展进程中扮演着重要

角色，而且是早期不同区域人类文明的交流互动的典型代表。

庙子沟文化主要影响及分布地区以土默特平原（或称"呼和浩特平原""土默特川平原"）为中心，北起阴山南麓，南抵晋陕，东接张北，西迄鄂尔多斯高原的内蒙古中南部地区的广阔腹地。主要沿着山前台地和大河沿岸分布，重要的人类遗址主要分布在近水的丘陵沟畔背风坡地上，这也说明选择靠近水源之地进行定居和生产可能是庙子沟文化时期人类选址的第一准则（图2-21）。

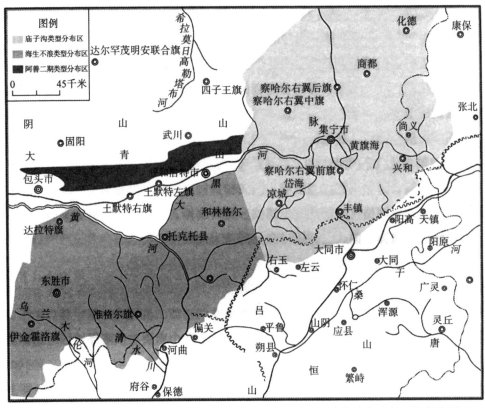

图 2-21　庙子沟文化分布示意图（摘自《长河沃野——魏坚北方考古文选》，科学出版社，2020 年。）

在庙子沟遗址中，出土了一些人骨化石，其年代上限为距今5500年左右，相当于仰韶文化晚期。[26]庙子沟遗址中出土的人类化石，具有中颅型、高颅型和狭颅型相结合的颅骨形态特征，以及中等偏狭的面型，偏低的眶型和较阔的鼻型，还具有较大的面部扁平度，与现代亚洲蒙古人种的东亚类型比较接近。[27]这一考古发现对研究内蒙古黄河流域乃至整个蒙古高原的古人类具有重要作用（图2-22）。

庙子沟文化时期，当地的气候条件与自然环境都十分适宜于原始农业生产。农业的出现使当地人口得到了大幅度的增长，人口的增长则使当地在此时期出现的村落数量远远多于其他阶段。大量的半地穴房屋遗存，说明庙子沟时期当地人类已完全过着稳定的定居生活，农业成为最主要也是最根本的经济类型。遗址内出土的石斧、石铲、石刀等生产工具反映出其农业生产的一般状况；石磨盘、石磨棒应该是当地人类文明初期粮食加工的具体表现；而蚌饰、螺饰及动物骨骼、石球等渔猎工具的出土，表明当时人们已经掌握熟练的渔猎和狩猎技能。石纺轮、骨锥、石凿、石钻等纺织、生产工具的出土，说明当时已经有了简单的纺织业和手工业。[28] 由此可见，庙子沟时期内蒙古黄河流域的人类文明取得了长足的发展，这与原始农业的出现与发展直接相关（图2-23）。

庙子沟遗址出土的农业生产工具比较先进，大部分为磨制，也有一定数量的打制和琢制石器。根据张景明的总结，砍伐农具有石斧、石锛、石凿等。石斧分长方形、梯形、亚腰形，直刃或弧刃，正锋。石锛平面呈梯形，平顶偏锋，直刃微弧。翻土农具有石铲，为打制，扁体。收割农具有石刀、陶刀。石刀平面呈长方形或近椭圆形，平背或弧背，直刃或弧刃，有的钻双孔。陶刀平面呈长方形，平背，直刃，系陶片磨制。加工农具有石磨盘、石磨棒。石磨盘平面呈长方形，磨面痕迹清晰。石磨棒横剖面略呈橄榄形，两端细，中间粗。狩猎工具有石镞、骨镞、石矛形器、石球等。石镞平面呈等腰三角形，凹底，有带翼者。骨镞平面近似菱形，

图 2-22 庙子沟遗址发掘图（摘自《乌兰察布文化遗产》，文物出版社，2014 年。）

锋尖，带铤。石矛形器平面呈长三角形，锋斜直，底略内凹，中间起脊。采集工具有角锥，用羊、鹿角磨

制。[29]由此梳理可知，庙子沟遗址中出土的石器不仅种类繁多，且用途多样，出现了磨制石器制作工艺，这些器物的发现也体现出当地农业生产取得的较快发展（图2-24）。

因此，从经济形态和社会性质角度来看，庙子沟文化表现出繁荣发展的原始农耕经济形态。此外，庙子沟文化遗址出土了大量石制农业工具，说明了当时这一地区的原始农业已比较发达（图2-25）。但需要指出的是，在庙子沟文化时期，虽然原始农业生产水平已有了较大提升，但人们从事农业生产所需付出的辛劳无疑

图 2-23-1　遗址窖穴

图 2-23　庙子沟遗址的窖穴及出土的陶器（乌兰察布博物馆供图）

图 2-23-2　陶偏口壶

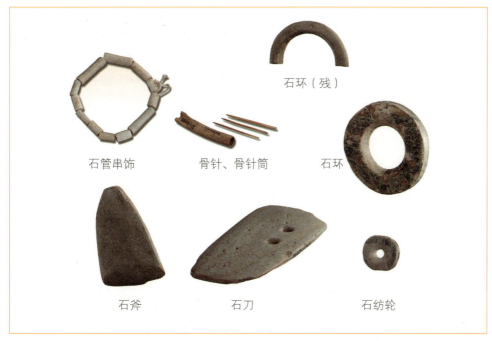

石环（残）

石管串饰　　骨针、骨针筒　　石环

石斧　　石刀　　石纺轮

图 2-24　庙子沟遗址出土典型石器（乌兰察布博物馆供图）

还是巨大的，尤其是农业生产及定居生活容易导致疾病乃至瘟疫的流行，这对于人类的生存而言无疑是巨大威胁。尽管人们付出了艰巨的劳动，可天公不作美，有时久雨成涝，有时滴雨不下，有时瘟疫横行，故饥荒是常态。定居生活使粪便和垃圾的处置成了棘手的问题，传染病常常一次又一次地袭击那些村庄。[30]吉林大学考古系对庙子沟墓葬内出土的17例尸骨进行的体质人类学研究，也证明了此时期人们生存之艰难。这17例尸骨均为成年人，其中男性8例，女性9例，年龄在17~50岁之间。人类的寿命大多

在20~40岁之间，活到40岁以上的人十分稀少。[31]由此可知，早期人类探索农业生产与发展文明的过程是异常艰辛的，人类的生命安全在这一过程中也时常受到各种各样的威胁。

吉林大学考古系将研究这17例尸骨获得的颅骨指数结果与现代人种的数据进行比较，推断出他们的种族类型属于东北蒙古人种，也有某些北亚蒙古人种的体质因素，这一结论与上述朱泓等人有关庙子沟遗址古人类生态特征研究结论相互印证。对于新石器时代西北地区古人类的主要体质特征，朱泓等分析指出："偏长的颅

图 2-25-1 陶火种炉

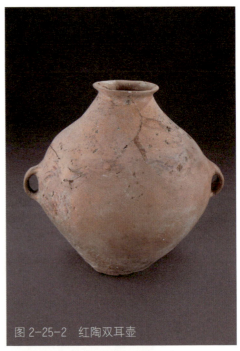

图 2-25-2 红陶双耳壶

图 2-25-3 红陶折肩罐

图 2-25 庙子沟出土陶器、石器（乌兰察布博物馆供图）

型、高颅型和偏狭的颅型，中等偏狭的面宽，高而狭的面型，中等的面部扁平度，中眶型、狭鼻型和正颌型，主要分布在黄河流域上游的甘青地区，向北可扩展到内蒙古额济纳旗的居延地区，向东在稍晚时期可渗透进陕西省的关中地区。"[32]因此，这项研究也为我们展示出中国境内早期古人类的区域性迁徙与交流互动。

此外，庙子沟文化遗址发掘的房子开间普遍较小，分布错落有致，不见母系氏族制度发达阶段的如半坡、姜寨那样向心式结构。以部落为主体的中心大房址的聚落形态，表明社会组织形态或许已经进入更小的氏族和家庭发展阶段（图2-26）。每座房子基本都拥有成套的生产工具和生活用具，房址间的相对距离较近。不同年龄和性别的人同处一室或同葬一处的现象，说明了这些房址和成员之间可能有着更为密切的血缘和亲缘关系，也反映出它很可能是更为稳定的父系氏族家庭形态（图2-27）。[33]家庭的出现是新石器时代人类文明发展进步的体现，对于人类文明发展而言具有重要意义，杨懋春曾指出：

到了新石器时代，人类已逐渐有了成形的家庭与家庭生活。其意即男女两个人有了夫妻关系后，就愿意并实行找个山洞居住生活在一处。如女人怀了孕，生了孩子，男人更要保护她，负责为她及孩子寻求食物，于是一个住在山洞中的小家庭形成了。

图 2-26　庙子沟遗址房址（摘自《乌兰察布文化遗产》，文物出版社，2014 年。）

图 2-27　庙子沟遗址三人合葬墓（摘自《乌兰察布文化遗产》，文物出版社，2014 年。）

等到有了农业，农业使这个家庭更稳固。因为在现代以前的农业，其内容包括谷物的栽培、果类的种植、家畜与家禽的饲养等。这样的农业其工作种类及项目都很多。有需要大力气与多经验者，也有小力气和少经验可以完成者。[34]

由上述可以发现，家庭——这个被当今学术界视为构成社会最小细胞的组织在新石器时代业已形成，家庭的发展历史也由此开始。无疑，庙子沟文化时期也可被视为内蒙古黄河流域早期人类文明中家庭的起源阶段。

庙子沟文化对后期内蒙古中南部其他区域的古人类文明产生了深远影响，虽然"庙子沟"类型在第三期之后有一段时期的缺环，但之后以"老虎山""园子沟"等遗址为代表的"老虎山"文化是由"庙子沟"类型发展而来。[35]因此，庙子沟遗址在内蒙古黄河流域新石器时代诸遗址中的重要性不容小觑，是人类文明发展的重要表现，具有重要的考古学与历史研究价值。

三、龙山文化时期的人类
文明遗址

龙山文化因首次发现于今山东省济南市历城县龙山镇（今属济南市章丘区）而得名。龙山文化的出现年代为公元前2500—前2000年（距今4000年左右）的新石器时代晚期。龙山文化泛指在此时期出现在中国黄河中、下游地区的古人类文明，属铜石并用时代文化遗存。在此时期的内蒙古黄河流域的遗址中，龙山早期分为老虎山与阿善三期两个地方类型，龙山中期以永兴店文化为代表，高领袋足鬲是其典型器物；龙山晚期以朱开沟类型（早期遗址）为代表。[36]朱开沟文化的第三段以后，则进入了早期青铜时代，因而在本部分，分别选取老虎山遗址与阿善遗址、永兴店遗址及朱开沟遗址前三段文化层等作为典型例子，对龙山文化时期内蒙古黄河流域古人类遗址加以分析介绍。

（一）老虎山遗址与阿善遗址

根据目前的考古发掘成果可知，老虎山和阿善遗址是龙山文化时期内蒙古黄河流域较具有代表性的文化遗存，分别位于岱海—黄旗海和内蒙古黄河流域包头附近的支流，这两处遗址代表了这一时期内蒙古中南部地区人类文明的生存状态与发展水平，具有重要的历史文化价值。

1.老虎山遗址

老虎山遗址位于今内蒙古乌兰察布市凉城县境内，1980年被首次发现，1982年被正式发掘，被认定为早期龙山文化的新类型。老虎山遗址的时代距今4500~4300年，与之大致同时出现的该地区其他遗存还包括园子沟遗址、面坡遗址、板城遗址、西白玉遗址等，这些均集中在内蒙古乌兰察布盟凉城县岱海北岸的山坡之上。[37] 该遗址群也构成了老虎山文化的核心分布区（图2-28）。

老虎山文化遗存可分为早、晚两个时期。目前考古发掘的资料显示，早期遗址的数量较少，只发现了园子沟、老虎山、西白玉等几处遗址，每

图 2-28　老虎山遗址远景（摘自《乌兰察布文化遗产》，文物出版社，2014 年。）

个遗址内早期房屋的数量较少、房子的规模也较小（一般均在10平方米及以下）。晚期遗存则几乎存在于已知的每个遗址中，房屋数量有了明显增

加，扩展至各聚落居址的最大范围，形成了多处房屋群，房子的规模也相对变大了一些（图2-29）。这些都说明岱海周围的老虎山文化聚落在早期（大致属于庙底沟二期末段）并不发达，是到了晚期（约相当于龙山早期）才逐渐发展繁荣起来的。[38]

老虎山文化的聚落分为石城和普通聚落两大类，石城聚落在阴山南麓、岱海湖、黄河两岸三个区域中的分布比例逐渐变低，这是由于聚落的人数和建造聚落所需的劳动力人数明显失衡，因此必然需要其他聚落的协助。[39]此外，在环岱海遗址群的老虎山遗址、西白玉遗址、板城遗址、大庙坡遗址等处均发现了石砌围墙遗迹，说明当时的聚落已经有了完整的军事防御体系（图2-30），被考古学和历史学界普遍认为是城市起源的雏形，苏秉琦也认为老虎山遗址中出现石头垒的城堡、祭祀台、烧制的白灰敷壁、规范的火塘等表明当时的凉城已迈入"古国文明"阶段，与其他文化地区相比，处于领先水平。甚至有学者推断中国城市的起源可能是由此开始的，这对于研究城市起源有着极其重要的历史价值。[40]因此，老虎山遗址中有关早期城市的发现值得深入考察研究。

对老虎山遗址不同文化层的考古发掘显示，先民住所在文明发展初期为半

131

图 2-29 园子沟遗址窑洞式房址（摘自《乌兰察布文化遗产》，文物出版社，2014 年。）

图 2-30　老虎山石墙遗迹及其局部（摘自《乌兰察布文化遗产》，文物出版社，2014年。）

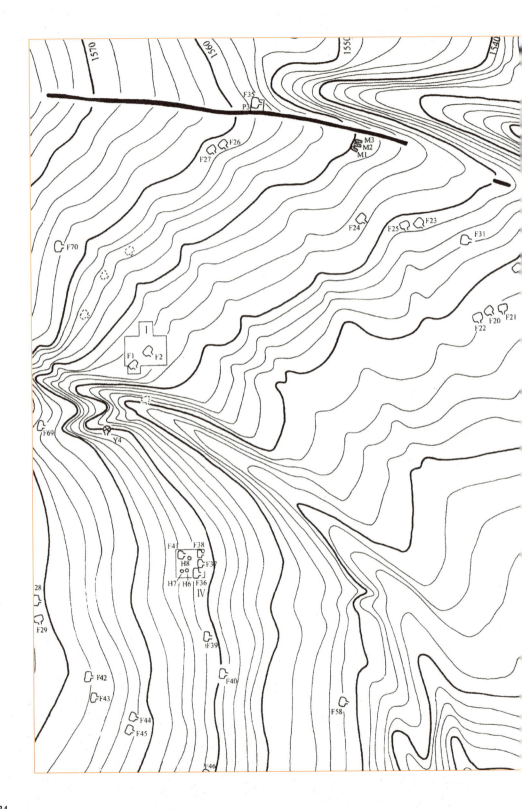

图 2-31 老虎山遗址房址分布示意图（局部）［摘自《岱海考古（一）——老虎山文化遗址发掘报告集》，科学出版社，2000 年。］

图 2-32　陶器制作示意图（鄂尔多斯博物馆供图）

地穴式房屋，后期发展为窑洞式房屋。在窑洞式房屋前面出现小型院落，以及前堂后室的前后相连房间，有了主副室之分，并且出现了独立的院落，这说明其生活条件有了较大的改善，抵御自然的能力在一定程度上得到增强。房屋的布局呈现出成区、排、院落的分布格局，由此可以推断，此时已经出现了家族或更大规模的社会组织（图2-31）。

此外，该阶段发现的数量较多的陶窑、储藏坑、泥坑、工作面等，折射出老虎山时期的当地人类社会制陶业已形成相应的规模，而且工种间也有了一定的分工。遗址内出土相当数量的体型硕大的三足瓮、直口罐、直口瓮和石刀、石磨盘等农业生产工具，反映出当时这一地区仍以农业为主，并有较多的粮食剩余和储存。遗址内出土数量较多的石镞和大量的动物骨骼，说明其狩猎业也占有一定的比重。遗址内还发现了大量的石（陶）制纺轮、骨锥等器物，说明当时手工业发展到了一个新的水平（图2-32）。[41]

老虎山遗址的发掘对研究内蒙古黄河流域（或内蒙古中南部），乃至整个北方地区新石器时代聚落形态提供了非常重要的资料，学术意义重大，后被命名为"老虎山文化"。[42]老虎山文化出土的最具代表性的器物是瓮和斝，其中老虎山文化一期出土的"钝尖底斝"是国内目前发现最早的斝。老虎山文化的代表性器物瓮和斝在国内同时期器物中独具特色，[43]代表了当地人类文明的较高发展水平（图2-33）。

此外，老虎山文化处于一个相对特殊的历史时期，那时整个中国北方气候向着干旱寒冷的方向波动，人类社会的生存方式也因之发生了变化。环境考古学进一步证明，由于气候在此时期出现的剧烈变化，从距今约5000年之后，包括内蒙古黄河流域在内的北方大部分区域的气候逐渐由暖湿向干冷转变。到距今约4500年，气候条件呈现出较强的干冷特征，不利于农业生产的发展，人口开始向暖湿地区迁移，分布范围和遗存数量较庙子沟文化时期有所缩减。

从居住条件来看，老虎山文化时期的居民改变了单纯半地穴式房屋的居住方式，在乌兰察布地区南部黄土丘陵区也出现了窑洞式房屋，这与气候波动直接相关。房屋的地面和墙壁

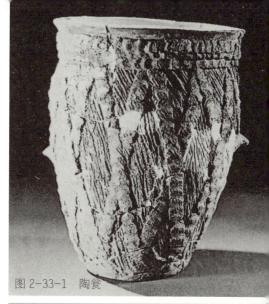

图 2-33-1　陶瓮

图 2-33-2　单耳斝

图 2-33　老虎山遗址出土的瓮、斝等典型陶器（内蒙古自治区文物考古研究所供图）

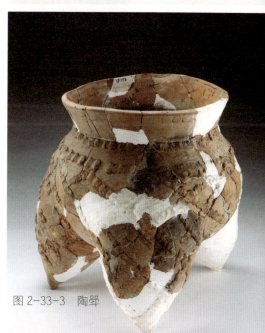

图 2-33-3　陶斝

上还抹有平整的白灰面，有效地改善了居住条件。这种窑洞式房屋是国内目前发现的时代最早的窑洞式房屋，在遗址内还发现有小型陶窑，是内蒙古中南部地区发现的最早的陶窑。[44]这一发现具有重要的学术价值（图2-34）。

但也需注意到，以老虎山遗址为代表的新石器时代内蒙古黄河流域人类文化虽然出现了较为发达的早期文明，但我们不能对其做过高的评价。例如，戴向明在充分肯定这些考古发现的同时，也指出"即便如此，在这偏狭之地最终也没能孕育出高度复杂的社会系统，整个北方地区史前社

图2-34　园子沟遗址窑洞式房址复原示意图（内蒙古博物院供图，高兴超摄影）

图 2-35 榆林神木石峁古城瓮城及城墙（高兴超摄影）

会发展的高峰还是稍后出现在晋陕高原的黄河两岸，特别是陕北的榆林地区"[45]。尤其是到了龙山文化后期，岱海聚落群消失，该区域人类文明也逐渐消退。因此，我们应客观地对待这一特定时期内的人类文明（图2-35）。

2.阿善遗址

阿善遗址位于今内蒙古包头市东河区阿善沟门村东，是一处面积约5万平方米的原始聚落遗址（图2-36）。阿善遗址依山面水，距今5000~4000年，其文化年代跨越了仰韶晚期的末段到庙底沟二期。[46]遗址出土文物极为丰富，尤其是以石器、骨器和陶器

最多，被中国考古学会理事长苏秉琦誉为"包头源"，这也足见阿善遗址在包头地区古人类文明演进过程中的重要地位。

随着考古发掘的逐渐深入，在阿善遗址中共发掘出五个不同的地层，学界据此将阿善文化的五个地层分为四个文化时期（图2-37）。其中，第一、第二、第三期为新石器时期，第四期为青铜时代，但第四期出土的青铜器数量极少，因而阿善文化以前三期为主。尤以第三期文化最具代表性，这段时期存在时长约500年，不仅出现了种类繁多的生产及生活工具，同时也出现了建造石头围墙以保卫聚落

图 2-36 阿善遗址航拍图（包头博物馆供图）

图 2-37　阿善遗址发掘现场（包头博物馆供图）

图 2-38　阿善三期文化分布示意图（鄂尔多斯博物馆供图）

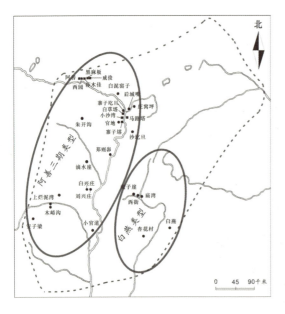

安全的防御工事，成为我国目前考古发现的最早的防卫工程，代表了阿善文化的发展水平（图2-38）。

从文化面貌来看，阿善二期文化遗址人们居住地都选择在临近水源的高地上，有的是山前向阳的台地，有的是河沟两旁的台地。阿善三期文化早段的房址多为方形半地穴式或有槽沟结构的地面建筑，晚段房子多为地面石筑墙壁，人们居住区周围普遍筑有石质围墙。两段陶器均以泥质灰色篮纹陶与磨光陶为主，黑陶和褐陶次之。常见连点刺纹、方格纹和附加堆纹，不见三足、圈足和圜底器（图2-39）。[47]

从出土器物种类来说，阿善遗址中出土的细石器数量逐渐增多，大型石器、骨角器和陶器减少，这与中原文化的差别比较大，反映了经济上更加依赖动物资源。同时有石头围墙的城址比较多。[48]如果用这些器物来分析经济生活，那么"阿善"前三期文化层出土的器物中，以与农业生产直接相关的器物为最多，如一期出土的生产工具有石磨盘、石磨棒、石球、磨石、砍砸器等，二期出土的生产工具有磨光石斧、石锛、长方形或弧背形石刀、石铲、盘状器、敲砸器、磨

图 2-39　阿善遗址房址及石墙（摘自《包头文化遗产》，文物出版社，2014 年。）

图 2-40-1　骨柄石刃刀、骨锥、骨播种器

图 2-40-3　石斧

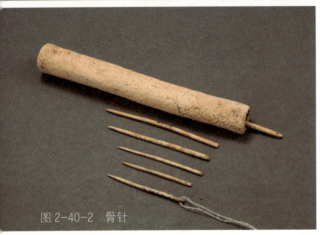

图 2-40-2　骨针

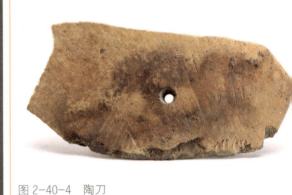

图 2-40-4　陶刀

图 2-40　阿善遗址出土的典型器物（内蒙古博物院供图，孔群摄影）

盘、磨棒、石镞等，三期出土的生产工具有磨制石斧、打制石斧、有孔长方形石刀、单孔石铲、长柳叶型石镞、镶石片刃的有柄骨刀等（图 2-40），这些生产工具无不与农业生产密切相关，反映出阿善地区原始农业取得的进步。

此外，阿善文化也辐射影响了

周边地区人类文化的发展，如永兴店文化的兴起就是受到阿善文化的重要影响，这也体现出阿善文化的历史意义。[49]那么，阿善文化本身又是如何产生发展起来的呢？

有学者将阿善文化的产生与海生不浪文化联系在一起，但田广金通过比较两种文化出土器物的差别，认为阿善类型以比较发达的敛口曲腹钵和直口折腹钵区别于其他两个类型。田广金曾认为在阿善二期基础上发展起来的阿善三期遗存仍属于海生不浪文化范畴，但这是基于阿善二期遗存的敛口和直口折腹钵的演变序列提出来的。从文化因素角度来看，阿善二期的敛口和直口折腹钵发展至阿善三期早段的单耳垂腹罐等新器物，显然是因陇东地区同期文化的介入，已属于另一个文化范畴。因此，海生不浪文化的阿善类型应只包括阿善二期的一类遗存。[50]因此，阿善文化遗址是具有较高独立文化特征的古人类遗址（图2-41）。

值得重视的是，阿善遗址中还出土了原始祭坛，这些祭坛遗址同石围墙大概是属于同时代的遗物。考古发掘还原出祭坛的原初形状，即祭坛是用石砌成的方形和圆形基址，采取南北方

图 2-41 阿善遗址出土的典型陶器（包头博物馆供图）

图 2-41-1 陶钵

图 2-41-2 陶罐

图 2-41-3 大口双耳陶罐

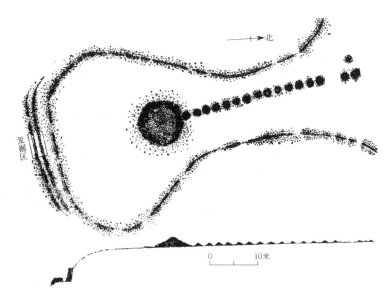

图2-42　原始祭坛遗址示意图（包头博物馆供图）

向中轴对称的排列形式。祭坛的出现表明，包头地区最早的宗教文化由此开始萌芽并有所发展，因此这一发现具有重要的历史意义（图2-42）。

山文化时期的古人类活动遗址。该遗址于1990年进行了大规模发掘，获得了大量灰坑，以及方形半地穴房址、灰沟和墓葬。

在永兴店遗址中，发现了居住房址

（二）永兴店遗址

永兴店遗址位于今内蒙古自治区鄂尔多斯市准格尔旗哈岱高勒乡的永兴店村，并由此村名而得名（图2-43）。永兴店遗址地处沟壑纵横的鄂尔多斯高原东北部，黄河在此东流南折，河东南与山西为邻，南与陕北接壤，平均海拔高度在1200米。遗址存在年代距今5000年至4200年，属于新石器时代晚期龙

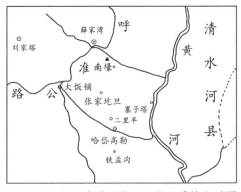

图2-43　永兴店遗址位置示意图［摘自《鄂尔多斯文物考古文集·第二辑》（下册），远方出版社，1992年。］

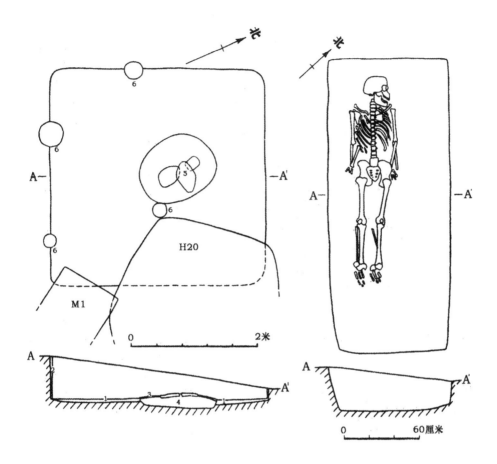

图2-44 永兴店文化房址和墓葬墨线图［摘自《鄂尔多斯文物考古文集·第二辑》（下册），远方出版社，2004年。］

4座，倾倒垃圾的灰坑（多为废弃的贮存粮食、物品的窖穴）74个，灰沟3条，墓葬5座。其房址均为平面呈圆角方形或长方形的半地穴式建筑，且墓葬为长方形竖穴土坑墓，单人葬，仰身直肢，头向西北（图2-44）。[51]

20世纪90年代以来，正式发掘的此类遗址有准格尔旗"永兴店""白草塔""寨子上"等。其中以永兴店遗址的内涵最为深厚且遗存最为丰富，成为此时期内蒙古黄河流域最具有代表性的古人类遗迹。含有永兴店一类遗存的遗址还有"白泥窑子""大庙圪旦""铁孟沟""朱开沟""二里半""寨子塔""白家塔""田家石畔""大沙湾""庄窝坪""串刀""西麻青""马路塔"等，分布的中心区域在黄河两岸的

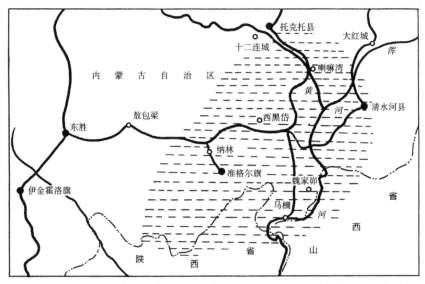

图 2-45 永兴店文化遗存分布示意图（摘自《长河沃野——魏坚北方考古文选》，科学出版社，2020 年。）

准格尔旗、伊金霍洛旗和清水河一带。[52]这些遗址都或多或少地同永兴店文化存在一定联系，体现出此时期区域间人类文明的交往活动（图2-45）。

在出土的生产工具方面，出土器具包括大型石器、细石器、骨器和陶制品等，种类繁多且用途多样。其中大型石器多为磨制，其次为琢制，打制的较少。器种有厚体宽刃斧、长方形或半月形的单孔刀、宽体单孔铲，以及锥、凿、杵、球、纺轮、砍砸器、磨石、磨盘、磨棒等。细石器有刮削器、钻刻器、镞、石核、石片等。陶制品有铲、刀、纺轮等。另外，在清水河串刀遗址和准格尔旗寨

子上遗址都发现了集中生产石环的情况。石环形式多样，制作精美。[53]这些都表明当地人类社会的手工业生产取得了极大发展，且相对集中和专业化的手工业生产在此地也已经出现（图2-46）。

永兴店遗址陶器的基本组合是大袋足双鋬鬲、鼓肩绳纹罐、单把斝、敛口瓮、斜腹盆、双耳罐和高柄豆等（图2-47）。陶质器物分为泥质和夹砂两大类，其中泥质陶数量略多于夹砂陶。陶色以灰陶为主，另有少量灰褐陶和黑陶。纹饰以篮纹、绳纹数量最多，还有少量的附加堆纹、方格纹、刻划纹和戳印纹等。[54]永兴店文化上承当地具有鲜明特征的海生不浪

图 2-46-1　石斧

图 2-46-2　石铲

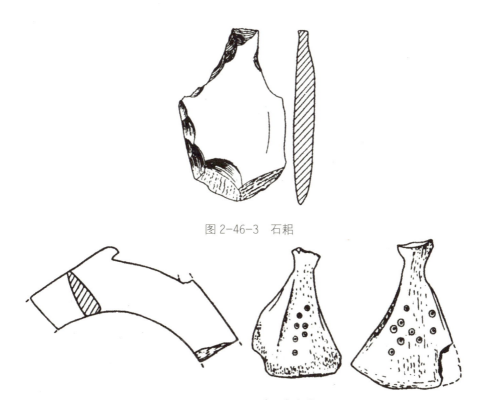

图 2-46-3　石耜

图 2-46-4　玉璇玑和卜骨

图 2-46　永兴店遗址出土的典型石玉器及卜骨［彩图由鄂尔多斯博物馆供图，墨线图摘自《鄂尔多斯文物考古文集·第二辑》（下册），远方出版社，2004 年。］

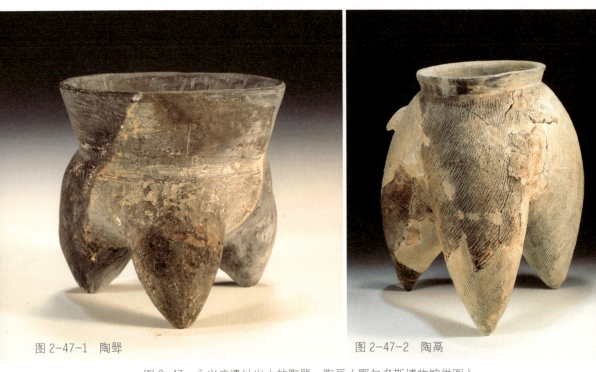

图 2-47-1　陶斝　　　　　　　　　　图 2-47-2　陶鬲

图 2-47　永兴店遗址出土的陶斝、陶鬲（鄂尔多斯博物馆供图）

文化，与相当于夏商时期的朱开沟文化具有大量的亲缘关系，承袭、延续发展脉络清晰可辨。[55]因此，永兴店也是新石器时代中期与晚期带有明显过渡性质与地区间文明交流互动的一个重要遗址。

与此同时，永兴店文化也受到阿善文化的较大影响，田广金指出："在准格尔旗发现的小沙湾和白草塔二期遗存，显系由小口尖底瓶向篮纹高领罐演变的过渡性遗存。其陶器的纹饰（横篮纹为主）和风格，与阿善三期早段近似。"[56]魏坚对此也分析指出，永兴店文化与阿善文化的密切联系，从分布地域的大致吻合，特别是遗迹、遗物特征的承继性上，均可得到印证。首先，阿善文化的圆角长方形或方形半地穴式房址、凸出的门道和用两块石板平铺的地面灶，均开创了永兴店一类遗存同类房址的先河；而永兴店一类遗存的圆形袋状和方形直壁窖穴，在阿善文化中更是常见。其次，阿善文化和永兴店一类遗存均是以泥质灰陶和夹砂灰陶为主。所不同的是，阿善文化含有少量的夹砂褐陶和泥质褐陶，而永兴

图 2-48-1　陶甗

图 2-48-2　陶盆

图 2-48　永兴店遗址出土的陶器（鄂尔多斯博物馆供图）

店一类遗存除留有极少量泥质红褐陶外，还新出现了少量的泥质黑陶（图2-48）。[57]

由此可见，永兴店文化的兴起既有在当地自发生长的独特性文明特征，同时也对周边地区的人类文明有所借鉴，充分展示出内蒙古黄河流域古人类文明在此时期出现的新的阶段性发展特征。

此外，也有学者将永兴店遗址纳入老虎山文化的辐射范围圈，将其视为老虎山文化的延续，如孙周勇以双鋬鬲、单把鬲、甗、高领罐、绳纹

罐、大口尊和敛口瓮等器物的发展演变序列作为划分文化期的标尺，将老虎山文化划分为老虎山期、永兴店期和白草塔期（图2-49）。[58]

但魏坚指出，以永兴店和白草塔三期为代表的永兴店文化，与山西晋中、忻定和河北张家口地区以矮领胖袋足双鋬鬲为代表的遗存在文化面貌上有诸多一致性，而这类遗存与岱海地区以老虎山遗址为代表的一类遗存存在着明显差别，前者是在内蒙古中南部仰韶晚期的基础上，经阿善文化逐步发展演变而来，在寨子塔和白泥

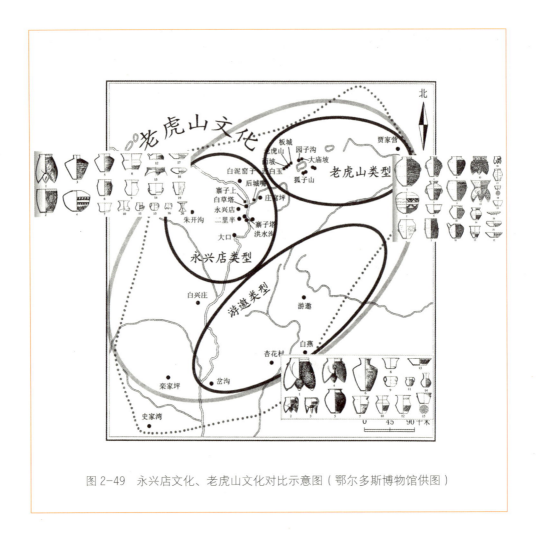

图 2-49　永兴店文化、老虎山文化对比示意图（鄂尔多斯博物馆供图）

窑子L点，均发现有永兴店文化遗存叠压在阿善文化遗存之上的地层关系，进一步证明永兴店一类文化遗存晚于阿善文化遗存。永兴店文化和老虎山文化是继阿善文化之后，在内蒙古地区发展起来的龙山阶段两支独立的考古学文化，两者各自有着不同的渊源关系和发展去向。[59]本书认为魏坚的说法更为合理，或者更确切地说，永兴店文化应是受到老虎山文化深刻影响，从而出现与之相类似的文化形态，但并非是老虎山文化的继续发展，而是有自己的独立特征。因此，永兴店遗址在研究整个内蒙古中南部地区原始社会晚期以及青铜时代早期历史领域具有十分重要的地位。

（三）朱开沟早期遗址

朱开沟遗址位于今内蒙古鄂尔多斯市伊金霍洛旗纳林陶亥镇朱开沟村三社沟掌处，并因此而得名。地理坐标为39°6′13.3″N，110°18′35.3″E，平均海拔在1340~1400米之间。遗址东西长2000米，南北宽1000米，占地面积约2000000平方米，总发掘面积约4000平方米，文化层厚1.5~3.5米。朱开沟遗址分布在沟壑纵横的朱开沟沟掌处，朱开沟水自东北向西南流，至纳林塔注入书会川，再南流进入轱牛川、窟野河，后汇入黄河。黄河及其支流流经提供的水源及由黄河冲击的肥沃土壤，也为当地农业生产与生活提供了必要前提（图2-50），这也是朱开沟文化早期人类生存的重要依托。

朱开沟文化最初发现于20世纪70年代，于1974年最早发现，1977年进行了首次发掘，前后共进行了四次大规模发掘工作，出土了大量遗物。[60]对朱开沟遗址中出土的遗迹、遗物的综合分析可知，朱开沟遗址的时代上限约相当于距今4200年的龙山时代晚期，下限约相当于距今3500年的商代前期，整个遗址前后

图2-50 朱开沟遗址卫星影像图（摘自《长河沃野——魏坚北方考古文选》，科学出版社，2020年。）

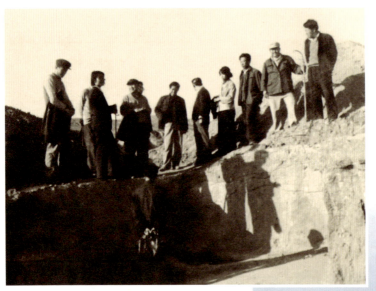

图 2-51　朱开沟遗址发掘（摘自《鄂尔多斯文化遗产》，文物出版社，2014 年。）

延续了约800年（图2-51）。朱开沟文化延续时间比较长，跨越了龙山文化晚期、夏时期、商（商代早期）时期。遗址可分为7个地区，其中6个地区为中原龙山至早商时期的遗存，又可细分为龙山晚期、夏代（早、中、晚）时期、早商时期共5段3个时期。随着沿北纬40°内蒙古、晋北、冀北、辽西一线夏商考古的深入展开，朱开沟遗址的重要性愈显突出（图2-52）。[61] 朱开沟遗址延续时间长，出土器物包括陶器、石器、骨器、铜器等一千多件，内涵丰富、特征鲜明，为深入研究内蒙古中南部地区的古代历史提供了珍贵的实物史料。

朱开沟遗址发掘以后，田广金

把朱开沟遗址全部遗存命名为一种考古学文化——朱开沟文化。[62] 但学术界对朱开沟遗址遗存的性质争论不断，有多种不同看法。目前，把朱开沟遗址遗存分为甲、乙两类性质不同文化的观点比较流行。甲类遗存以鋬手鬲、敛口斜腹瓿、盉、折肩罐和带耳器为代表，被称为"朱开沟甲类遗存"。乙类遗存以饰蛇纹的肥袋足鬲、带钮罐、敞口盆形瓿、敞口盆和

图 2-52　朱开沟遗址地貌图（鄂尔多斯博物馆供图）

矮领罐为代表，被命名为"朱开沟文化"。[63]这两类遗存共同构成了朱开沟文化的基本内容（图2-53）。

朱开沟遗址内的遗迹分布大体具有一定的规律。即凡是背风向阳适宜人类居住的地区，文化层堆积都较厚，分布着较为密集的房址、灰坑等，其中虽然发现了部分墓葬，但多呈零散分布，并不集中，这也体现出古人类在维持生存时对当地自然条件的充分了解与利用。而在居住区的外围，则集中分布着大量的墓葬，这里文化层堆积本身较薄，再加上上千年的风雨侵蚀，揭开表土即现墓圹。

就朱开沟遗址早期的房址分布特征来说，第一段多呈圆角方形，地铺白灰面；第二段虽以圆形占多数，但圆角方形或圆角长方形仍是这一阶段的主要形式，铺白灰面的数量明显减少，以铺黄黏土硬面为主；第三段以后，均以长方形为主，地表一律铺黄黏土硬面。再如灰坑，第一段以圆角方形和椭圆形为主；第二段圆角方形和椭圆形比例下降，以圆形筒状为主，并有少数灰坑底部铺白灰面或白灰渣；第三段以圆形筒状为主；第四段圆形筒状虽占多数，但出现数量较多的是圆形袋状和圆角方形覆斗状；第五段以深穴式圆形袋状和圆角方形覆斗状为主。[64]据统计，朱开沟遗址中共发掘出房屋遗址83座，均是单

间建筑，且多是半地穴式和地面地基式建筑，形状规整，多是长方形与方形，少数是圆形。[65]这些数量较多、内容较为丰富的房址与墓葬遗址的发掘，为研究此时期内蒙古黄河流域的人类文明提供了丰富的资料（图2-54）。

根据考古发掘材料研究，自朱开沟遗址第三段开始，出土了数量较多的青铜器，从而进入了青铜时代。[66]"朱开沟"前两段文化遗存属于新石器时代晚期，生产与生活仍属于典型原始农业社会类型，因而本部分内容主要就前朱开沟遗址的两段新石器时代文化遗存情况进行介绍。

生活在内蒙古黄河流域朱开沟早期遗址内的人类先民们，在中前期一直从事着以农业生产为主的社会经济生活。良好的自然环境与气候条件，使他们的农业生产经济很快就发展到一个崭新的阶段。这从朱开沟遗址发现的生产工具中得到体现，如石斧、石刀、石镰、石铲、骨铲、石磨盘、石磨棒等适宜于农业生产和农作物加工的工具数量最多，还有制作精美的鹿角锄等耕种农具等（图2-55）。

利用当代科学手段，对朱开沟早期遗址中发现的粮食作物碳化物进行实验检测可以发现，当时北方地区农作物的种类主要是粟、黍、稷等，也就是今天的小米、糜子米等旱地农

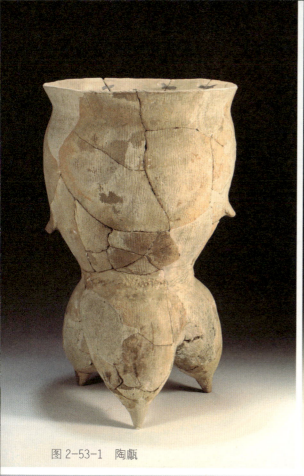

图 2-53-1　陶瓹

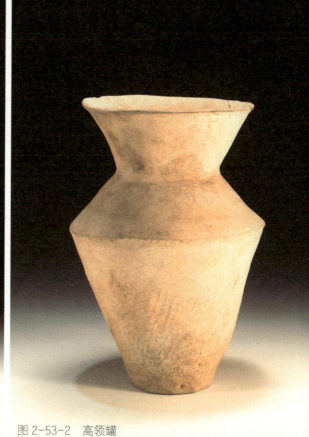

图 2-53-2　高领罐

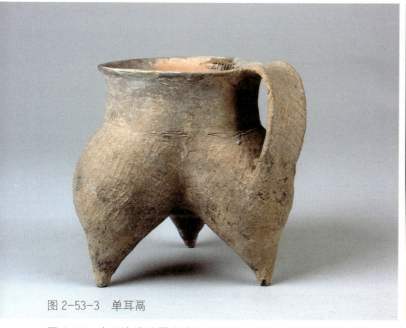

图 2-53-3　单耳鬲

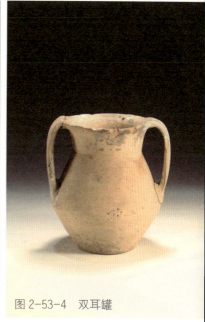

图 2-53-4　双耳罐

图 2-53　朱开沟遗址甲类遗存陶器和乙类遗存典型陶器（内蒙古自治区文物考古研究所、鄂尔多斯博物馆供图）

图 2-54-1　圆角方形

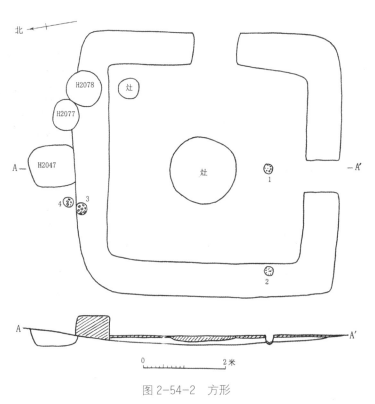

图 2-54-2　方形

图 2-54　朱开沟遗址不同形式的房址（摘自《鄂尔多斯文化遗产》，文物出版社，2014 年。）

图 2-54-3　圆形

图 2-55-1　石刀

图 2-55-2　石斧

图 2-55-3　石斧

图 2-55　朱开沟遗址出土的典型磨制石器（鄂尔多斯博物馆供图）

图 2-55-4　石铲

作物。综合分析朱开沟遗址发现的农业生产、农作物加工等工具的种类及数量，以及位于人们居住的房屋之间的数量众多、形制规整的贮存粮食的窖穴，和家猪养殖业、酿酒业的发展程度和规模等可知，朱开沟时期的人类社会农业生产应处于相当高的发展阶段，其产品不仅可以满足当时人们的日常食用并有相当规模的储存以备不测，而且还可以拿出一部分剩余产品用于家猪养殖、酿酒和交换（图2-56）。[67]因此，朱开沟时期内蒙古黄河流域的原始农业生产取得了较快发展，但同时原始农业在朱开沟文化期内（即文化的中后期）也逐渐走向衰落。

需要注意到，朱开沟文化期间（cal.4200~3500aBP）经历了由早期的原始农业文化演变为中后期的畜牧业文化的发展变化过程。此外，朱开沟文化下层（cal.4200aBP）的墓葬中只发现了殉葬的猪下颚骨，反映出当地典型的农业文化特征；中期（cal.4000~3800aBP）随葬品中羊下颚骨的大量出现，反映出这一时期当地的畜牧业经济已比较发达；至上层（cal.3500aBP）时，墓俗已与鄂尔多斯青铜器墓葬相同，这也表明畜牧

图 2-56　朱开沟遗址出土的酒具——陶盉、陶杯（鄂尔多斯博物馆供图）

表2-1　朱开沟遗址出土兽骨最小个数统计表

分段	家畜					野生动物								总计
	猪	牛	羊	狗	合计	马鹿	狍	青羊	獾	豹	骆驼	熊	合计	
1段	8	4	5	1	18								0	18
2段	19	10	27	1	57	5	2	1	1	1			10	67
3段	19	4	15	3	41	1	2						3	44
4段	4	5	8	2	19	2	1				1	1	5	24
5段	2	1	1		4								0	4

（资料来源：摘自《长河沃野——魏坚北方考古文选》，科学出版社，2020年。）

业文化产生，并逐渐取代了农业文化。[68] 杨建华在对朱开沟遗址各层出土畜牧的动物种类变化进行量化比较分析后，认为"第Ⅰ段的猪、牛、羊比例为1∶0.45∶0.36，到了第Ⅳ段为1∶1.15∶1.15，说明这一地区在夏代晚期牛羊的比例才超过了猪，在农牧混合经济中畜牧占据了主要位置（表2-1)"[69]。

猪的饲养直接反映出农业生产发展水平与定居生活程度。因为猪是一种适于圈养的杂食动物，家猪养殖业的发展程度，很大程度上取决于当时农业生产的发展水平。在朱开沟遗址发现的猪骨数量，占所发掘出土各种动物的数量之首，而且当时盛行以殉葬猪下颌骨作为墓主人身前拥有财富的象征，这些均表明猪在当时社会经济中的重要地位以及家猪养殖业的发展程度和规模（图2-57）。[70]

由上述可见，朱开沟遗址一、二段至三段及以后遗存，呈现出明显的由原始农业向畜牧业的过渡性特征。与之相对应的，此时期当地的气候环境也出现了相应变动，即向着干旱寒冷的方向变化。相关研究表明，朱开沟文化自早期至晚期的自然环境经历了从森林草原向典型草原环境的演变过程。从自然景观变化而言，层位孢粉分析表明，在相当于龙山时期的Ⅰ段仍属森林草原景观，温度也适宜农业；但到了Ⅲ段（公元前2000年左右），当地植被已变为灌木草原景观，气候向干冷发展；到了相当于早商的Ⅴ段（公元前1400年左右），已接近于草原景观。[71] 自然环境的变化影响了人类生产及生活方式的变迁，当地的原始农业也逐渐被畜牧业所取代，或是两种经济类型共同存在，半农半牧或农业的生产方式开始形成并向南、东方向移动。[72]

在此时期内，整个中国北方地

图 2-57　朱开沟遗址地层暴露的猪下颌骨（高兴超摄影）

区的温度明显下降，标志着全新世大暖期的结束。[73] 朱开沟遗址出土器物形态与功能的变迁，是内蒙古地区气候冷暖波动、农牧业更替的较好见证。朱开沟遗址出土器物也显示出，从夏代到商代早期，牧业成分在逐渐增加。商代晚期南流黄河两岸的青铜器组合反映了游动性和武装型萌芽，农业成分进一步减少。[74] 由此可见，随着气候条件与自然景观的剧烈变化，当地的原始农业发展难以维持，进而转向了畜牧业或农牧业并存（图2-58）。

由于朱开沟文化跨越时段较长，经历了原始农业与畜牧业之间的更迭。对于朱开沟文化时期出现的农耕与畜牧业之间的更迭，学界较为普遍的观点是：由原始农业向畜牧业过渡，体现出气候波动对人类社会经济类型不同选择的重要影响。但也有学者对朱开沟文化时期农牧业更替的原因持有不同的看法，王乐文对此梳理指出：

以往学者往往把朱开沟文化消亡的原因归结为气候的逐渐干冷化。其实朱开沟文化本身并没有由农转牧的证据，而且当地后起的西岔文化尽管气候总体偏干，但仍以农业为主要生业；包括承接了朱开沟文化很多因素的李家崖文化也是定居且有农业的文化。所以，这并不能作为朱开沟文化

由盛而亡的根本原因。如果把其灭亡放到更广阔的背景下考虑，或许能看得更清楚一点。朱开沟文化的产生同下七垣先商文化紧密相联。它在发展时期适逢早商文化着力北扩，受到了早商文化的强烈冲击，而其灭亡的时间恰值早商文化由昌盛转入发展低谷之际。因此，可以说朱开沟文化的生灭与商人的对外政策和势力消长息息相关。考虑到朱开沟文化晚期墓葬中出有较多的武器，或可说明朱开沟文化的灭亡与战争有关。从其文化主要流向东、南看，他们的敌人可能来自西北方向。[75]

王乐文的梳理囊括了目前学界有关朱开沟文化时期农牧业更迭的主要观点，因而这里引述其作为对朱开沟文化内农牧业更迭的基本影响因素学说的参照，同时也期望能够有更多、更新且更权威的新材料来进一步深化这一问题的研究。

图2-58 当今朱开沟遗址地貌（高兴超摄影）

注释

［1］ 竺可桢：《中国近五千年来气候变迁的初步研究》，《中国科学》1973 年第 2 期，第
168~189 页。

［2］ 中国科学院黄土高原综合科学考察队：《黄土高原地区土地资源》，北京：中国科学
技术出版社 1991 年版，第 56~78 页。

［3］ 张芳、王思明主编：《中国农业科技史》，北京：中国农业科学技术出版社 2011 年版，
第 33 页。

［4］ ［美］斯塔夫里阿诺斯：《全球通史：从史前史到 21 世纪》（第 7 版），吴象婴、梁赤民、
董书慧、王昶译，吴象婴审校，北京：北京大学出版社 2012 年版，第 23 页。

［5］ 格日乐图、陈文虎、包青川、张亚强：《内蒙古新石器时代考古综述》，《草原文物》
2019 年第 1 期，第 7~9 页。

［6］ 岱海遗址群：根据田广金的界定，遗址群包括"老虎山、西白玉、面坡、板城和园子
沟诸遗址，均分布于岱海以北、以西蛮汗山的山前坡地。其中，老虎山、西白玉、面坡、
板城诸遗址之间的距离，近者 1 公里，远者也不过 5 公里。园子沟遗址左近，经调查
同时代遗址还有大庙坡、合同窑、圪臭沟诸遗址，相互之间的距离也不过五六公里"。
（参见田广金：《内蒙古中南部龙山时代文化遗存研究》，载内蒙古文物考古研究所编：
《内蒙古中南部原始文化研究文集》，北京：海洋出版社 1991 年版，第 141 页。）

［7］ 李华章：《岱海湖盆的形成及地貌发育特征》，《北京师范大学学报（自然科学版）》
1979 年第 1 期，第 98~110 页。

［8］ 海生不浪遗存首先发现于 20 世纪 50 年代末。1957 年发现的清水河县棋子峁、田家石
畔两个遗址的部分彩陶片，是目前所知的最早资料。20 世纪 60 年代，考古工作者针对
托克托县海生不浪遗址进行了大规模发掘，从此将内蒙古中南地域出土的遗址，统称
为"海生不浪"文化。分布地区包括包头地区的阿善遗址、西园遗址，呼市清水河县
白泥窑子遗址、察右前旗庙子沟遗址，以及凉城县老虎山、园子沟等岱海地区多处遗址。
（参见李逸友：《清水河县和郡王旗等地发现的新石器时代文化遗址》，《文物参考资料》
1957 年第 4 期，第 26~28 页。）

［9］ 戴向明：《"海生不浪类型"文化过程论》，《古代文明》2008 年辑刊，第 37~71 页。

［10］ 顾佩、李兴盛：《内蒙古乌兰察布市新石器时代遗存发现与研究综述》，载魏坚主编：
《北方民族考古》（第 4 辑），北京：科学出版社 2017 年版，第 137~138 页。

［11］ ［美］斯塔夫里阿诺斯：《全球通史：从史前史到 21 世纪》（第 7 版），吴象婴、梁赤民、
董书慧、王昶译，吴象婴审校，北京：北京大学出版社 2012 年版，第 35 页。

［12］ 顾佩、李兴盛：《内蒙古乌兰察布市新石器时代遗存发现与研究综述》，载魏坚主编：
《北方民族考古》（第 4 辑），北京：科学出版社 2017 年版，第 136 页。

［13］ 田广金、唐晓峰：《岱海地区距今 7000—2000 年间人地关系研究》，《中国历史地理论丛》

2001 年第 3 辑，第 4~12、121 页。

［14］杨泽蒙：《内蒙古乌兰察布盟石虎山遗址发掘纪要》，《考古》1998 年第 12 期，第 1~17 页。

［15］顾佩、李兴盛：《内蒙古乌兰察布市新石器时代遗存发现与研究综述》，载魏坚主编：
　　　《北方民族考古》（第 4 辑），北京：科学出版社 2017 年版，第 134 页。

［16］冯宝、魏坚：《石虎山类型生业模式初探》，《农业考古》2018 年第 6 期，第 22~29 页。

［17］［美］斯塔夫里阿诺斯：《全球通史：从史前史到 21 世纪》（第 7 版），吴象婴、梁赤民、
　　　董书慧、王昶译，吴象婴审校，北京：北京大学出版社 2012 年版，第 35 页。

［18］［英］查尔斯·罗伯特·达尔文：《动物和植物在家养状态下的变异》，叶笃庄、方宗熙译，
　　　北京：科学出版社 1982 年版，第 226 页。

［19］顾佩、李兴盛：《内蒙古乌兰察布市新石器时代遗存发现与研究综述》，载魏坚主编：
　　　《北方民族考古》（第 4 辑），北京：科学出版社 2017 年版，第 139 页。

［20］富宝财：《内蒙古中南部新石器时代的社会形态——以岱海地区为例》，《草原文物》
　　　2017 年第 2 期，第 31~47 页。

［21］王墓山坡下遗址：距今约 6000 年，环境考古学的研究结论是比较适宜人类生存的环境。
　　　居住方式仍为半地穴式房屋，同时出现了用于保存火种的火种罐。但陶器以泥质陶为
　　　主，夹砂陶次之，少量的沙质陶；夹砂陶是当时人们的炊具，泥质陶作为容器和汲水
　　　器来使用，说明人们在自给自足的基础上，生活用品有了一定的结余。石磨盘、石磨棒、
　　　石刀出土数量较多，反映了当时的农业生产和加工达到了相应水平。石镞、刮削器、
　　　双刃刀等狩猎工具的出土，说明其狩猎业的普遍存在。纺轮、石斧、石凿代表了这一
　　　时期简单手工业和纺织业已经产生。王墓山坡下的经济形态以农业为主，兼有狩猎业，
　　　原始手工业、纺织业开始出现。到了距今 55000~5000 年的王墓山遗址时，人类扩张在
　　　内蒙古中南部达到了鼎盛时期；在遗址周边出现的环壕遗迹，反映出当时已经有了稳
　　　定的部落存在。半地穴式房屋反映出人们过着定居生活，房屋内出现用于专门储存物
　　　品的窖穴，应该是随着物品储存量的增加而产生的；同时出现了面积较大的房屋（比
　　　其他房屋大 10~15 平方米），推测其应该出现了宗教祭祀或贫富差距。这个阶段的总
　　　体经济形态仍以农业生产为主，兼有狩猎业，手工业生产水平和规模有所提高。（参
　　　见顾佩、李兴盛：《内蒙古乌兰察布市新石器时代遗存发现与研究综述》，载魏坚主编：
　　　《北方民族考古》（第 4 辑），北京：科学出版社 2017 年版，第 136 页。）

［22］目前，除庙子沟外，在附近地区发现的这一类型的遗址还有察右前旗的大坝沟、大西沟、
　　　许武家，丰镇的黄土沟，凉城县狐子山、王墓山、黄土坡、黄土西坡、大坡、平顶山，
　　　商都县的章毛乌素、风旋卜子、狼窝沟、棒槌梁，化德县的德善等，合计有 20 余处。

［23］阿善二期类型主要分布在大青山山前台地，位于整个内蒙古中南地区的北部。主要
　　　遗址有包头市阿善东、西台地，西园东、西台地和土右旗威俊、纳太等。海生不浪类
　　　型主要分布在整个内蒙古中南部地区西南部的黄河两岸。主要遗址有托克托县海生不
　　　浪、碱池、章盖营，清水河县白泥窑子、台子梁，和林格尔县中二十家子，准格尔旗

石口子、吕家坡、张家圪旦、二里半、周家壕、南壕、百草塔、寨子上、官地、鲁家坡、伊金霍洛旗朱开沟Ⅶ区、达拉特旗瓦窑等。（参见魏坚，常璐：《庙子沟文化与马家窑文化比较研究》，《边疆考古研究》2015年第2辑，第135~148页。）

［24］参见魏坚：《试论庙子沟文化》，载吉林大学考古学系编：《青果集——吉林大学考古专业成立二十周年考古论文集》，北京：知识出版社1993年版，第85~100页。

［25］魏坚、常璐：《庙子沟文化与马家窑文化比较研究》，《边疆考古研究》2015年第2辑，第135~148页。

［26］内蒙古文物考古研究所：《内蒙古察右前旗庙子沟遗址考古纪略》，《文物》1989年第12期，第29~39、102页。

［27］朱泓：《内蒙古察右前旗庙子沟新石器时代颅骨的人类学特征》，《人类学学报》1994年第2期，第126~133页。

［28］顾佩、李兴盛：《内蒙古乌兰察布市新石器时代遗存发现与研究综述》，载魏坚主编：《北方民族考古》（第4辑），北京：科学出版社2017年版，第135页。

［29］张景明：《内蒙古中南部地区新石器时代原始经济类型》，《内蒙古文物考古》2005年第2期，第60~65页。

［30］［美］斯塔夫里阿诺斯：《全球通史：从史前史到21世纪》（第7版），吴象婴、梁赤民、董书慧、王昶译，吴象婴审校，北京：北京大学出版社2012年版，第35页。

［31］顾佩、李兴盛：《内蒙古乌兰察布市新石器时代遗存发现与研究综述》，载魏坚主编：《北方民族考古》（第4辑），北京：科学出版社2017年版，第138页。

［32］朱泓、赵东月：《中国新石器时代北方地区居民人种类型的分布与演变》，《边疆考古研究》2015年第2辑，第331~349页。

［33］魏坚、常璐：《庙子沟文化与马家窑文化比较研究》，《边疆考古研究》2015年第2辑，第135~148页。

［34］杨懋春：《人文区位学》，台北：五南图书出版公司1983年版，第96页。

［35］常璐：《内蒙古中南部地区新石器时代生计方式初探——以生产工具为视角》，《农业考古》2019年第6期，第28~35页。

［36］格日乐图、陈文虎、包青川、张亚强：《内蒙古新石器时代考古综述》，《草原文物》2019年第1期，第7~9页。

［37］刘蓓蓓：《老虎山文化研究——以陶器为视角的文化分期与性质探讨》，吉林大学2016年硕士论文，第5页。

［38］戴向明：《北方地区龙山时代的聚落与社会》，《考古与文物》2016年第4期，第60~69页。

［39］富宝财：《内蒙古中南部新石器时代的社会形态——以岱海地区为例》，《草原文物》2017年第2期，第31~47页。

［40］顾佩、李兴盛：《内蒙古乌兰察布市新石器时代遗存发现与研究综述》，载魏坚主编：

《北方民族考古》（第 4 辑），北京：科学出版社 2017 年版，第 134 页。

［41］顾佩、李兴盛：《内蒙古乌兰察布市新石器时代遗存发现与研究综述》，载魏坚主编：《北方民族考古》（第 4 辑），北京：科学出版社 2017 年版，第 137 页。

［42］格日乐图、陈文虎、包青川、张亚强：《内蒙古新石器时代考古综述》，《草原文物》2019 年第 1 期，第 7~9 页。

［43］顾佩、李兴盛：《内蒙古乌兰察布市新石器时代遗存发现与研究综述》，载魏坚主编：《北方民族考古》（第 4 辑），北京：科学出版社 2017 年版，第 134 页。

［44］顾佩、李兴盛：《内蒙古乌兰察布市新石器时代遗存发现与研究综述》，载魏坚主编：《北方民族考古》（第 4 辑），北京：科学出版社 2017 年版，第 134 页。

［45］戴向明：《北方地区龙山时代的聚落与社会》，《考古与文物》2016 年第 4 期，第 60~69 页。

［46］张忠培、关强：《"河套地区"新石器时代遗存的研究》，《江汉考古》1990 年第 1 期，第 2、17~32 页。

［47］刘蓓蓓：《老虎山文化研究——以陶器为视角的文化分期与性质探讨》，吉林大学 2016 年硕士论文，第 26 页。

［48］杨建华：《内蒙古先秦时代草原游牧文化研究的几个问题》，《草原文物》2011 年第 1 期，第 50~54 页。

［49］魏坚：《试论永兴店文化》，《文物》2000 年第 9 期，第 64~68 页。

［50］田广金：《论内蒙古中南部史前考古》，《考古学报》1997 年第 2 期，第 121~145 页。

［51］杨泽蒙：《鄂尔多斯地区著名古人类活动遗址概述》，《鄂尔多斯文化》2008 年第 1 期，第 37~42 页。

［52］魏坚：《试论永兴店文化》，《文物》2000 年第 9 期，第 64~68 页。

［53］魏坚：《试论永兴店文化》，《文物》2000 年第 9 期，第 64~68 页。

［54］刘蓓蓓：《老虎山文化研究——以陶器为视角的文化分期与性质探讨》，吉林大学 2016 年硕士论文，第 27 页。

［55］杨泽蒙：《鄂尔多斯地区著名古人类活动遗址概述》，《鄂尔多斯文化》2008 年第 1 期，第 37~42 页。

［56］田广金：《论内蒙古中南部史前考古》，《考古学报》1997 年第 2 期，第 128 页。

［57］魏坚：《试论永兴店文化》，《文物》2000 年第 9 期，第 64~68 页。

［58］韩建业：《中国北方地区新石器时代文化研究》，北京：文物出版社 2003 年版；孙周勇：《河套地区龙山时代考古学文化初步研究》，西安：西北大学 2002 年硕士论文；等。

［59］魏坚：《试论阿善文化》，载《青果集——吉林大学考古系建系十周年纪念文集》，北京：知识出版社 1998 年版，第 27~34 页。

［60］发掘情况：1974 年 8 月，内蒙古文物工作队试掘了内蒙古鄂尔多斯市伊金霍洛旗朱开沟遗址。1977 年 8 月~10 月，进行了第一次正式发掘，1980 年 7 月~11 月、1983 年 9 月~11 月和 1984 年 6 月~11 月又进行三次发掘，前后共挖掘了四次。

［61］田广金：《内蒙古朱开沟遗址》，《考古学报》1988年第3期，第301~332、369~376页。

［62］田广金：《内蒙古朱开沟遗址》，《考古学报》1988年第3期，第301~332、369~376页。

［63］王乐文：《朱开沟遗址出土遗存分析》，《北方文物》2004年第3期，第17~28页。

［64］田广金：《内蒙古朱开沟遗址》，《考古学报》1988年第3期，第301~332、369~376页。

［65］内蒙古自治区文物考古研究所、鄂尔多斯博物馆编著：《朱开沟——青铜时代早期遗址发掘报告》，北京：文物出版社2000年版，第21页。

［66］田广金、郭素新：《鄂尔多斯式青铜器的渊源》，《考古学报》1988年第3期，第257~275页。

［67］杨泽蒙：《解读朱开沟文化》，载鄂尔多斯市鄂尔多斯学研究会编：《鄂尔多斯学研究成果丛书》（历史类），2014年版，第143页。

［68］方修琦：《从农业气候条件看我国北方原始农业的衰落与农牧交错带的形成》，《自然资源学报》1999年第3期，第212~218页。

［69］杨建华：《内蒙古先秦时代草原游牧文化研究的几个问题》，《草原文物》2011年第1期，第50~54页。

［70］杨泽蒙：《解读朱开沟文化》，载鄂尔多斯市鄂尔多斯学研究会编：《鄂尔多斯学研究成果丛书》（历史类），2014年版，第145页。

［71］杨建华：《内蒙古先秦时代草原游牧文化研究的几个问题》，《草原文物》2011年第1期，第50~54页。

［72］张久和主编：《内蒙古通史》第一卷《远古至唐代的内蒙古地区》，北京：人民出版社2011年版，第79页。

［73］方修琦、孙宁：《降温事件：4.3kaBP岱海老虎山文化中断的可能原因》，《人文地理》1998年第1期，第71~76页。

［74］杨建华：《内蒙古先秦时代草原游牧文化研究的几个问题》，《草原文物》2011年第1期，第50~54页。

［75］王乐文：《试论朱开沟文化的起源、发展与消亡》，载鄂尔多斯青铜器博物馆编：《鄂尔多斯文物考古文集·第三辑（上册）》，内部刊印，2019年版，第279~280页；王立新：《试论长城地带中段青铜时代文化的发展》，载《庆祝张忠培先生七十岁论文集》，北京：科学出版社2004年版，第328~385页；王立新：《早商文化研究》，北京：高等教育出版社1998年版，第129~136页。

第三章

文明的腾达：鄂尔多斯青铜器
与北方草原青铜文明

朱开沟遗址地貌（鄂尔多斯博物馆供图）

第三章图表索引

"青铜时代"（也被称为"青铜器时代"或"青铜文明"）一词，由张光直院士最早提出。青铜时代是人类结束了新石器时代晚期铜石并用阶段后进入的一个新的人类文明发展时期，在世界范围内的编年时段大约是从公元前4000年至公元初年。青铜时代是考古学上以青铜器的使用为标志划分的人类文化发展阶段，出现在铜石并用阶段之后，铁器时代之前。需要注意的是，偶尔制造或使用青铜器的时段不能认定为青铜时代。因金属具有易腐蚀特性，四五千年以上的青铜遗存往往数量不多，但内蒙古黄河流域由于仰韶文化温暖期结束之后，气候向着干旱寒冷的方向波动，此后气候多是干燥少雨，从而留下了大量青铜器物。

在青铜时代，世界上先后形成了几个以铸造和使用青铜器为主的人类文明中心。较早的地区如伊朗南部、美索不达米亚一带及欧洲部分地区，在公元前4000—前3000年就出现了青铜器；较晚近的如埃及、北非以外的非洲，大约不晚于公元前1000年—公元初年出现了青铜器；而美洲直到公元11世纪左右才出现冶铜中心。中国先民在公元前3000年前便掌握了青铜冶炼技术，因此，中国无疑是世界上最早铸造与使用青铜器的人类文明中心区之一。在黄河流经的内蒙古中南部地区，出现了以鄂尔多斯青铜器为典型代表的青铜文明。鄂尔多斯高原不仅是北方草原青铜文明的发祥地，在长期的对外交流互动中，也对鄂尔多斯周边地区的人类文明发展产生了深远影响，由此，鄂尔多斯青铜器的影响范围也辐射到内蒙古黄河流域甚至更广阔的地区。如今，鄂尔多斯青铜器已成为中国三大青铜文明之一，吸引了大批国内外学者的关注与研究，同时也是内蒙古黄河流域在青铜时代最为重要的考古发现。

具体说来，鄂尔多斯青铜器是生活在中国北方草原的游牧民族从夏代末年到西汉年间的历史遗存，体现出这一地区早期人类创造的辉煌文明。青铜器的出现以及在生产与生活中的广泛使用，极大地提高了农业和手工业的生产力水平，人类社会的物质生活条件随之逐渐丰富。仰韶文化温暖期在青铜时代逐渐消退，随着气候逐渐向着干旱与寒冷的方向波动，畜牧业开始从原始农业中分离出来，因而与畜牧业相关的青铜器种类与数量自此时期开始逐渐丰富，这是鄂尔多斯青铜器呈现出独特文化魅力的重要原因所在。因此，鄂尔多斯青铜器的出现和发展，对于提高社会生产力具有划时代的意义，推动了这一区域人类文明的继续发展繁荣。

一、鄂尔多斯青铜器简述

（一）青铜器与青铜文明

根据《中国大百科全书·考古学》的界定（图3-1），青铜时代是指"以青铜作为制造工具、用具和武器的重要原料的人类物质文化发展阶段"[1]。世界上最早进入青铜时代的是两河流域和埃及等地，始于公元前三四千年。在中国，青铜文化开始于夏朝，随着近几年来对以河南省偃师二里头遗址为代表的夏文化的考古研究，证实了大约在公元前2000年中国逐渐进入了青铜文化时代，后经历了夏、商、西周和春秋时期的发展演变，在战国后期发明了冶铁技术，自此之后，铁器最终取代了青铜器，中国社会进入铁器时代，因而夏至战国时期是中国的青铜文明时代。

中国的青铜器到底出现于何时？在二十世纪以前，因文献记载的不同而众说纷纭。归纳起来，主要有如下两种说法。一种认为青铜器始作于黄帝时代。《吕氏春秋·古乐》记载黄帝曾命令铸造十二钟；《史记·封

图3-1 《中国大百科全书·考古学》书影［摘自《中国大百科全书（考古学）》，中国大百科全书出版社，1998年。］

图 3-2-1　齐家文化铜刀

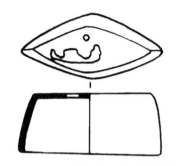

图 3-2-2　陶寺遗址出土的铜铃

图 3-2　新石器时代末期出土的青铜器（摘自《中国文物大典》，中国大百科全书出版社，2001 年。）

禅书》也说"黄帝作宝鼎三，象天地人"；《史记》又说"受卢山之金而作五兵"；蚩尤与黄帝同时，都是原始社会末期的传说人物，这种说法是主张原始社会末期已经出现青铜器。而《左传》和《墨子》则认为夏代开始铸造青铜器。《墨子》说夏启在昆吾铸造九鼎；《左传》引用王孙满的话说"昔夏之方有德也，远方图物，贡金九牧，铸鼎象物"。这两种说法仅是对古人文字记述的分析解释，因为没有实物证据而莫衷一是。

随着考古发掘的进一步深入与现代科学技术的运用，至二十世纪七十年代，结合新的考古发现与实验手段，证明了中国青铜器的冶铸大约始于公元前3000年的原始社会末期，即在新石器时代晚期出现了铜与锡、铅的合金，这一合金冷却之后即成为青铜器，中国的文明发展历史也随之进入了青铜文化时期（图3-2）。

在考古学上，青铜时代是以使用青铜器为标志的人类文明发展阶段，指的是人类可以熟练掌握青铜冶炼和铸造技术，并且可以广泛制作和使用青铜礼器、兵器、工具和饰品的时代。在中国的青铜时代，青铜器的生产代表了当时社会生产力的最高发展水平，其器物的组合、造型、装饰与当时的生活习俗、社会风尚、文化特质、民族审美心理等均密切相关。青铜器的种类繁多、形制瑰丽、花纹繁缛、制作精湛，充分体现了中国青铜器特有的艺术魅力和鲜明的民族风格，构成了我国光辉灿烂的青铜文化（图3-3）。

由新石器时代向青铜时代的过渡并非的一蹴而成完成的，而是经历了新石器时代晚期铜石并用阶段的较长演变过程方才完成。青铜是世界冶金铸造史上的最早合金材料，青铜器在中国乃至整个世界古代社会物质文明和精神文明体系中都占据着重要地位，青铜时代也成为人类社会发展史

图 3-3-1　铜鼎　　图 3-3-2　铜盉

图 3-3　偃师二里头遗址出土的青铜器［摘自《中国考古学（夏商卷）》，中国社会科学出版社，2003 年。］

上一个重要的时代分期与人类文明发展阶段。

（二）鄂尔多斯青铜器

对鄂尔多斯及周边地区出土青铜器的命名历来说法不一。西方学者一般称之为"斯基泰式艺术"。在中国，因该类器物多出自鄂尔多斯地区，于是安特生在1932年将这种青铜器的艺术风格命名为"鄂尔多斯式风格"；1935年，水野清一和江上波夫将内蒙古和长城地带的具有草原特色的青铜器称为"绥远式青铜器"；1956年，罗越把类似器物称为"北方风格青铜器"；乌恩则称之为"北方青铜器""中国北方青铜器""中国北方青铜文化"。除上述诸多提法外，田广金与郭素新两位先生根据已发掘器物及实地考察，将其称为"鄂尔多斯式青铜器"，认为这些青铜器可能来源于鄂尔多斯及其邻近地区。但也有学者将其称为"北方系青铜器"，并指出这些青铜器也多见于鄂尔多斯以外地区，所以不宜用"鄂尔多斯"这样有区域色彩的名称来泛指中国北方系青铜器，不同成分或有着不同的来源。[2] 有关鄂尔多斯青铜器命名的争议虽然持续了相当长的一段时间，但学界经过综合考证分析，最终确定以田广金等的鄂尔多斯式青铜器提法为准（图3-4）。

田广金等人"鄂尔多斯式青铜器"的提法，并非是说"鄂尔多斯青铜器"皆出自鄂尔多斯高原一地，其文化辐射区内的青铜器亦可列入其内。其文化辐射区即以鄂尔多斯、陕西北部和山西吕梁地区为中心，向东经京、津、唐地区达沿海之滨，向北越辽西庄陵、蒙古高原达外贝加尔，向西跨越甘、青、宁北部达新疆巴里坤草原，向南伸进中原腹地商文化分布区域之内，也出现了大批类似的青铜器，都可归入鄂尔多斯青铜器之列。[3] 因此，鄂尔多斯青铜器不仅种类丰富，且影响与分布范围也十分广泛，在史前中国北方人类文明体系中占有重要地位（图3-5）。

图 3-4 有关鄂尔多斯青铜器研究的国内外成果书影（鄂尔多斯博物馆供图，杨泽蒙制图）

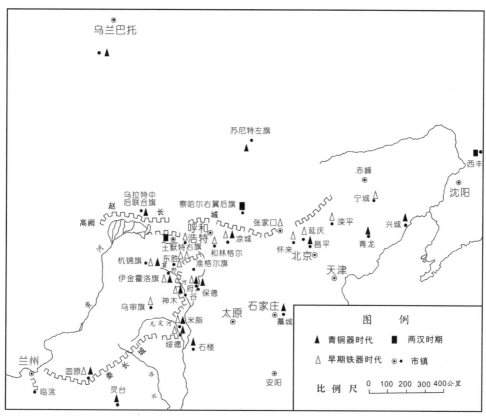

图 3-5　北方长城沿线鄂尔多斯青铜器分布图（摘自《鄂尔多斯青铜器》，文物出版社，1986年。）

鄂尔多斯青铜器是博大精深的中国青铜文化的重要组成部分，是中国青铜文化中的瑰宝和奇葩，更是北方草原青铜文化的典型代表。鄂尔多斯青铜器特征鲜明，造型精美，文化内涵丰富，延续时间长，分布地域广，与中原青铜器相比，呈现出截然不同的文化形态，演进轨迹却趋于相同，因而鄂尔多斯青铜器自发现之日起就备受世界瞩目。就中国而言，鄂尔多斯青铜器是我国古代北方草原游牧文化的代表性器物之一，青铜刀、短剑、牌饰等器类上经常见到动物纹装饰艺术风格，存在时间长，影响范围较为广泛，内涵丰富，特征鲜明。在已有的青铜器中，有部分出土于墓葬，也有相当一部分是零散的收集品和传世品，在研究过程中应予以区分（图3-6）。

将时间从春秋战国推至整个先秦时代，整个内蒙古中南部地区的青铜遗存大致可以分为四个主要时期。

图 3-6　国外博物馆收藏的部分鄂尔多斯青铜器（鄂尔多斯博物馆供图，杨泽蒙制图）

第一期是以朱开沟遗址为代表的早期青铜文化，第二期是前短剑时代的青铜遗存，第三期是以短剑与腰牌为标志的时期，第四期是动物饰品流行时期。[4] 目前内蒙古中南部地区发现的这四期人类文明几乎跨越了整个青铜时代，由此可见，内蒙古黄河流域在青铜时代有着较为完整的发展脉络。

鄂尔多斯青铜器是典型的中国古代北方游牧民族器物。对近代以来的考古资料研究也表明，鄂尔多斯青铜器最早可能起源于朱开沟文化时期，可见北方草原使用青铜器的起始时间并不晚于中原地区。1974年，在内蒙古自治区鄂尔多斯市东部的伊金霍洛旗纳林塔乡境内，发现了距今4200~3500年间的新石器龙山时代晚期至商代前期的朱开沟遗址，出土了耳环、指环、臂、钏、针、锥等青铜装饰品和青铜戈、短剑、刀、镞、护牌等兵器及工具。这是鄂尔多斯地区最早发现的青铜器，用考古发现资料有力地证明了鄂尔多斯地区较早出现了青铜器（图3-7）。

从1972年内蒙古自治区文物工作队在杭锦旗阿门其日乡阿鲁柴登获得了包括"鹰形金冠"在内的一批珍贵文物以来，鄂尔多斯地区陆续发现

图 3-7　朱开沟遗址发掘现场（鄂尔多斯博物馆供图）

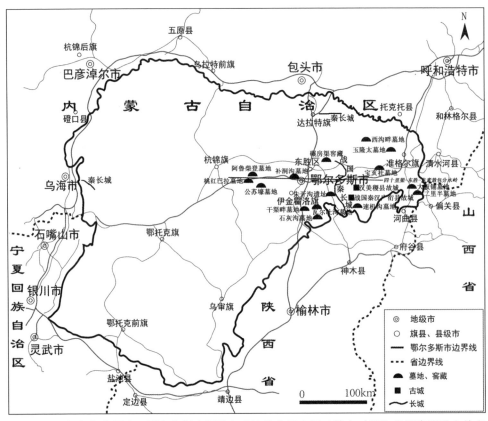

图 3-8　鄂尔多斯高原出土鄂尔多斯青铜器之遗迹分布示意图（摘自《鄂尔多斯青铜器中的多元文化元素及其交流、传播的青铜之路》，《前沿》，2021 年 2 期，第 113 页，甄自明制图）

了多处重要的鄂尔多斯青铜器文化遗迹，其中典型的有：杭锦旗"桃红巴拉"墓群、阿鲁柴登出土的金银器、"西沟畔"战国墓、"王隆太"匈奴墓、准格尔旗速机沟出土的青铜器、东胜市（现为东胜区）碾房渠出土的金银器窖藏等。这些墓葬中陆续出土了数以千计的青铜器，种类丰富，纹饰精美，造型奇特，自成体系，具有北方游牧民族鲜明的文化风格，为更好了解鄂尔多斯青铜器的制造艺术和先民

的生活提供了全新、直观的重要材料（图3-8）。

　　鄂尔多斯青铜器是古代北方游牧民族创造出的灿烂青铜文化。这种风格的青铜器最初可能是起源于鄂尔多斯地区，到商周时期日臻成熟并广为扩散，春秋战国至西汉初年是其鼎盛发展期。从起始时间来看，中原地区的青铜文明起始时间不晚于公元前2000年，而鄂尔多斯青铜器在距今3500年左右的商代初期即已出现。鄂

图 3-9　典型鄂尔多斯青铜器（环首动物纹青铜短剑）（鄂尔多斯博物馆供图）

尔多斯青铜器与中原青铜文化分属不同地理范围，在时间上，二者基本上是在同一起点上平行交融发展起来的，在发展过程中互相吸收彼此优秀的文化内涵而不失其原有的个性，在碰撞和交融中扩大了相互间的交流与互动。北方草原游牧民族能动地利用、改造、创新，使青铜器与自己的生活习俗和传统文化相适应并繁荣发展。其所创造的鄂尔多斯青铜器文化，是中国青铜文化的重要组成部分，为研究商周至秦汉时期中国青铜文化中北方青铜文化的多元性提供了重要依据，在中国青铜文化史中占有极为重要的地位（图3-9）。

鄂尔多斯青铜器重在实用、便携，截然不同于中原地区农耕民族青铜器以重器为主的风格。中原地区的青铜器包括礼器、乐器、兵器以及服饰等在内，专以显示权势及礼仪规范；鄂尔多斯青铜器造型艺术以各种动物纹样为主，且几乎全为小型器物，如兵器类的剑、刀、矛、镞，以及服饰类的腰带、饰牌和马具类的装饰物等。由此我们可以发现，艺术来源于生活，以畜牧业为主的经济形态，决定着北方游牧民族的文化内涵，这也直接体现在他们所创造的青铜器上。他们"宽则随畜，因射猎禽兽为生业，急则人习战攻以侵伐"，因而动物纹饰成为鄂尔多斯青铜器的主要特征（图3-10）。

早期游牧民族在其艺术形象中倾注了对动物的深厚感情，以圆雕、浮雕技法表现的动物纹样，有较强的写实性。他们凭借简洁的技法、无羁的想象力和卓越的技艺，创造了成千上万件风格迥异、精美绝伦的青铜艺术品，栩栩如生地再现了当时的生活实景。大量的鸟兽纹造型都反映了当时的社会生活场面，如猛兽袭击食草动物，动物咬斗、伫立或伏卧，虚幻动物纹样，人与动物结合等（图3-11）。鄂尔多斯青铜器真切感

人的艺术风格，表现了人与自然、人与动物、动物与生态之间和谐并富有个性的融合，富有极强的韵律感。这种草原游牧生活所铸就的艺术特色，是对中原青铜器纹饰繁缛富丽、狞厉神秘、多以隐喻达说教目的等文化特

图 3-10　典型鄂尔多斯青铜器（鄂尔多斯博物馆供图，杨泽蒙制图）

点的很好补充与突破。当然，无论是中原农耕民族还是草原游牧民族，其所铸造的青铜器上都附有一层神秘的宗教色彩，其中有些动物纹样是巫师（萨满）通天的工具之一，具有神秘功能，反映出早期人民的某种信仰或图腾崇拜。

了解鄂尔多斯青铜器的铸造技术，有助于认识其在中国青铜文化史中的特色与地位。春秋战国至秦汉，北方游牧民族的青铜冶铸业已达到非常发达的程度，不仅能够铸造各种兵

图 3-11　来源于自然界动物题材的鄂尔多斯青铜器对比图（鄂尔多斯博物馆供图）

器如短剑、剑鞘、盔、管銎斧、管銎戈、盾、镞，工具如刀、空首斧、锛、凿、镐、锄，车马具如衔、镳、轭、銮铃，而且能够制造罐、鼎、鬲、豆形器、勺等多种生活用具，掌握了镶嵌、锤、抽丝及错金银等制作工艺，制作工艺精细娴熟，日趋复杂。鄂尔多斯青铜器不仅表现了早期游牧文化发达的青铜制作技术，也体现了当时草原游牧民族的生活方式和审美理念（图3-12）。

鄂尔多斯地区出土的青铜器铸范以陶范为最多，其次是石范，再次是铜范。这同中原青铜铸造工艺的演进脉络几乎是一致的，先有泥质范（陶范），后有金属范。这是因为陶范制作简单，使用灵活，一器一范，器成范毁，且范范雕刻，于范内雕形，铸出之后大小、厚薄不一。石范较陶范持久，可反复使用，确保器形、纹饰划一，是铜器铸造技术发展到一定阶段后的产物（图3-13）。

石范以滑石制成。鄂尔多斯青铜器中装饰小件的铸造石范多有发现，青铜牌饰的石范则尚未见到。金属范代表了鄂尔多斯青铜器铸造工艺的最高水平，目前发现的金属范实物有青铜带钩、青铜刀铜范等，这为我们提供了研究叠铸工艺的可靠资料。目前，还没有直接证据或线索可以追溯鄂尔多斯青铜器的烧造窑址，但大量

图 3-12　动物纹柄青铜刀（鄂尔多斯博物馆供图，杨泽蒙制图）

图 3-13-1　骆驼纹饰牌模具

图 3-13-2　青铜斧石范

图 3-13-3　青铜刀石范

图 3-13-4　青铜斧铜范

图 3-13　鄂尔多斯青铜器铸造模具（鄂尔多斯博物馆、鄂尔多斯青铜器博物馆供图）

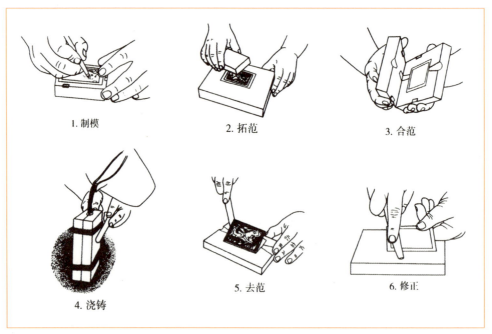

1. 制模　　　　　2. 拓范　　　　　3. 合范

4. 浇铸　　　　　5. 去范　　　　　6. 修正

图 3-14　模具铸造工艺流程推测图（鄂尔多斯博物馆供图）

的范、铜容器残片、古代铜矿炼炉遗址等都说明当时人们已有效地解决了青铜铸造技术问题，并拥有一定的冶铸工艺美术水平，这在中国铸造工艺史上占有重要地位（图3-14）。

综合上述可以发现，鄂尔多斯地区有着悠久的历史，创造了无数的文明和奇迹，鄂尔多斯青铜器是鄂尔多斯地区历史文化中的宝贵财富，其中大量的艺术珍品，是鄂尔多斯民族艺术的典范，也是人类文化宝藏的结晶。同时鄂尔多斯青铜器也属于中国北方青铜文化体系，是中国青铜文化的重要组成部分，是与中原青铜文化风格相异的地方文化，是世界艺术宝库中的一颗璀璨明珠。因此，鄂尔多斯青铜器文化与中原青铜文化共同创造了中国博大辉煌的古代青铜文化。随着考古调查和发掘的深入，鄂尔多斯青铜器出土的种类日益复杂多样，对鄂尔多斯历史文化的解读将会不断加强，鄂尔多斯青铜器将在中国文化中具有越来越重要的价值和意义。

二、朱开沟——揭开鄂尔多斯青铜器的神秘面纱

二十世纪七八十年代，随着对内蒙古自治区鄂尔多斯市伊金霍洛旗朱开沟遗址的发掘，第一次辨识出了内蒙古黄河流域早期青铜文化的本来面貌。考古工作者先后对朱开沟遗址进行了四次发掘，总发掘面积约4000平方米，共发现居住房址83座、灰坑（窖穴）207个、墓葬329座、瓮棺葬19座，出土可复原陶器510余件、石器270余件、骨器420余件、青铜器50余件，另外，还采集了大量陶器标本和可供鉴定种属的动物骨骼标本等（图3-15）。[5]出土器物中

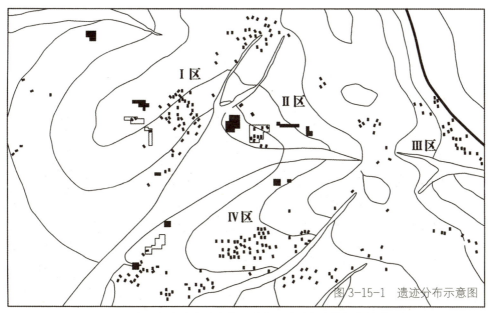

图3-15-1 遗迹分布示意图

图3-15 朱开沟遗址遗迹分布及地貌图（鄂尔多斯博物馆供图）

图 3-15-2 \ 遗址地貌

图 3-16-1　陶三足瓮

图 3-16　朱开沟遗址出土的陶三足瓮、陶斝（鄂尔多斯博物馆供图）

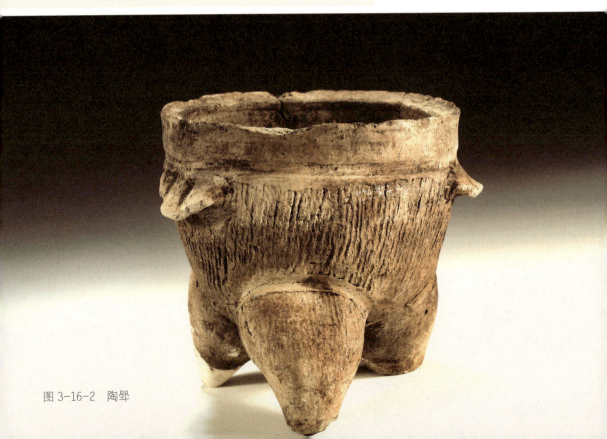

图 3-16-2　陶斝

青铜器所占比重并不是最大的，但有着重要意义，反映了当地人类文明发展演变的一个重要节点。

在随后的数十年中，随着对朱开沟遗址的不断深入研究，以及对南流黄河两岸地区大口、白敖包、南壕和岱海地区三道沟、杨厂沟等遗址的发掘，学界基本辨识了以蛇纹鬲、带钮鬲、花边口沿鬲或罐、盆型甑、三足瓮、截面呈逗号型的石刀和具有北方系青铜器早期风格的镞、环首短剑、刀等为典型器物特征的朱开沟文化内涵，并在朱开沟遗址第一、第二段遗存中辨析出了以高领双錾鬲、三足瓮、高领折肩罐、甗等为典型特征的大口二期文化，填补了龙山文化向早期青铜时代过渡的空白（图3-16）。[6] 从目前的考古发现来看，长城沿线的早期青铜文化遗存可以张家口为界，分东西两个文化区。张家口以东，燕山南北，包括京、津、唐地区，是夏家店下层文化区；张家口以西，阴山以南，包括陕北地区，是朱开沟文化区。[7]

朱开沟遗址虽然不是第一处被发现的鄂尔多斯青铜器遗址，但是其发掘揭开了内蒙古黄河流域青铜时代考古发掘工作的序幕，具有十分重要的历史文化意义。通过对目前已有的考古发掘材料进行梳理和研究，内

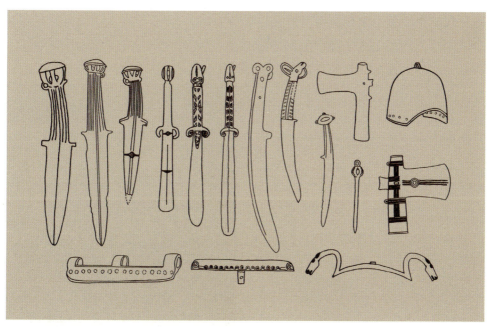

图 3-17　李家崖文化青铜器和工具（鄂尔多斯博物馆供图）

蒙古河套地区青铜时代考古学文化序列按照时间顺序可归纳为：白敖包文化[8]→朱开沟文化→李家崖文化、西岔文化→西麻青类遗存→毛庆沟文化、西园文化和桃红巴拉文化（图3-17）。在朱开沟文化时期，内蒙古黄河流域的古人类文明有了新的变化，那就是以朱开沟遗址的发掘为标志，向世人揭示了内蒙古黄河流域青铜时代的到来。正如田广金所说，内蒙古中南部的早期青铜时代文化，就是以朱开沟遗址为代表的朱开沟文化。[9]朱开沟文化分布的早商时期，中原二里岗上层、中国北方和欧亚草原文化之间的交流互动也已开始。[10]

学界普遍将白敖包遗址遗存视为朱开沟甲类遗存的主要内容，从而将白敖包文化命名为朱开沟甲类遗存，以区别于朱开沟文化。这样一来，田广金命名的朱开沟文化就可拆分为两个文化期，即白敖包文化和朱开沟文化。白敖包文化的出现年代在龙山文化晚期至夏代早期，分布在内蒙古中南部和陕西北部（图3-18）；朱开沟文化年代在夏晚期至商早期，分布在内蒙古中南部和山西西北部。[11]就具体的地域分布而言，王乐文根据目前的考古发掘材料对朱开沟甲类遗存与朱开沟文化的地域分布做出了如下梳理：

朱开沟甲类遗存主要分布在内

蒙古鄂尔多斯高原的东南部、陕北和晋西北。主要遗址有内蒙古伊金霍洛旗的朱开沟遗址和白敖包遗址、准格尔旗的大口、马栅沟、榆树湾、张家梁、陈家梁和张家塔等遗址，陕西神木的石峁、新华和寨峁等遗址，此外，在内蒙古准格尔旗的寨子上和西

麻青、准格尔旗煤田黑岱沟矿区和凉城岱海周围的大庙坡等地的调查中，也发现有此类遗存。[12]

朱开沟文化主要分布在内蒙古中南部的伊金霍洛旗、准格尔旗、清水河县和凉城地区的岱海周围，其遗物"除鄂尔多斯分布密集之外，在黄河之东的乌兰察布盟南部亦有分布"。而其影响范围更广，远至张家口地区的李大人庄遗址也受到了较大影响。已经发现或发掘的遗址，除以上介绍的，还有内蒙古准格尔旗的官地、高家坪、寨子塔、南壕、二里半、小庙等遗址，清水河县的西岔、碓白沟、

图 3-18 伊金霍洛旗白敖包遗址远景（杨俊刚摄影）

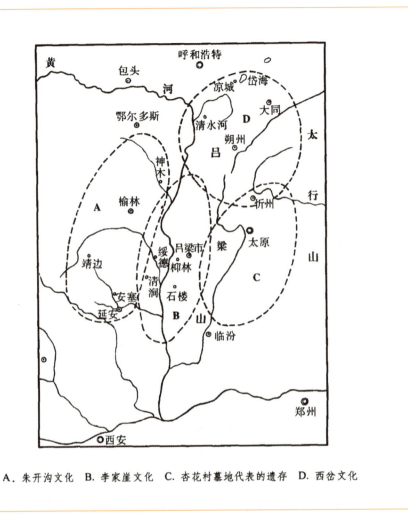

A. 朱开沟文化　B. 李家崖文化　C. 杏花村墓地代表的遗存　D. 西岔文化

图3-19　朱开沟文化分布范围示意图（摘自《西岔文化研究》，《考古与文物》，2009年第3期。）

白泥窑子A和D点、庄窝坪、后城嘴等遗址，凉城岱海周围的杨厂沟、板城、马鞍桥山、杏树贝、雕王山、小天山等遗址，山西偏关老牛湾、大咀和麻地塔等遗址。在阴山以北的四子王旗、陕北神木县的石峁遗址和孙家岔村石盖梁遗址中也发现了蛇纹鬲的残片（图3-19）。由此可见，在分布地域上，朱开沟甲类遗存偏南，而朱开沟文化较朱开沟甲类遗存偏北，并在内蒙古伊金霍洛旗和准格尔旗一带与朱开沟甲类遗存有所交叉。[13]

　　结合以上所述可以发现，朱开沟

甲类遗存与朱开沟遗址之间无论在地域分布或文化类型上都存在千丝万缕的联系，因而有学者将朱开沟文化视为鄂尔多斯青铜器文明的发端。

也有相当一部分学者认为朱开沟甲类遗存与朱开沟遗址之间存在较大差别，如王乐文就认为这两个文化并非一脉相承，因为二者不仅文化面貌不同，而且在起源、分布和存续时间等方面皆不相同。[14]其理由如下，朱开沟文化取代朱开沟甲类遗存之后，敛口甑便趋于消失，在一定程度上可以说是敞口甑文化系统对敛口甑文化系统的革命。因此，朱开沟文化与朱开沟甲类遗存绝不是一脉相承。这个大的文化变迁背后可能是人群的迁徙与流动，从来自二里头文化（东下冯文化）和下七垣文化的农业生产工具——石刀和石镰看，很可能中原的农人也来到了这里，并带来了自身的农业生产技术。这也许会对当地的农业生产造成一定的影响，但是否如此或者说影响程度多大还有待于深入研究。如果考虑到朱开沟文化少见石铲、石刀，为适应本地生产方式而走上了独立发展道路，其农业生产方式应不同于中原地区（图3-20）。[15]

探讨这两处文化遗址之间的差别并非本节讨论的重点，但可以肯定的是，这两处文化遗存都见证了内蒙古黄河流域在青铜时代的发展变迁过程

图 3-20-1　陶甑

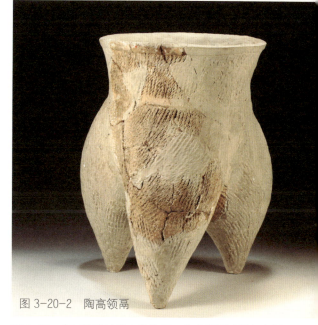

图 3-20-2　陶高领鬲

图 3-20　朱开沟遗址出土的陶甑、陶高领鬲（鄂尔多斯博物馆供图）

图 3-21　朱开沟遗址出土的具有南北文化因素的青铜戈（鄂尔多斯博物馆供图）

和人类文明发展形态。尤其是在朱开沟文化时期内，青铜器的出现，为了解内蒙古黄河流域由新石器时代向青铜时代过渡，以及在青铜时代的发展水平与人类社会的文明状态提供了重要参照。

目前，内蒙古黄河流域已经基本建立起了较为完整的青铜时代考古学文化谱系，其与中原地区夏商周三代共同构建了早期中国最为关键的框架体系。[16]鄂尔多斯青铜器是广泛分布于中国北方草原地区的早期游牧民族的物质文化遗存，以其独特的文化面貌及与欧亚草原文化所表现出的亲密关系，以及它复杂巧妙的图案构思、独特的艺术风格和优美的造型而享誉海内外。以鄂尔多斯青铜器为代表的中国北方和蒙古高原冶金区接受了南北两方面的文化影响，形成了独特的

青铜器组合，并向外传播。并且，可以确定的是，这个冶金区与商周时期的"北方系青铜器"的概念基本是一致的（图3-21）。[17]

在朱开沟遗址中，从第三阶段开始普遍出土了数量较多的青铜器，如铜锥、铜针、耳环、铜环和臂钏等，但发现此阶段青铜器多系小件器物，大型器物尚未出现。至第五阶段开始大量出现青铜容器、兵器和工具等。这些青铜器在遗址中发现较少，多数出自墓葬中。[18]在第三段地层出土的器物中，数量比较多、具有代表性的是环、耳环、针等小件器物。第五段遗层出土的器物，有容器、兵器、工具等。就耳环而言，朱开沟文化早期所见颇具特色的喇叭口耳环，就都流行于四坝文化、晚期齐家文化甚至新疆地区的安德罗诺沃文化等，其源头

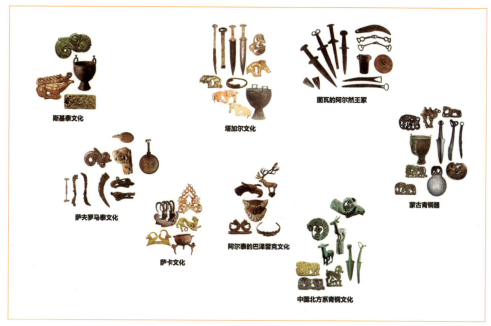

图 3-22　春秋战国时期北方系青铜文化对比示意图（崔伊刚制图）

当在南西伯利亚地区安德罗诺沃文化（图3-22）。[19] 目前已出土的器物不仅种类丰富，样式也较多。

　　青铜器在古代中国的发达，是因其作为礼器的性质而受到社会的普遍推崇，尤其是统治阶层对青铜礼器的重视，对于青铜器的繁荣出现至为重要。受当时社会生产力水平较低的制约，青铜属于稀有性原材料，加之工艺技术水平较低，青铜器又是不易获取的器具。因此，青铜器在当时的社会背景下不但具有很高的实用性，而且逐渐成为权力、地位、身份的象征。如《左传·成公十三年》所载："国之大事，在祀与戎，祀有执膰，戎有受脤，神之大节也。"这段记述也表明当时中国社会统治阶层对于礼法的高度重视。因而青铜器也不同于一般生活用具的成组"礼器"和占卜用具的大量出现，一方面说明祭祀活动在朱开沟人社会活动中的重要地位，另一方面也说明这种被当时社会视为头等大事的重要典礼仪式，从活动的主持人，到活动的项目，所使用器皿的种类、数量，活动的程序等，已经形成了一整套较为完整的发展体系（图3-23）。

　　青铜器的铸造和使用，既是社会生产力高度发展的结果，也是社会进入到新的历史发展阶段的重要标志。从朱开

图 3-23　朱开沟遗址出土的卜骨（鄂尔多斯博物馆供图）

沟文化的中期开始，便出现了一定数量的耳环、指环、臂钏、针、锥等青铜质地的装饰品和小型工具。到朱开沟文化晚期，除了上面的青铜制品外，还出现了戈、短剑、刀、镞、鍪、护牌等青铜兵器、工具、饰牌以及鼎、爵等青铜容器。从目前发现的情况来看，这些青铜器中，鼎、爵等青铜容器具有浓郁的中原商代二里岗文化的特征，应该属于通过战争、商品交换等手段得来的"舶来品"，其余青铜器则均具有浓郁的地方特征，应该是在本地铸造的。虽然到目前为止，朱开沟遗址还没有发现有关冶炼、铸造青铜器的直接证据，但是从遗址内发现的铸造青铜器的石范，出土的青铜短剑、青铜刀的形状与遗址中发现的同类骨器风格相同等不难推测，朱开沟遗址发现的青铜器理应出产自本地区（图3-24）。[20]

根据目前的考古发现，朱开沟

图 3-24-1　铜环

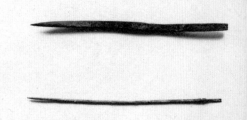

图 3-24-2　铜锥、铜针

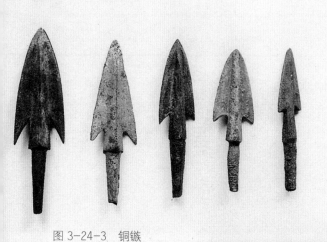

图 3-24-3　铜镞

图 3-24-4　铜鼎

图 3-24　朱开沟出土的
小件青铜器一组（摘自
《朱开沟——青铜时代早
期遗址发掘报告》，文物
出版社，2000 年。）

图 3-24-5　铜鍪、铜臂钏

遗址中出土的许多青铜器都堪称北方青铜器之最，如出土了中国北方最早的一把铜剑。这把剑的形制是直柄环首，柄部残留有绳子的痕迹，剑格整体呈"八"字形，与剑身之间还有不明显的凹缺，这种形制似乎可以和北京昌平白浮的直柄剑相衔接，而与商代晚期曲柄的兽首、铃首一字格剑没有承袭关系。朱开沟遗址中出土的环首刀也是中国北方最早的环首刀。这件环首刀的刀身很长，刀尖上翘，阑下有与短剑一样的凹缺。铜刀是蒙古早期青铜器中数量最多的一类。依据刀身与刀柄之间的分界，也可分为有格和无格两个系统，依据刀柄首不

图 3-25-1 青铜刀、青铜短剑

图 3-25-2　出土青铜刀、青铜短剑的墓葬

图 3-25　朱开沟遗址出土的青铜刀、青铜短剑及其墓葬

同，又有兽首、环首、铃首和菌首之
分，其中环首刀和兽首刀发现的数量
最多。除此之外，朱开沟遗址中还出
土了铜鍪、指环和耳环等独具特色的
北方系青铜器。[21]除了铜刀外，青铜
短剑数量也比较多，但基本都为征集
品。中国北方地区也有多件凹格剑出
土，大多数年代属于西周时期。目前
发现此类短剑最早的形制出现于鄂尔
多斯地区的朱开沟遗址，年代可以早

到商代，因此这个地区也被认为是凹
格短剑的发源地（图3-25）。[22]因
此，可以确信的是，鄂尔多斯青铜器是
中华青铜文明的重要组成部分，它既是
以狄—匈奴系统为代表的中国早期北方
民族的物质遗存，同时也是广布于我国
北方长城沿线地带，对中原及广袤的欧
亚草原均产生过重大影响的一个多源、
多分支的复杂综合体。[23]

　　通过研究出土青铜器器物的纹

饰可以发现，自商周至西晋，以动物纹为主的青铜艺术品广泛地铸造和流行于中国长城以北，尤其是以鄂尔多斯地区出土的数量与种类最为丰富。目前发现的鄂尔多斯青铜器的时代大概从商代跨越至汉代。在鄂尔多斯青铜器中，动物形饰牌最具艺术特色，它们没有固定的形状，根据动物造型的不同而变化，可分为个体动物、群兽和动物咬斗三种。个体动物形饰牌，又有立式和蹲式的区别，立式的有马、虎、鹿的造型，蹲式的有虎、豹、鹿、羊的造型。群兽形饰牌由两个以上的动物组成，往往形状特殊，多用夸张的造型，有双羊、双鹿、双豹、三象、虎鸟、怪兽和群兽纠结等纹饰。动物咬斗形的饰牌多数形状相似，有虎咬羊、虎咬马、虎吞兽及鹰虎搏斗、人物活动等造型。除了兽纹饰牌，还有鸟纹和鸟形饰牌（图3-26）。双鸟纹饰牌出土较多，形状呈S形或其变体，鸟纹明显有由写实性鸟头向图案化鸟纹演进的进程。但需要注意到，鸟形饰牌明显地少于鸟纹饰牌，造型或是鸟头，或是雏鸟的形状。[24]

青铜冶炼与铸造技术最早起源于何地？鄂尔多斯青铜器又是如何起源的？目前学界对此存在一定争议。当前考古发现和学术研究表明，青铜冶铸技术很可能起源于西亚地区，而且中国早期的青铜冶铸技术也很有可能与西方有关。如商周时期铸铜遗址中常见中空的伞状陶管，类似形制的器物在俄罗斯伏尔加河流域也有发现，时间约为公元前2000年—前1800年。到了公元前一千纪前后，中国西北及周边地区常见表面镀锡青铜器，而这一技术在更早的阶段常见于欧亚大陆西端。虽然中国境内的青铜器及鄂尔多斯青铜器的起源问题仍有待进一步研究，但可以肯定的是，在朱开沟遗址中发现的北方系青铜器虽不是商代晚期北方系青铜器的直接源头，它们之间可能是不同的发展谱系，但是它证明了在商代早期的中国北方，就完全有能力生产具有北方特色的青铜器（图3-27）。[25]随着考古发现新材料的逐渐积累和相关研究的逐步深入，鄂尔多斯青铜器的前世今生将会逐渐清晰，这也有待学界的进一步发掘研究。

朱开沟文化在形成与发展过程中，也同周边地区的人类文明存在一定联系，并互有影响。在发展历程中，其先后与周邻的商文化、先周文化、李家崖文化、张家园上层文化、夏家店上层文化等发生过关系，并吸收了诸文化的一些因素，丰富了自身文化的内涵，促进了自我发展，同时也对周邻诸文化产生了程度不同的影响。杨建华等认为早商时期的朱开沟

图 3-26-1　虎衔羊纹青铜 P 形饰牌

图 3-26　鄂尔多斯地区出土的典型青铜器饰牌（鄂尔多斯青铜器博物馆供图）

图 3-26-2　虎噬鹿纹银饰牌

图 3-27　巴彦淖尔市霍各乞古铜矿遗址（内蒙古河套文化博物院供图）

遗址的青铜器或者铸范可分为三种文化因素：商文化因素、中国北方文化因素以及草原文化因素，因而朱开沟文化被视为商文化与北方文化接触的代表性文化。[26] 从各阶段遗存的文化内涵来看，朱开沟文化第一段遗存与豫西、晋南和关中地区的文化联系密切，某些器物与三里桥龙山文化的同类器极为相似。第二段遗存与上述地区同时期遗存的文化联系减弱，个别器物出现了与齐家文化相类似的因素。至第三段时，某些器物与齐家文化的同类器非常相似。但到第五段时，中原地区二里岗上层文化因素却占有一定比例。这说明朱开沟遗存的每个发展阶段，都与周围邻近地区的文化存在联系。每个阶段与周围地区诸文化相互影响的深度，反映出各个时期与周围部落集团之间关系和影响的强弱（图3-28）。[27]

但同样需要注意到，根据环境考古学的结论，跨越青铜时代早期至晚期的朱开沟文化和西岔文化的生业方式皆是以农业为主，兼有渔猎业，以家庭饲养为主的畜牧业业已开始出现并逐渐分离出来，因而青铜时代是内蒙古黄河流域原始农业逐渐向畜牧业过渡，并进入到畜牧业的生成阶段。

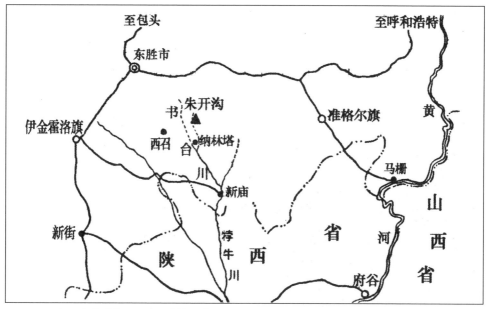

图3-28　朱开沟遗址位置示意图［摘自《鄂尔多斯文物考古文集·第二辑》（下册），王志浩主编，远方出版社，第646页。］

农业经济中以猪为主的畜牧成分也迅速发展起来，猪的饲养不适合大规模迁徙，因此早期房址表现出一定的定居特征，如出现地面建筑、精细的建造过程、涂抹白灰面等，这些特征都反映出这些房屋应该不是用于短暂居住的，应带有长期定居性质。进入朱开沟文化中期以后，类似早期房址的定居特征明显减弱，可能为与饲养牛、羊等流动性较大的动物相适应。而猪在各阶段一直占有相当比重，说明农业经济一直存在，因此房址体现了定居与迁徙的过渡状态（图3-29）。[28]

出土的生产工具中，以石斧（或

石楔）和石刀最有代表性。石斧（或石楔），第一、第二段横断面均呈方形或长方形；至第三段以后，横断面变成椭圆形。石刀，第一段以两侧带缺口石刀为主，并流行长方形穿孔石刀；第二段以长方形穿孔石刀为主，并出现长方形穿孔两面刃石刀；第三段以长方形穿孔两面刃石刀为主，出现梯形石刀；第四段以梯形石刀为主；第五段虽有一定数量的梯形石刀，但以倒梯形厚背弯身石刀为主（图3-30）。[29]

此外，朱开沟遗址曾出土过一件空首斧石范，上面不仅有附耳，而且

图 3-29-1 朱开沟遗址生活场景复原

有菱形的网格纹装饰，这种形制的空首斧和装饰与塞伊玛—图尔宾诺遗存的同类器相似（图3-31）。塞伊玛—图尔宾诺遗存分布范围非常大，从阿尔泰到东欧大草原都有该类遗存的分布，流行年代大约也在早商时期。这类遗存的空首斧非常发达，中国北方和中原地区带耳系统空首斧的出现很可能与此类遗存有关。[30] 而中原早商时期的空首斧属于无耳方銎系统，斧身上的装饰也主要是十字纹、目纹或者垂线纹，与朱开沟的空首斧形制区别明显，朱开沟的这件斧范应该是受草原文化的影响。[31] 因此，朱开沟文化不仅代表着内蒙古黄河流域在青铜时代的较高文明发展形态，同时也体现出这一时期北方草原上农耕与游牧经济之间的兴衰。

综合而言，随着对畜牧业起源认识的逐渐深入，人们已

图3-29 朱开沟遗址生活场景复原图及出土房址（1 图由内蒙古博物院提供，高兴超摄影；2 图摘自《朱开沟——青铜时代早期遗址发掘报告》，文物出版社，2000 年。）

经发现游牧可能最早发生于欧亚大陆草原腹地，渐次向东、向南传播，朱开沟文化消亡很可能是与游牧人的迁徙流动有关，而气候波动正是导致游牧人迁徙的关键因素。[32] 但同样不能忽视气温下降导致农业经济逐步让位于牧业经济的变迁。而原始农业并非直接受到气候波动的影响而难以发展，根据方修琦等人的研究，老虎山之后的朱开沟文化早期也保持着原始农业文化的性质，这是因为朱开沟文化早期的气温虽然降低，但是还能满

图 3-29-2　朱开沟遗址出土房址

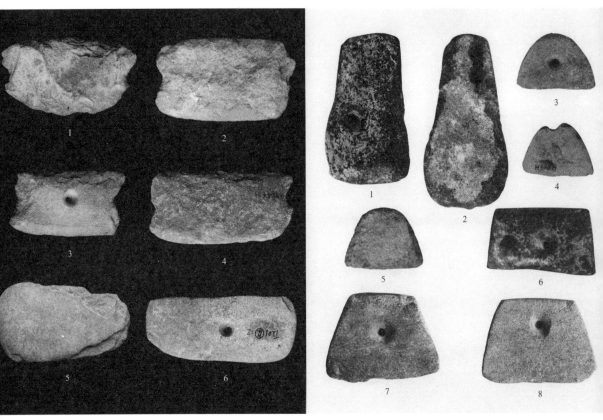

图 3-30　朱开沟遗址出土的各时段石刀（摘自《朱开沟——青铜时代早期遗址发掘报告》，文物出版社，2000 年。）

足农业生产所需，而降温后的三四百年内降水并未发生显著变化，因而农业能够有所发展（图 3-32）。另一原因则是朱开沟文化较之老虎山文化的地理位置更偏西南气温较暖和地区。[33]

因此，朱开沟文化时期由农转牧，是当地气候逐渐转冷、转干后才开始的，也正是从这一时期起，内蒙古黄河流域的古人类开始了由农耕到游牧或农牧并举的生产与生活方式的深刻变迁。到了朱开沟文化的后期阶段，牛和羊的个体数已经大大超越了猪的个体数，这一数据变化也表明此时"朱开沟人"传统的农业经济已受到新型的畜牧业经济的强烈冲击，以牛、羊为代表的畜牧经济正逐步取代以猪为代表的农业经济在社会中的主导地位，半农半牧的经济格局正在形成（图 3-33）。

图 3-31 朱开沟遗址出土的空首斧陶范（摘自《朱开沟——青铜时代早期遗址发掘报告》，文物出版社，2000 年。）

图 3-32 朱开沟遗址农牧经济生活复原场景（鄂尔多斯青铜器博物馆供图，高兴超摄影）

图 3-33-1　青铜鹿

图 3-33-2　青铜猪

图 3-33　鄂尔多斯青铜器中的动物形青铜饰件（鄂尔多斯博物馆供图）

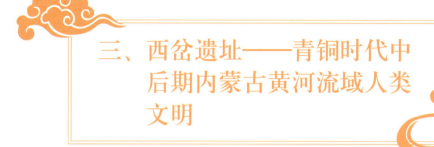

三、西岔遗址——青铜时代中后期内蒙古黄河流域人类文明

二十世纪九十年代，经过对清水河县单台子乡西岔遗址、扑油塔、碓臼沟等遗址进行了约10年的考古发掘与综合研究，一种仅分布于南流黄河两岸、年代晚于朱开沟文化的青铜时代文化遗存被初步辨识出来，即西岔遗址。这一遗址的存在时间约在青铜时代的中后期，是内蒙古黄河流域目前发现的唯一一处商周时期遗存，吸引了学界的较多关注（图3-34）。

西岔遗址的地理坐标为39°41′22″N，111°24′50″E，海拔在1124~1125米之间。遗址西临黄河，东南环绕西岔沟，西面呈狭长的缓坡形态分布，地势北高南低，南部有隆起。1997年，为了配合万家寨水利枢纽工程建设，内蒙古文物考古研究所、清水河县文物管理所对该遗址进行了抢救性发掘。此后又于1998年、2001年和2002年，先后共进行了4次发掘。据统计，近些年在西岔遗址共清理出灰坑747个、墓葬105座、房址59座、陶窑8座，遗存年代跨越了仰韶、龙山、朱开沟及商周时期多个时段，其中商周时期的遗存是该遗址中最为重要的考古发现，这一遗址也被命名为西岔文化（图3-35）。[34]

通过与周边地区同时期其他人类文明遗迹的对比分析可以发现，西岔文化的分布范围极小，仅存在于内蒙古南流黄河两岸的清水河县境内，年代相当于中原地区的殷墟四期，即商周之际及西周初期，距今6000~3000年。对于此遗址的存在时间及分布范围，党郁分析指出："西岔文化发现较少，归其原因一方面与考古工作较少有关，另一方面主要还是由于气候环境或其他原因造成人类在此阶段极少在本区域生活，或者以别样的生存方式生存有关。"[35]通过考古发掘发现，西岔文化遗址的第一期遗存为龙山时代的永兴店文化，第二期为蛇

图 3-34　西岔遗址远景（摘自《呼和浩特遗产》，文物出版社，2014 年。）

图 3-35　西岔遗址发掘图局部（摘自《呼和浩特遗产》，文物出版社，2014 年。）

纹鬲所代表的朱开沟文化。发掘者认为，第三期遗存在内蒙古中南部属首次发现，属于一种新的考古学文化，并倾向于西岔文化的命名。[36]这一新的考古文化特征也是该遗址的独特之处（图3-36）。

对于西岔文化的来源，吕智荣等分析指出，西岔三期遗存的文化面貌和特征与李家崖文化有诸多相同相似之处，因此应将西岔三期遗存在性质上归于李家崖文化的范畴。西岔三期遗存与李家崖文化的时代基本相仿，文化内涵和面貌存有诸多相同相似之处，说明二者的性质应属于同一考古学文化。但是，二者在文化面貌上还存有一定差异，如在陶质陶色方面、器形方面及葬俗方面等都存在较大差别，这反映了分布地域上的不同。因此，可将西岔三期遗存视为李家崖文化的一个地方类型，称之为李家崖文化中的西岔类型（图3-37）。[37]

马明志通过对比西岔文化与朱开沟文化及李家崖文化之间的差别，论述了西岔文化是独立发展的人类文明形态。他指出，西岔三期的内涵与晚商至西周早期的朱开沟文化、李家崖文化、杏花村墓地等遗存均有较大差异，它们之间属于不同谱系的文化遗存，而且有各自的分布区域。西岔三期遗存具备一定的时空范畴，且文化内涵具有一定的特殊性和稳定性，故将西岔三期遗存作为一种新的考古学文化单独命名，是可以成立的。此外，他对西岔文化源头还进一步分析指出，晚商至早周，以蛇纹鬲、甗、三足瓮、高领罐为代表的朱开沟文化依然存在于河套南部至陕北西部，且文化面貌相对单纯，年代与西岔文化相当，二者应当属于同一时期不同地区的不同文化。此外，西岔文化的标志器类双扳手高锥状足跟的高领（筒腹）袋足鬲，在晋中西北部存在着直接的源头（图3-38）。[38]

根据党郁的梳理研究，西岔文化遗址出土的遗物以陶器为大宗，夹砂灰褐陶和泥质褐陶在陶系中占突出位置，陶器组合有鬲、甗、高领罐、鼎、豆、单耳罐、双耳罐、鼓腹罐、钵、盆等；石器主要为长方形石刀，斧、铲、砺石占有一定比例。青铜器多数出土于墓葬，少量出自灰坑，有管銎斧、戈、铃、环首刀、泡、弹簧式耳环等，其中除戈为殷墟二期的特征外，其他青铜器皆为北方系特色。骨器以动物肩胛骨制成的铲为大宗，另外有锥、镞等。[39]西岔遗址中发掘出土的这些器物，不仅填补了内蒙古中南部殷周时期考古学文化的空白，而且进一步完善了这一地区先秦时期考古学文化的序列，为早期北方系青铜器的研究注入了新的要素。

就出土的青铜器而言，西岔遗

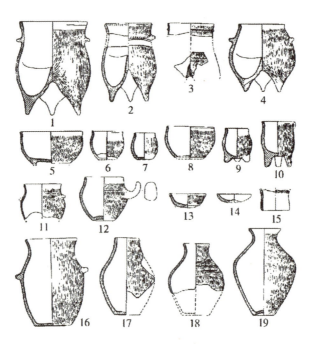

图 3-36　西岔遗址出的土陶器（摘自马明志：《西岔文化研究》，《考古与文物》，2009 年第 3 期。）

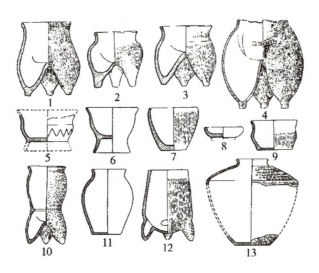

图 3-37　李家崖文化出土的陶器（摘自马明志：《西岔文化研究》，《考古与文物》，2009 年第 3 期。）

图 3-38-1 小口陶罐

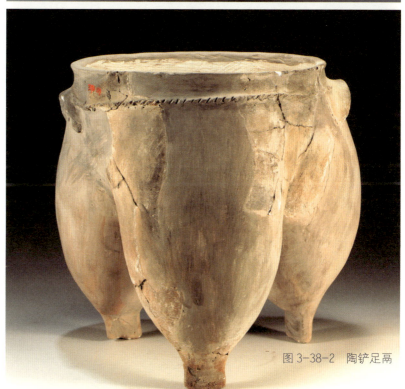

图 3-38-2 陶铲足鬲

图 3-38 西岔及周边遗址出土的商周时期典型陶器（内蒙古自治区文物考古研究所、鄂尔多斯博物馆供图）

址是目前在内蒙古黄河流域发现的唯一一处商周时期的青铜器遗址。在灰坑和墓葬中出土了少量的北方系青铜器，主要有管銎斧、空首斧和簧式耳环等。遗址中发现了直柄剑、短管銎斧（管銎上端与斧身平）、空首斧、环首刀的陶范，且以斧范为主。

把青铜器与陶范结合起来考察，这个组合有一定数量的武器，有剑、管銎斧、管銎镞，装饰品有弹簧式耳环，但是没有中原文化的影响（图3-39）。[40]西岔文化出土的青铜器以高领双鋬鬲、高领壶、盆形瓿、粗柄深腹豆为典型器物，流行长方形地面式夯土建筑，侧身直肢

葬，随葬有铜空首斧、管銎斧、弹簧式耳环等，成为内蒙古中南部地区继朱开沟文化之后的一支最具代表的青铜时代晚期文化，时代相当于商末至周初。[41]但在西岔遗址中，目前尚未发现青铜礼器，这也有待进一步考古发掘的探索。

青铜时代发端于仰韶文化温暖期内，但青铜时代气候又发生了转寒的剧烈波动。气候的冷暖波动导致自然

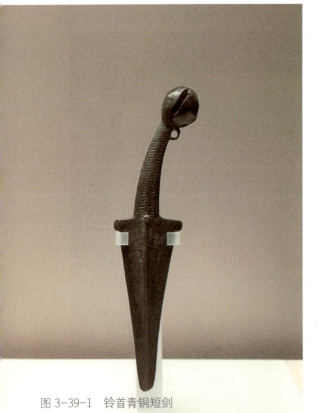

图3-39-1　铃首青铜短剑

图 3-39-2 羊首形青铜短剑

图 3-39 西岔文化的青铜短剑（内蒙古博物院供图，高兴超摄影）

环境出现了新变化，这也直接影响到人类社会的生产及生活方式的选择。鄂尔多斯青铜器是最富游牧民族特征的文化形态，在此遗址的墓葬中，出现了大量陪葬的马、牛、鹿、羊、虎和狼等各类动物纹理的器物，带有浓厚的草原游牧文化特征。此外，在乌兰察布市的凉城县、包头市的西园与土默特右旗、呼和浩特市的和林格尔县与巴彦淖尔市的乌拉特后旗等地也发现了春秋、战国时期的青铜器墓。因此鄂尔多斯青铜器是对内蒙古中南部青铜时代环境分析的重要线索（图3-40）。

此外，根据西岔遗址中出土的大量动物化石遗存，也可以对当时的自然环境及气候条件加以推测。据统计，西岔遗址中出土的龙山、朱开沟及商周时期的动物遗存数量较多，共计19717件，包括骨骼碎片7836件，可

图 3-40-1　虎形青铜饰件

图 3-40-2　羊哺乳形青铜饰件

图 3-40-3　野猪形青铜饰件

图 3-40-4　卧马形青铜饰件

图 3-40　鄂尔多斯青铜器中的典型动物饰件（鄂尔多斯博物馆供图）

图 3-41　畜牧经济下的草原绵羊与青铜器对应（鄂尔多斯博物馆供图，杨泽蒙制图）

鉴定部位的标本6000件，可鉴定种属的标本5881件，其中软体类动物标本1件，鱼类标本4件，鸟类标本13件，哺乳类标本5863件，多残破；未有完整动物骨架出土。[42]这些动物化石的出土，也为生物学研究提供了重要参照。具体而言，西岔遗址出土的龙山时期的动物遗存种类包括猪、牛、羊、狗、马、马鹿、梅花鹿和狐狸；朱开沟时期的动物遗存种类有牛、狗、猪、梅花鹿；商周时期的动物遗存种类有猪、牛、羊、狗、马、马鹿、梅花鹿、狍子、獐、麝、狐狸、兔子、熊、獾、鲶鱼、环颈雉、蚌以及啮齿类动物。[43]通过对这些动物的研究，尤其是根据这些动物对生存环境的要求，可以对当时的自然环境加以还原。（图3-41）[44]

具体说来，从动物组合的角度分析，在龙山时期的西岔遗址中存在山羊、马鹿、梅花鹿、狐狸和马等动物，推测当时该地区的生态环境可能为森林、草原与灌木混合带。通过对这一时期西岔遗址的孢粉进行测试分析，所得出的结果也反映出该地区的典型草原植被景观特征，且这一时期该地区的气候类型应属于温干气候。在商周时期，西岔遗址内的动物种群变得异常丰富起来，从哺乳类、鱼类、鸟类到软体类都有发现。结合各种动物的生活习性，推测当时该地区依然为一片森林、草原地带，且在不远处与灌丛地带相接，附近有较大的河流或湖泊。此外，从孢粉分析的结果看，该地区此时期草原覆盖率增高，气候温和偏干，属于典型草原景观（图3-42）。[45]

在西岔遗址出土的动物遗存中，家畜数量占绝对优势，又以家猪数量最多，有294个个体，占整个遗址中出土动物个体总数的45%；羊次之，有150个个体，占23%；牛、狗的数量也比较多，分别占到9%和10%。出土的野生动物种类丰富，但标本数量较少，占13%。[46]因此，从出土的动物遗存来看，当时西岔文化时期的人们肉食资源很丰富，以畜类肉食为主，同时还辅以禽类、鱼类，饮食结构丰富合理。对肉食的加工方式多以煮和烤为主（因为许多出土兽骨带有明显的烧烤痕迹）。由此可见，西岔文化时期内蒙古黄河流域的原始农业在这一区域取得了一定发展。

对此，汤卓炜等结合孢粉实验数据分析指出，西岔文化栽培禾本科数据在不同阶段出现了波动，但在前龙山时期、龙山时期、夏代晚期、西岔时期，这里都出现过农耕活动的遗迹，而且活动强度在逐渐

增强，且农耕活动在西岔时期达到最高峰。具体而言，前龙山时期的凉湿气候以及现代干旱凉爽或干旱寒冷交替气候变化是农耕活动强度低下的重要原因。龙山晚期后半段农耕活动的加强得益于当时的温干水热条件的变化（表3-1）。夏代晚期前段的农耕活动的增强当与温暖偏湿的气候相对应；西岔时期最高强度农耕活动的出现，与这段时期的温和偏干气候有关。[47]杨建华对此分析指出："进入西周以后，有部分中原人北上（从西岔到西麻青有逐渐增多的趋势），西岔遗址的猪骨比例的增大，说明农业有一定程度的恢复。在两周之际和春秋早期，受周式鬲影响

图3-42 当今鄂尔多斯西部草原生态环境（高兴超摄影）

表3-1 西岔遗址孢粉百分含量对比表

地层	乔木	针叶	落叶阔叶	灌木	草本	蒿属	火绒草属	菊科	葶麻属	野生禾本科	栽培禾本科	藜科	楼斗菜属	苋属	蕨类	中华卷柏
Ⅰ	0.50		0.16	0.33	98.84	35.99	18.24	0.16	26.70	0.83	0.16	11.28	2.32	2.32	0.66	0.50
Ⅱ-1	0.91	0.36	0.54	0.18	94.02	31.34	5.80	1.09	19.57	2.17	1.09	17.39	6.34	1.27	4.89	3.62
Ⅱ-2	0.92	0.31	0.62		95.38	35.23	8.15	1.38	12.15	4.92	0.31	13.54	8.00	0.92	3.69	1.69
Ⅲ-1	0.60	0.45	0.15		97.76	28.10	8.22	3.59	17.79	15.10	0.60	11.81	4.78	1.94	1.64	1.35
Ⅲ-2	2.67	1.53	1.15	0.19	93.32	18.70	9.73	4.20	19.27	9.92	0.38	12.40	10.69	1.15	3.82	3.63
Ⅲ-3	5.46	2.34	3.12	0.19	88.89	19.49	8.58	3.51	19.69	7.02	0.58	14.42	6.24	2.14	5.26	4.68
Ⅳ-1	1.18	0.51	0.67		94.60	33.56	16.53	1.35	23.44	1.52	0.34	9.11	5.90	0.84	4.22	3.71
Ⅳ-2	1.50	0.50	1.00	0.25	97.25	33.25	17.25	0.75	30.75	0.50	0.25	9.00	2.25	1.50	1.00	1.00
Ⅳ-3	4.63	3.99	0.64	0.32	93.61	30.67	14.86	1.28	25.56	1.44	0.16	12.62	3.51	1.76	1.44	1.28
Ⅳ-4	2.39	2.04	0.34	0.17	95.91	34.41	14.14	1.02	23.34	1.87	0.17	16.18	2.04	1.02	1.53	1.19
Ⅴ-1	0.66	0.50	0.17	0.17	99.17	39.44	18.98	0.83	28.28	0.33	0.17	6.93	0.50	2.48		
Ⅴ-2	0.45	0.34	0.11	0.11	99.44	37.60	20.76	1.80	26.37	0.45	0.22	7.97	0.22	3.03		
Ⅴ-3	0.69	0.27	0.41	0.14	99.18	34.71	18.66	1.78	32.24	1.65	0.14	7.27	0.14	1.92		

〔资料来源：摘自汤卓炜、曹建恩、张淑芹：《内蒙古清水河西岔遗址孢粉分析与古环境研究》，《边疆考古研究》（第3辑），2004年。〕

表3-2 西岔遗址猪死亡年龄分布

遗址	年龄	未成年								成年		老年	合计
		<1月		1~4月		4~9月		9~12月	12~16月	16~22月		>24月	
		<2周	2~4周	5~8周	2~4月	4~6月	6~8月			16~20月	20~22月		
西岔	龙山	0	0	0	0	0	1	2	0	1	0	0	4
	朱开沟	0	0	1	0	0	0	0	0	0	0	0	1
	商周	1	14	6	14	25	29	31	21	20	8	4	173
合计		1	14	7	14	25	30	33	21	21	8	4	178
朱开沟		0		7		8		10	5	15		5	50
姜寨		44								14		12	70
河姆渡		40								26		7	73
赵宝沟		1								5		2	8

（资料来源：摘自杨春：《内蒙古西岔遗址动物遗存研究》，吉林大学硕士论文，2007年。）

的器物与当地文化器物一起构成当时随葬品的固定组合。到了春秋晚期游牧文化基本确立。"[48]由此可见，西岔遗址的发现，无论是在考古学还是历史学研究中，对于此地区人类文明发展变迁历史的了解都有重要意义。

从西岔遗址中出土的生产工具的种类和数量上看，农业工具最为常见，且数量较多，包括长方形石刀、石斧、石铲、骨铲等，这说明原始农业经济在西岔遗址中始终是占有主要地位的经济类型。[49]此外，从西岔遗址出土的各时期的动物遗存数量上看，家猪始终是同时期动物中数量最多的，且数量整体呈上升趋势。到了商周时期，猪的数量已达到289个。猪作为农业经济的象征，其在数量上的这种变化说明在西岔遗址的各个时期农业经济一直都占据主导地位。随着社会生产力的进步，农业经济也呈现出快速发展的势头。[50]综上所述，进入青铜时代及至西周以前，内蒙古中南部的原始农业成分在减少，牧业成分在增多。在西周初期农业的增多只是总的游牧化趋势中的一个小反复，并不能阻挡游牧经济的发展及成为当地的主导经济类型（表3-2）。

农业生产进一步促进了当地定居生活的长期稳定发展。考古资料进一步表明，西岔文化房址均为半地穴式建筑，平面呈方形，四周大多筑有夯土墙，灶位于房内的西北部，有的为地面式，有的为石板铺底式，有的房子在墙壁上还掏有壁龛。房门多东向，部分房屋周围还存在窖穴，窖穴以椭圆形和圆形直壁平底为主，口呈方形和圆形，袋状灰坑较少，另外个别窖穴中还设有壁龛，有的穴底还埋有人骨（当是窖穴废弃后被作为墓葬的）。[51]可见，半地穴式建筑及土墙则表明当时的人类在生活中保持着典型的农业生产特征（图3-43）。

自西岔文化之后，内蒙古黄河流域随着气候与自然环境的变迁，以定居为主体、农业为主导的生业方式的优势地位逐渐衰退，畜牧业开始兴起。汤卓炜等通过孢粉实验分析指出，西岔时期整体上处于温和偏干气候时期，植被呈现出比较典型的草原景观，出现干旱化的趋向，并有偏湿润的气候波动，不同于以前的夏代晚期。龙山晚期、西岔时期均以草本植物花粉为主，针、阔叶植物花粉含量很低，亦属于典型草原景观。[52]因此，这一气候及自然环境的波动也导致当地畜牧业的逐渐兴起。

对于畜牧业在西岔文化时期发展的阶段性特征研究，杨春统计指出，西岔遗址中出土的龙山时期家畜（猪、牛、羊、狗）在数量上占出土同期动物总数的66.7%，说明当时家畜饲养业已具备了一定的规模；作为畜牧业经济象征的牛、羊，其数量之和与猪的比例为1：2，说明当时畜牧业经济已开始发展，但尚处起步阶段；到了商周文化时期，家畜数量明显增多，占同期动物总数的89%。牛、羊数量之和与猪的比例上升为0.7：1，说明当时的畜牧业经济快速发展，已经成为社会经济生活中不可缺少的重要组成部分，但仍未超过农业经济成为第一大经济产业。[53]究其原因，一方面是受到气候条件的影响，从孢粉分析的结果看，龙山时期草本植物占绝对优势，气候温干，这种环境适合牛、羊、马等动物的放牧驯养，畜牧业发展；此外，由于朱开沟时期森林面积扩张，草本植物减少，气候变得温暖湿润，不适于马、羊等动物的驯养；商周时期草原覆盖率增高，气候又变得温和偏干，这种环境变化促进了畜牧业的快速发展。[54]因此，这一时期外来游牧文明进入，对当地原始农业衰落的影响也同样不容忽视（图3-44）。

图3-43　西岔遗址出土的房址（摘自《呼和浩特文化遗产》，文物出版社，2014年。）

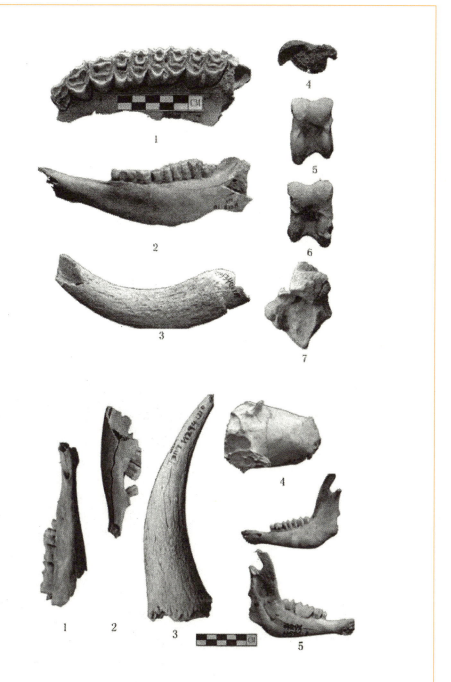

图 3-44 西岔遗址出土的羊骨、牛骨（摘自杨春：《内蒙古西岔遗址动物遗存研究》，吉林大学硕士论文，2007 年。）

四、青铜时代尾声——周代内蒙古黄河流域的发展演变

西岔文化的存在时期主要集中在商周之际及西周初年，在西岔文化结束之后，迎来了内蒙古黄河流域青铜文明的尾声。虽然在周代及至东周战国末年与秦汉时期，这一地区也出现了一定数量的青铜器，但此时期已经进入铜铁并用或游牧经济占据主导地位阶段，青铜文明自此时期开始逐渐进入尾期。

（一）西周时期的西麻青墓地

内蒙古黄河流域发现的西周时期的青铜器遗址极少，最具代表性的当属鄂尔多斯准格尔旗西麻青的一处墓地。西麻青墓地位于准格尔旗魏家峁乡杜家峁村东北的黄河沿岸，面积约3000平方米。1998年清理墓葬19座（图3-45）。根据出土的陶鬲形制分析，西麻青墓地的年代属于西周晚期至春秋早期。[55]西麻青的墓葬为长

方形土坑竖穴墓，葬式为仰身直肢或仰身屈肢，头向北。墓口平面呈长方形，墓底无二层台及腰坑，未发现木质葬具。羊肢骨殉牲放置在人骨一侧。随葬品以陶器为主，放置在头侧或脚下，基本组合为鬲、盂、罐，还有少量双耳壶、单耳罐，另外还随葬铜耳环、带扣、玉块、骨簪、料珠等。[56]

西麻青墓地出土的器物并不算丰富，但填补了西周末年及春秋早期内蒙古黄河流域的考古空白，学术意义极为重要。西麻青墓地出土了有典型西周晚期至春秋时期文化特点的鬲、罐、盆陶器组合及具有北方系青铜器

图 3-45　西麻青墓地全景（准格尔旗"三普"资料，李三摄影）

特征的带扣、工具及饰品，这种共出的现象为本地游牧经济的起源提供了线索。自此之后，农业人群南迁而游牧人群南下，本地展现出浓厚的游牧文化色彩。[57]因此，西麻青遗址在当时有过较长一段农耕与游牧经济混合存在的时期（图3-46）。

除以出土器物作为对此墓地存在时期当地人类社会经济类型进行考察的依据外，张旭以龋病的罹患情况对西麻青时期的经济类型分析指出，龋病的罹患是反映人群摄入碳水化合物含量的有效指标，龋病与人类社会生产力发展以及农业出现相关，内蒙古中南部地区先秦两汉时期不同生业模式人群的碳水化合物食物摄取量的多寡决定了其龋齿发病率的高低，以农业经济为主的人群龋齿发病率最高。西麻青墓地出土157颗牙齿，有15颗为龋齿，龋齿率为9.55%。将西麻青遗址时期人口的龋齿率与前后不同经济类型下的人口龋齿率做一对比可以发现，在农耕人群中，新石器时代原始农业阶段的庙子沟组的龋齿率最低（2.84%），而青铜—早期铁器时代的将军沟（17.81%）、土城子（7.39%）、大堡山（18.16%）、川掌组（11.60%）的龋齿率相对较高。其中，战国晚期的大堡山墓地古代居民的龋齿率明显高于其他各组；在畜牧人群中，青铜—早期铁器时代

的忻州窑子组（5.43%）、新店子组（3.29%）的龋齿率仅比新石器时代原始农业经济的庙子沟组略高，低于其他各组；在混合经济人群中，青铜—早期铁器时代的西麻青（9.55%）、毛庆沟（10.72%）、饮牛沟组（5.53%）的龋齿率略低于农耕为主的各组人群，却高于畜牧人群。由此可知，在内蒙古中南部地区各对比组中，畜牧人群的龋齿率要低于农耕先民，而混合经济模式的古代人群龋齿率则介于二者之间。[58]因此，西麻青遗址以农牧业混合经济为主，这也体现出此时期内蒙古黄河流域的人类社会由原始农业开始向半游牧半农耕或纯粹游牧的经济形态过渡（图3-47）。

对于西麻青墓地文化的源头，部分学者认为这一文化并非本土自生文化，而是由异地传入。如曹建恩曾研究指出，西麻青墓地一类遗存非本地区土生土长的考古学文化，它与西岔文化的联系很少，二者共有的弹簧式耳环，成为它们联系的唯一纽带。陶鬲、盂等是西周文化中常见的器物，这表明此类遗存的主体应来源于西周文化，但西麻青墓地一类遗存也体现出一定的地方性分布特征，例如：夹砂罐以鼓肩者居多，与典型的西周文化流行大量的折肩夹砂罐有所不同，存在少量的双耳壶、单耳罐，带花边的陶鬲也体现出明显的北方风格。尤

图 3-46-1　陶鬲

图 3-46　西麻青墓地出土的典型陶器（内蒙古自治区文物考古研究所供图）

图 3-46-2　陶盆

图 3-47　鄂尔多斯地区出土的商周时期青铜短剑（鄂尔多斯博物馆供图）

其值得重视的是铜带扣的出现，在长城地带属于年代偏早的，因而其重要性不容低估。因此，自西麻青墓地一类遗存始，内蒙古中南部考古学文化进入了一个以外来文化为主体的时代，各种考古学文化因素纷至沓来，使本地区的文化结构发生了根本性变化，本地区原有的文化因素退居次要位置。究其原因，应该与环境变迁、生业转变引起的人类迁徙有关。[59]

（二）东周时期的青铜文明遗址

东周时期是中国社会发生剧烈变迁的关键时期，内蒙古黄河流域也不例外。青铜器方面则出现了由青铜器向铁器的过渡，经济形态方面则由原始农业经济向农牧业并存或畜牧业方向过渡。根据目前的考古资料，鄂尔多斯青铜器流行的时间在春秋晚期至战国时期，盛行殉牲，内蒙古中部地区一般划分为三个文化——毛庆沟文化、西园文化和桃红巴拉文化。[60] 具体而言，在此时期内，农业人群南迁而游牧人群南下，本地展现出浓厚的游牧文化色彩。在黄河以北的包头地区发现以偏洞室墓、殉牲、随葬青铜饰品为特征的西园类型；而黄河以南地区的新店子文化，以"新店子""西咀""阳畔"墓地为代表，墓葬形制以洞室墓为主，墓主人皆为北亚人种，殉牲动物头蹄且基本不见随葬陶器，青铜器以腰带饰品为主。岱海地区则形成了以"忻州窑子""毛庆沟""崞县窑子"等墓地为代表的毛庆沟文化。

1.毛庆沟墓葬

毛庆沟文化主要分布在蛮汗山（位于内蒙古自治区凉城县西北部，属大青山南支，由一系列南北走向的平行山梁组成，又有钟山、九峰山、蛮汉山等别名）地区。1979年6月21日—7月24日，内蒙古文物工作队初次发掘了乌兰察布盟凉城县毛庆沟墓地。1979年秋和1980年春，内蒙古文物工作队试掘了春秋至战国时期毛庆

图3-48　毛庆沟墓地全景（摘自《乌兰察布文化遗产》，文物出版社，2014年。）

沟文化遗址，在遗址北部山梁之上发现毛庆沟文化陶窑5座，发掘出墓葬81座，其中春秋至战国时期的墓葬有79座，殉马坑1座，还有唐代墓葬1座、辽代墓葬1座。墓葬多为长方形土坑竖穴墓，部分有头龛。这些墓葬中，男性的墓葬一般殉葬马或马、牛，偏重于畜牧业。女性的墓葬一般殉葬羊、猪、狗，偏重于农业（图3-48）。[61]

根据田广金和郭素新所建立的年表，毛庆沟文化可以分为四个时期。第一个时期是春秋晚期，主要出土遗物为陶器和青铜器。第二期、第三期、第四期几乎跨越了整个战国时代，与第一期有很大不同。其中重大的发展就是使用了铁器。[62]可见，内蒙古黄河流域自毛庆沟文化时期开始，便逐渐向铁器时代过渡。毛庆沟的墓葬分为东西向和南北向两种，并且在葬制葬俗上有很大不同，东西向

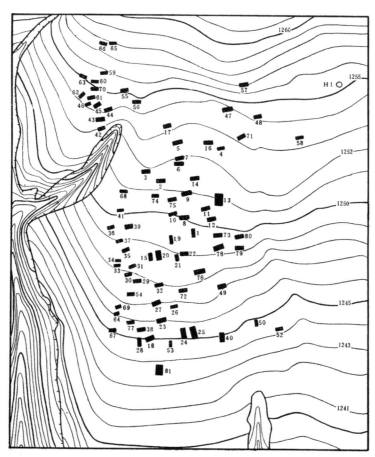

图 3-49　毛庆沟墓地分布示意图（鄂尔多斯博物馆供图）

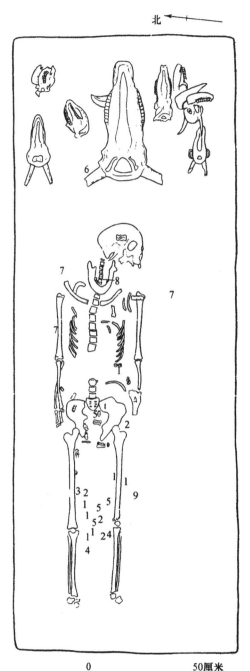

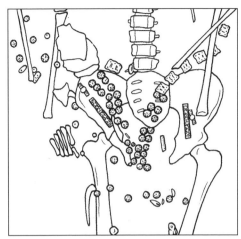

图 3-50 毛庆沟墓地墓葬及随葬品墨线图
（摘自杨建华、曹建恩：《毛庆沟墓地的两种墓葬所反映的不同社会结构》，《边疆考古研究》，2009 年。）

的墓中，陶器一般放在头部，串珠在颈部，铜管状饰在头部附近，腰部则有带扣、牌饰、环等，短剑多在腰左侧，刀在右侧，动物纹饰牌在腹前。而南北向的墓中多有带钩、"S"形饰牌、带扣等（图3-49）。此外，毛庆沟遗址墓葬形制以竖穴土坑墓为主，墓主人有北亚和东亚人种，随葬有陶器，殉牲动物头蹄，除马、牛、羊外，还见有猪、狗等农业经济方式的家畜（图3-50）。这些具有大同但存有小异的文化类型形成东周时期多民族杂居交错、相互交融的历史背景。[63]

此遗址的殉牲方面，东西向的墓葬有殉牲，南北向的墓中无殉牲。毛庆沟殉牲的墓占多数，种类有牛、羊、马、鹿，还有狗和猪，以羊为

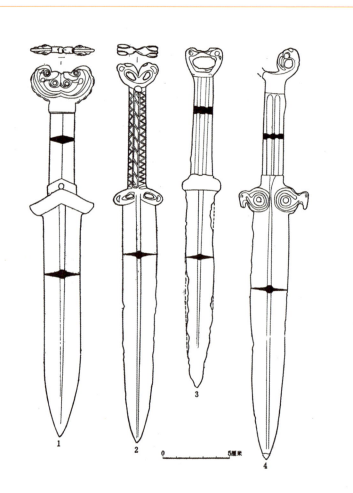

图 3-51 毛庆沟墓地出土的青铜短剑（摘自杨建华、曹建恩：《毛庆沟墓地的两种墓葬所反映的不同社会结构》，《边疆考古研究》，2009 年。）

主。这些遗存表明"毛庆沟人"主要过着畜牧生活，但其中仍然存在大量以农业为生的人群，因而农牧业混合经济应为此遗址的主要经济类型。这很可能表明，草原的经济发展，很大程度上是以游牧民族和农业民族所建立起来的共生和建设性关系为基础的，而不是敌对与破坏性的。[64] 毛庆沟墓地出土的武器和工具主要有短剑、刀、鹤嘴斧、戈、矛、链、针管和纺轮等八种。其中短剑和刀有铜质和铁质；鹤嘴斧为铁制；戈、矛、针管皆为铜制；镞分为铜质和骨质，铜镞分为三翼有铤、三翼有銎两种，骨镞为三棱有銎（图3-51）。[65]

再如与毛庆沟邻近的同时期遗址忻州窑子，墓地位于内蒙古乌兰察布市凉城县永兴镇板城行政村析州窑子自然村北约1公里处，西距老虎山遗址、毛庆沟墓地仅约3公里。为了研究"先秦两汉时期河套地区人类文化、生态与环境"这一学术课题，2003年5月至6月、9月至10月，内蒙古文物考古研究所先后两次组队对该墓地进行了主动性考古发掘，共清理墓葬69座，出土了非常丰富的陶、铜、骨、石器等随葬品。[66]毛庆沟墓地出土的青铜器有鸟纹牌饰92件、管状饰353件、环39件、耳环7件、扣饰99件、镜形饰3件、连环饰32件、扣形饰8件、带扣8件、别针6件、连珠饰147件、铃6件、节约1件、鹿纹饰牌1件（图3-52）。[67]2010年6月至8月，内蒙古自治区文物考古研究所与内蒙古师范大学历史文化学院考古文博系师生，对卓资县城卜子古城遗址进行了第二次抢救性考古发掘。此次发掘出土的青铜器主要是铜镞和钱币，其中铜镞20件，半两钱5枚，明刀钱1枚。[68]在主要受欧亚北方影响的器物方面，凉城析州窑子墓地出土了两件带钮柄的镜子。柄形镜一般分为立兽柄和钮柄两种，它们广泛分布于从南西伯利亚

的米努辛斯克盆地到图瓦及蒙古国，其中钮柄镜主要流行于图瓦和蒙古西部。中国境内见于甘宁地区的于家庄墓地，不见于中原和东北地区，应该为北方草原传入。这种铜镜的式样说明了内蒙古中南部与图瓦和蒙古国之间在文化上的联系。[69]

2.西园遗址

西园遗址是一处位于内蒙古中南部地区的新石器时代氏族聚落遗址。西园文化以内蒙古包头市西园墓地命名，分布在土默川平原和浑河流域丘陵地带，当地自然条件较为优渥，年代在春秋早期到战国早期。对于西园文化的来源，学界存在两种较为流行的观点，一种观点认为可能是林胡，一种观点认为可能是西戎的一支。[70]西园文化除分布在土默川平原和浑河流域外，在岱海地区也有个别遗址被发现。该遗址于1983年被首次发掘，并在20世纪80年代被第二次发掘，发现的新石器时代房屋建筑遗址有45座，窖穴有161座，并发现青铜时代墓葬9座，各类标本800余件，为研究新石器时代文化提供了重要实物资料（图3-53）。

西园墓地所表现出的埋葬习俗与内蒙古其他地区的墓葬有很大的区别。西园墓地位于向阳坡上，地势北高南低，头向东偏北，在62°到75°

图 3-52-1　虎噬鹿形青铜饰牌

图 3-52-2　变体双鸟纹青铜饰件

图 3-52　毛庆沟墓地出土的青铜器（内蒙古自治区文物考古研究所供图，孔群摄影）

图 3-53　西园遗址发掘现场（摘自《包头文化遗产》，文物出版社，2014 年。）

之间。墓葬形制为竖穴土坑洞室墓，壁坑左侧一般挖有一个伸入坑壁的偏穴，顶略呈弧形。墓坑右半部有长度与墓口相等的二层台，但墓葬中没有发现葬具。葬式方面有仰身直肢葬、仰身曲肢葬和侧身直肢葬。墓主的右手均放在腹部，葬法有单人葬与合葬，随葬品有武器、装饰品等，主要为装饰品。颈部有串珠，耳环位于头两侧，手臂的内外侧有铜环、扣形饰、管形饰，腰部有铜铃和联珠泡饰，武器中有镞，主要是骨镞，有一件铜镞，不见短剑、鹤嘴斧，铜刀有一把，没有刀柄，只余刀身一段（图3-54）。[71]

值得注意的是，西园墓地的骨镞、弓弭及骨环特别发达，刀仅见刀尖部分，几乎每座墓都有弹簧式耳环，并有较多的铜环，这些特征都与崞县窑子非常相似。[72]此外，葬式有仰身直肢葬、仰身屈肢葬和侧身直肢葬。死者的右手均放在腹部，有的双肢交叉。葬法有单人葬和合葬。随葬

图 3-54　西园遗址墓葬发掘区（摘自《包头文化遗产》，文物出版社，2014 年。）

品以装饰品为主，还有一些骨镞和弓弭，基本不见短剑和鹤嘴斧等武器和工具，仅有刀，且只有刀身的一截。装饰品中耳环在头两侧，串珠在颈部周围，腰部有铜铃和连珠泡饰，手臂的内外侧有铜环、扣形饰，管形饰。管孔内都有腐朽的皮屑，估计这些管饰原来是贯串在一起的，骨镞和弓弭在腿侧（图3-55）。[73]

西园遗址的墓葬可分为洞室墓、偏洞室墓和竖穴土坑墓三类。殉葬的牲畜中，以马、牛、羊为多，其中羊最多，牛次之，马最少。[74]可见，牲畜方面只有牛和羊，这也意味着畜牧业已经处于居民生活中的主要地位。殉牲在每个墓中都有，但是牲畜的种类只有牛和羊，都整齐地摆在墓坑右半部的二层台上，大牲畜的头如牛头摆在前面，羊头则放在后面，吻部朝向墓主人。此外，有的墓在死者肩部放有羊的肩胛骨。但需要注意到，西园遗址的墓葬殉牲中不见马，马是用葬人的方法掩埋的，将头部也放在墓的偏穴中，或放在右侧的二层台上，偏穴中什么也不放（图3-56）。[75]

在西园遗址中，墓葬有土坑竖

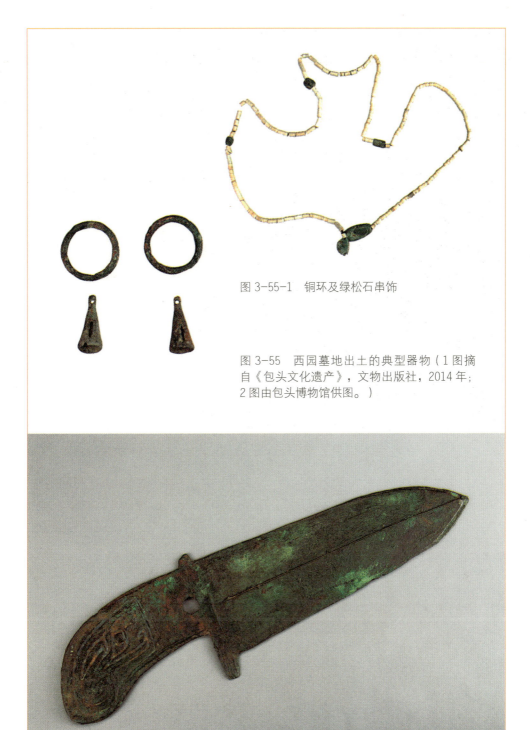

图 3-55-1　铜环及绿松石串饰

图 3-55　西园墓地出土的典型器物（1 图摘自《包头文化遗产》，文物出版社，2014 年；2 图由包头博物馆供图。）

图 3-55-2　铜戈

图 3-56-1 墓葬 M3 全景

图 3-56 西园墓地偏洞室墓 M3 全景及墨线图（包头博物馆供图）

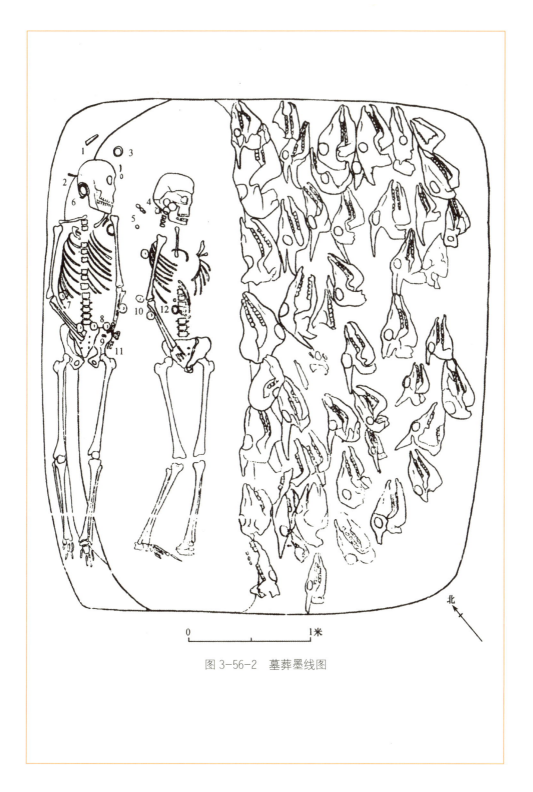

0　　　　　　　　　　1米

图 3-56-2　墓葬墨线图

穴墓、偏洞室墓和洞室墓三种形制。绝大多数为单人仰身直肢葬，个别为单人侧身葬、单人侧身屈肢葬和双人合葬。流行殉牲，种类有马、牛、羊的头、蹄、肩胛骨等。随葬品以各种质料的服饰品为主，罕见陶器。头、颈部有耳环和项饰（有由石珠、骨珠组成的项饰），也有璜形金、铜项饰，上衣和腰带上的饰品铜泡、联珠饰、管状饰、长方形铜饰、带扣、带钩数量最多。兵器和工具类有环形首匕首式铜短剑、环首铜刀、铜锥、铜针筒、铜镞、骨镞等，车马器有节约等。[76]偏洞室墓和洞室墓是甘青地区文化传统，新石器时代的半山文化、菜园文化就已出现，经青铜时代和早期铁器时代的杨郎文化一直延续西园文化的偏洞室墓和洞室墓，由甘青地区杨郎文化传入。带钩、匙、铃形饰和璜形饰等青铜器与杨郎文化同类器形制相同，反映出西园文化与杨郎文化的密切关系（图3-57）。[77]

3.桃红巴拉遗址

桃红巴拉文化以内蒙古杭锦旗桃红巴拉墓地命名，分布在以鄂尔多斯高原为中心的内蒙古中南部的西部区，年代在春秋早期到战国晚期（图3-58）。有学者认为可能是与白狄—林胡有关，战国晚期加入匈奴集团。[78]墓葬分布比较分散，未见成片或集中分布的墓地。墓葬为土坑竖穴墓，均为单人仰身直肢葬。墓葬均为长方形土坑竖穴墓。殉牲种类有马、牛和羊，以马为主，其次为羊，牛最少。[79]需要注意到，桃红巴拉遗址与毛庆沟遗址存在一定联系，主要表现在青铜器和铁器有很多相似的器类，如双鸟回首短剑、三翼镞、针管、环形带扣、扣饰、联珠形饰、管状饰、铃形饰、兽头形饰、双鸟纹牌饰、猛兽袭食草原动物牌饰等，反映了两文化交往密切。[80]

此外，动物饰牌流行于中国北方杨郎文化、桃红巴拉文化、西园文化、毛庆沟文化、玉皇庙文化，向北逐渐传播到阿尔泰地区巴泽雷克文化和米奴辛斯克盆地塔加尔文化，向西传播到哈萨克斯坦地区。因此，在春秋战国时期，西到黑海沿岸，东到乌拉尔地区广阔的北方草原广泛分布着草原民族，其中比较著名的有斯基泰人，他们创造的文化中以"动物纹饰、马具、武器"的所谓斯基泰三要素闻名于世。除斯基泰人之外，还有咸海沿岸、谢米列奇耶和天山地区的早期萨基人，米努辛斯克盆地的卡拉苏克文化、阿尔泰地区和图瓦地区等地的游牧人等。他们与内蒙古中南部的青铜文化都有着不同程度的联系，春秋战国以来随着民族迁徙的频繁和自然环境的变化，相互之间的交流增

图 3-57　西园遗址出土的虎形青铜饰件（包头博物馆供图）

图 3-58　桃红巴拉墓地远景（杭锦旗"三普"资料，白志荣摄影）

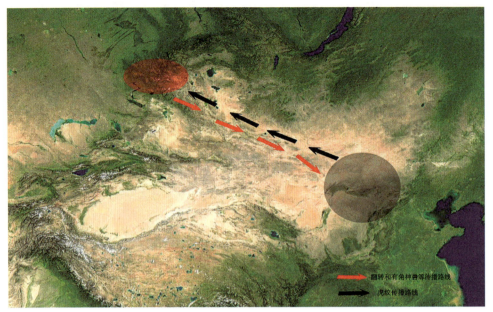

图 3-59　阿尔泰与河套地区文化交流示意图（内蒙古博物院供图）

多，关联更加明显（图3-59）。[81]

桃红巴拉遗址中出土的联珠饰均为三联珠或四联珠，这与夏家店上层出土的联珠饰非常相近，这也表明桃红巴拉遗址与邻近地区存在一定的交往。此外，桃红巴拉文化与秦、赵等中原地区也有民间的商品交换，也有上层统治者之间的交换往来。如车軎、车辖饰等铜器和铺首、长剑、刀、锥等铁器，与中原地区形制相同，是来自中原地区，这也体现出区域性文明的交流（图3-60）。

此外，在遗址中出土的金银器背面常刻有汉字铭文，在西沟畔墓出土的两件金带饰的背面分别刻有

"一斤五两四朱少半"、"故寺豕虎三"和"一斤二两廿朱少半"，其中"斤""故""豕"等字字体类似秦小篆，"两"字字体与秦"半两"中的"两"字字体相同，因此推测金带饰是秦国制作。七件银虎头节约背面分别刻有"少府二两十四朱""寺工二两十朱""寺工二两十二朱""寺工二两五朱""寺工二两廿一朱""寺工二两二朱""寺工口两十朱"，其中"两"字与战国时期赵地铸造的圆肩圆足布上的"两"字字体相同，推测银节约是赵国制造（图3-61）。"宝亥社"出土两件铜釜和一件器盖青铜器，铜釜属于北方

图 3-60　桃红巴拉文化典型车辕饰（鄂尔多斯博物馆供图）

文化因素，但其上的勾连雷纹和云雷纹来自中原地区，器盖上的鸭形纽与山西省南部的子长县东周墓豆盖上鸭形纽类似。[82]

　　桃红巴拉墓地与杨郎墓地在很多方面有着相似之处，也各有自身特点。墓葬形制方面，墓葬南北东西向都有，南北向的一般墓主头朝北，东西向的则朝东。墓葬形制方面大多为竖穴土坑墓，杨郎文化中更有竖穴土洞墓，随葬品在墓主附近。葬式方面都是仰身直肢。埋葬习俗方面都殉牲，种类均为牛、羊、马头。随葬的青铜器中均有短剑、鸟纹牌饰、动物纹牌饰、管状饰、联珠饰、带扣等。也有很多器物是仅出于杨郎文化或者仅出于桃红巴拉文化的。桃红巴拉文化多出金银器，杨郎文化较少。杨郎文化多出骨器，桃红巴拉文化较少。陶器方面，均出土不多，差别也较大，杨郎文化陶器制作粗糙，一般为素面。桃红巴拉文化陶器种类丰富，

图 3-61-1　虎头形银节约、虎猪咬斗纹铜饰牌文字细部

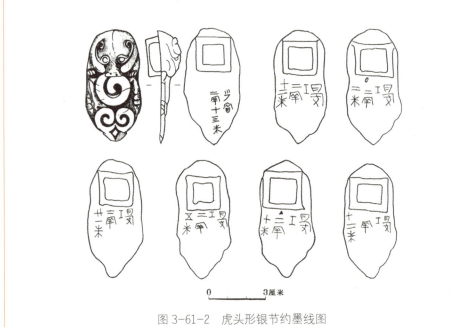

图 3-61-2　虎头形银节约墨线图

图 3-61　西沟畔墓地出土的錾刻文字的金银器（鄂尔多斯博物馆供图）

火候较高，一般为泥质灰陶或者泥质红陶。两文化相似点很多，最大的区别在于墓葬的结构，桃红巴拉文化为竖穴土坑墓，杨郎文化部分为竖穴洞室墓，虎食羊牌饰、数量众多的骨制品、各种动物纹牌饰不见于桃红巴拉文化，推测二者不属于同一文化，是由不同民族创造。[83]因此，桃红巴拉墓地与杨郎墓地之间的相互关系也比较复杂，谁对谁的影响更大难以定论，有待进一步的考古发掘与研究（图3-62）。

在墓葬的随葬品方面，武器工具和装饰品一般在人的骨架周围，工具和车马具则在骨架之上，填土中的殉牲之下。数量方面，仍以装饰品为大宗，也出土较多武器和工具，有铜镞、短剑、鹤嘴斧等，车马器方面，马镳、马衔、竿头饰和节约也都有出土。陶器的放置方法难以找到规律。殉牲方面，马的数量最多，其次为羊等。[84]可见，桃红巴拉遗址中的殉牲极为普遍，种类有羊、牛、马的头和蹄。桃红巴拉墓地狗葬马的数量为最多，这也显示了游牧的产生即生活方式或是畜牧业在这一时期已经开始占据主要位置，这也体现出当地在此时期出现的农耕于游牧经济的更迭（图3-63）。

在桃红巴拉遗址中，随葬品中以各种质料的服饰品数量为最多，此外还有少量的陶器、武器、工具、车马器等。专门就陶器来说，多为素面夹砂褐陶，器形有双耳罐、双鋬罐、单耳鼓腹罐、单耳筒腹罐、单把杯、碗等。头部和颈部饰品有金冠饰、金耳环、金耳坠、金项圈、银项圈和石串珠等。服饰品有金带饰、银带饰、铜带扣、铜环、管状铜饰、联珠铜饰、长方形铜牌饰、双鸟纹铜牌饰、兽头饰、铜泡、金泡、银泡等。武器工具类有双鸟回首铜短剑、长铁剑、鹤嘴铜斧、铜镞、环首铜刀、穿首长柄铜刀、铜斧、铜凿、铜锥等。青铜车马器有马面饰、马镳、马衔、车軎、车辖、竿头饰、盘角羊首辕头饰、圆牌饰、喇叭形器等，还有银节约等（图3-64）。[85]

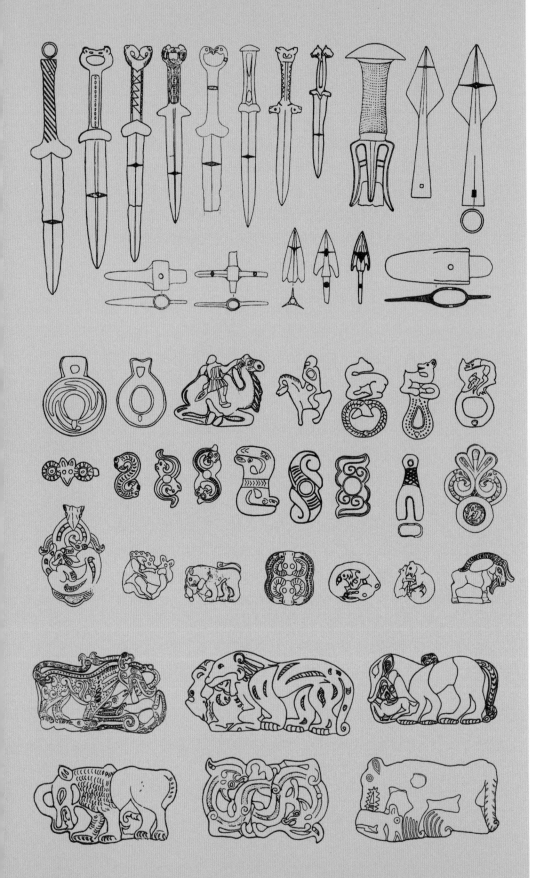

图 3-62　杨郎文化出土的青铜器墨线图（鄂尔多斯博物馆重新绘图）

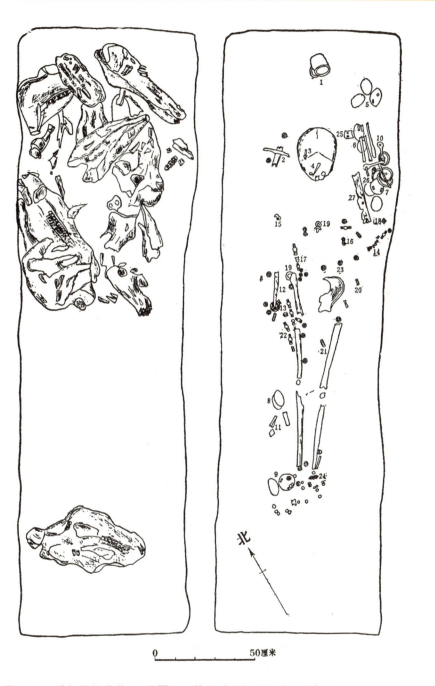

图 3-63　桃红巴拉墓葬 M1 平面图（摘自《鄂尔多斯青铜器》，文物出版社，1986 年。左图：殉牲情况，右图：随葬遗物情况。）

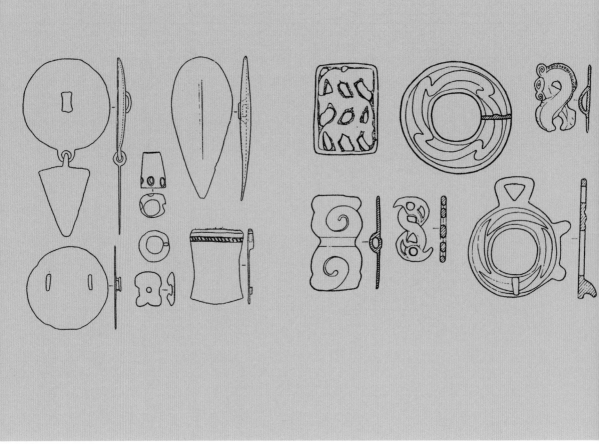

图 3-64　桃红巴拉墓地出土的青铜器墨线图（摘自《鄂尔多斯青铜器》，文物出版社，1986 年。）

　　综合以上诸青铜器遗址可以发现，对以鄂尔多斯青铜器为代表的中国早期北方民族文化的研究，不仅对研究中国北方畜牧、游牧文化的产生和发展具有决定性的意义，同时对研究整个欧亚草原地区早期文化的构成与发展、东西方文化的交流与发展、中原文化与欧亚草原文化的交流与发展、中国早期北方民族在中华大家庭中的地位和作用等，均具有十分重要的意义（图3-65）。[86] 现阶段考古发掘的新资料与相关学术研究也表明，自白敖包文化开始，经朱开沟文化，至李家崖文化和西岔文化，河套地区各考古学文化均是以农业为主，西麻青类遗存的畜牧经济成分加大，而毛

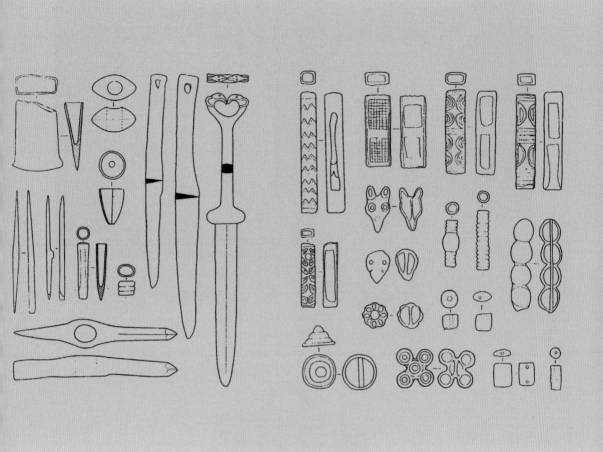

庆沟文化以畜牧经济为主，农业经济为辅，西园文化和桃红巴拉文化为游牧经济。[87]此外，朱开沟中、晚期房址面积较小，属于典型的核心家庭。民族学研究也表明，畜牧民族的社会组织一般会随着畜群规模的大小形成与之适应的家庭结构：畜群规模较大的时候采用扩大家庭，反之则以核心家庭作为生产单位。[88]因此，内蒙古黄河流域在青铜时代的辉煌成就在中国历史上具有重要意义。

图 3-65-1　马面饰

图 3-65-2　铜铃

图 3-65　桃红巴拉墓地出土的青铜器（鄂尔多斯博物馆供图）

注释

[1] 中国大百科全书总编辑委员会《考古学》编辑委员会：《中国大百科全书·考古学》，北京：中国大百科全书出版社 1986 年版，第 399 页。

[2] 焦梦然：《内蒙古中南部先秦时期青铜遗存分析》，南京：南京师范大学 2014 年硕士论文，第 2 页。

[3] 田广金、郭素新：《鄂尔多斯式青铜器的渊源》，《考古学报》1988 年第 3 期，第 257~275 页。

[4] 焦梦然：《内蒙古中南部先秦时期青铜遗存分析》，南京：南京师范大学 2014 年硕士论文，第 44 页。

[5] 杨泽蒙：《解读朱开沟文化》，载鄂尔多斯市鄂尔多斯学研究会编：《鄂尔多斯学研究成果丛书》（历史类），2014 年版，第 138 页。

[6] 孙金松、党郁：《内蒙古青铜时代考古综述》，《草原文物》2019 年第 1 期，第 10~12 页。

[7] 田广金、郭素新：《鄂尔多斯式青铜器的渊源》，《考古学报》1988 年第 3 期，第 257~275 页。

[8] 白敖包遗址：1986 年，伊克昭盟文物工作站在白敖包遗址的西部清理了 1 座房址、11 个灰坑和 2 座墓葬（其中 1 座为瓮棺葬）。1989 年，进行了大规模的清理发掘，发掘面积达 6000 平方米，清理墓葬 67 座、房址 2 座、灰坑 37 个，出土陶器 240 余件、装饰品 10 余件。（参见王乐文：《论朱开沟遗址出土的两类遗存》，《边疆考古研究》2004 年第 3 辑，第 42~83 页。）

[9] 田广金：《论内蒙古中南部史前考古》，《考古学报》1997 年第 2 期，第 121~145 页。

[10] 杨建华、邵会秋：《商文化对中国北方以及欧亚草原东部地区的影响》，《考古与文物》2014 年第 3 期，第 45~57 页。

[11] 李婉琪、索秀芬：《河套地区青铜时代陶窑》，《草原文物》2014 年第 2 期，第 63~69 页。

[12] 王乐文：《朱开沟遗址出土遗存分析》，《北方文物》2004 年第 3 期，第 17~28 页。

[13] 王乐文：《朱开沟遗址出土遗存分析》，《北方文物》2004 年第 3 期，第 17~28 页。

[14] 王乐文：《朱开沟遗址出土遗存分析》，《北方文物》2004 年第 3 期，第 17~28 页。

[15] 王乐文：《试论朱开沟文化的起源、发展与消亡》，《北方文物》2006 年第 3 期，第 6~11 页。

[16] 孙金松、党郁：《内蒙古青铜时代考古综述》，《草原文物》2019 年第 1 期，第 10~12 页。

[17] 杨建华、邵会秋：《商文化对中国北方以及欧亚草原东部地区的影响》，《考古与文物》2014 年第 3 期，第 45~57 页。

[18] 田广金、郭素新：《鄂尔多斯式青铜器的渊源》，《考古学报》1988 年第 3 期，第 257~275 页。

[19] 林沄：《夏代的中国北方系青铜器》，《边疆考古研究》2002 年第 1 辑，第 1~12 页。

[20] 杨泽蒙：《解读朱开沟文化》，载鄂尔多斯市鄂尔多斯学研究会编：《鄂尔多斯学研究成果丛书》（历史类），2014 年版，第 147 页。

[21] 杨建华、邵会秋：《商文化对中国北方以及欧亚草原东部地区的影响》，《考古与文物》2014 年第 3 期，第 45~57 页。

[22] 林沄：《丝路开通以前新疆的交通路线》，《草原文物》2011 年第 1 期，第 55~64 页。

[23] 杨泽蒙：《鄂尔多斯青铜器国际学术研讨会论点摘要》，《鄂尔多斯文化》2008 年第 4 期，第 34~41 页。

[24] 塔娜：《鄂尔多斯式青铜器动物纹造型浅说》，《内蒙古大学艺术学院学报》2008 年第 2 期，第 71~75、137 页。

[25] 杨建华：《商周时期中国北方冶金区的形成——商周时期北方青铜器的比较研究》，《边疆考古研究》2007 年第 6 辑，第 165~197 页。

[26] 杨建华、邵会秋：《商文化对中国北方以及欧亚草原东部地区的影响》，《考古与文物》2014 年第 3 期，第 45~57 页。

[27] 田广金：《内蒙古朱开沟遗址》，《考古学报》1988 年第 3 期，第 301~332、369~376 页。

[28] 彭博：《朱开沟遗址早期青铜时代房址功能初探》，《北方文物》2015 年第 4 期，第 26~33 页。

[29] 田广金：《内蒙古朱开沟遗址》，《考古学报》1988 年第 3 期，第 301~332、369~376 页。

[30] 邵会秋、杨建华：《塞伊玛—图尔宾诺遗存与空首斧的传布》，《边疆考古研究》2011 年第 10 辑，第 73~92 页。

[31] 杨建华、邵会秋：《商文化对中国北方以及欧亚草原东部地区的影响》，《考古与文物》2014 年第 3 期，第 45~57 页。

[32] 王乐文：《试论朱开沟文化的起源、发展与消亡》，载鄂尔多斯青铜器博物馆编：《鄂尔多斯文物考古文集·第三辑》（上册），内部刊印，2019 年版，第 280 页。

[33] 方修琦、孙宁：《降温事件：4.3kaBP 岱海老虎山文化中断的可能原因》，《人文地理》1998 年第 1 期，第 3~5 页。

[34] 曹建恩：《西岔文化初论》，长春：吉林大学 2003 年硕士论文，第 1 页。

[35] 党郁：《内蒙古地区新石器时代至青铜时代建筑技术史》，呼和浩特：内蒙古师范大学 2015 年博士论文，第 49~50 页。

[36] 内蒙古文物考古研究所、清水河县文物管理所：《清水河县西岔遗址发掘简报》，载《万家寨水利枢纽工程考古报告集》，呼和浩特：远方出版社 2001 年版。

[37] 吕智荣、孙战伟：《内蒙古西岔三期遗存性质考察》，《考古与文物》2015 年第 4 期，第 40~45 页。

[38] 马明志：《"西岔文化"初步研究》，《考古与文物》2009 年第 5 期，第 38~45 页。

［39］党郁：《内蒙古地区新石器时代至青铜时代建筑技术史》，呼和浩特：内蒙古师范大学2015年博士论文，第13页。

［40］杨建华：《商周时期中国北方冶金区的形成——商周时期北方青铜器的比较研究》，《边疆考古研究》2007年第6辑，第165~197页。

［41］孙金松、党郁：《内蒙古青铜时代考古综述》，《草原文物》2019年第1期，第10~12页。

［42］杨春：《内蒙古西岔遗址动物遗存研究》，长春：吉林大学2007年硕士论文，第2页。

［43］杨春：《内蒙古西岔遗址动物遗存研究》，长春：吉林大学2007年硕士论文，第62页。

［44］马鹿生活在温暖的落叶阔叶林和针叶林的混交林和灌丛之间，梅花鹿生活在林园草地上，山羊主要生活在草原和草原与灌丛混交地带，獐喜欢在水边草地和芦苇塘中，獾和狐狸喜欢生活在丘陵、草原和灌丛之间，鲶鱼和蚌生活在淡水水域中，河狸喜欢在水中营巢，鼢鼠主要栖息在温带广大的平原与高原、土质较松软的草原与农田地带。（参见罗泽珣等：《中国动物志》（第六卷），北京：科学出版社，2000年。）

［45］杨春：《内蒙古西岔遗址动物遗存研究》，长春：吉林大学2007年硕士论文，第62~63页；汤卓炜、曹建恩、张淑芹：《内蒙古清水河县西岔遗址孢粉分析与古环境研究》，《边疆考古研究》2004年第3辑，第274~283页；等。

［46］杨春：《内蒙古西岔遗址动物遗存研究》，长春：吉林大学2007年硕士论文，第4~5页。

［47］汤卓炜、曹建恩、张淑芹：《内蒙古清水河县西岔遗址孢粉分析与古环境研究》，《边疆考古研究》2004年第3辑，第274~283页。

［48］杨建华：《内蒙古先秦时代草原游牧文化研究的几个问题》，《草原文物》2011年第1期，第50~54页。

［49］曹建恩：《西岔文化初论》，长春：吉林大学2003年硕士论文，第2页。

［50］杨春：《内蒙古西岔遗址动物遗存研究》，长春：吉林大学2007年硕士论文，第63页。

［51］吕智荣、孙战伟：《内蒙古西岔三期遗存性质考察》，《考古与文物》2015年第4期，第40~45页。

［52］汤卓炜、曹建恩、张淑芹：《内蒙古清水河县西岔遗址孢粉分析与古环境研究》，《边疆考古研究》2004年第3辑，第274~283页。

［53］杨春：《内蒙古西岔遗址动物遗存研究》，长春：吉林大学2007年硕士论文，第64页。

［54］汤卓炜、曹建恩、张淑芹：《内蒙古清水河县西岔遗址孢粉分析与古环境研究》，《边疆考古研究》2004年第3辑，第274~283页。

［55］曹建恩：《内蒙古中南部商周考古研究的新进展》，《内蒙古文物考古》2006年第2期，第16~26页。

［56］李婉琪、索秀芬：《河套地区青铜时代陶窑》，《草原文物》2014年第2期，第63~69页。

［57］孙金松、党郁：《内蒙古青铜时代考古综述》，《草原文物》2019年第1期，第10~12页。

［58］张旭：《内蒙古中南部先秦两汉时期人群龋病与生业模式初探》，《农业考古》2020

年第 1 期，第 7~15 页。

［59］曹建恩：《内蒙古中南部商周考古研究的新进展》，《内蒙古文物考古》2006 年第 2 期，第 16~26 页。

［60］李婉琪、索秀芬：《河套地区青铜时代陶窑》，《草原文物》2014 年第 2 期，第 63~69 页。

［61］李婉琪、索秀芬：《河套地区青铜时代陶窑》，《草原文物》2014 年第 2 期，第 63~69 页。

［62］焦梦然：《内蒙古中南部先秦时期青铜遗存分析》，南京：南京师范大学 2014 年硕士论文，第 58 页。

［63］孙金松、党郁：《内蒙古青铜时代考古综述》，《草原文物》2019 年第 1 期，第 10~12 页。

［64］焦梦然：《内蒙古中南部先秦时期青铜遗存分析》，南京：南京师范大学 2014 年硕士论文，第 58 页。

［65］李丹：《毛庆沟文化研究》，郑州：郑州大学 2010 年硕士论文，第 30 页。

［66］曹建恩、孙金松、杨星宇：《内蒙古凉城县忻州窑子墓地发掘简报》，《考古》2009 年第 3 期，第 28~48、105~113 页。

［67］焦梦然：《内蒙古中南部先秦时期青铜遗存分析》，南京：南京师范大学 2014 年硕士论文，第 2 页。

［68］齐溶清、索明杰、贾志斌等：《卓资县城卜子古城遗址 2010 年发掘简报》，《草原文物》2011 年第 1 期，第 17~33 页。

［69］焦梦然：《内蒙古中南部先秦时期青铜遗存分析》，南京：南京师范大学 2014 年硕士论文，第 48 页。

［70］刘幻真：《包头西园春秋墓地》，《内蒙古文物考古》1991 年第 1 期，第 13~24、127~130 页；田广金、郭素新：《北方文化与匈奴文明》，南京：江苏教育出版社 2005 年版；等。

［71］焦梦然：《内蒙古中南部先秦时期青铜遗存分析》，南京：南京师范大学 2014 年硕士论文，第 57 页。

［72］杨建华：《试论东周时期北方文化带中的内蒙古地区》，《内蒙古文物考古》2001 年第 1 期，第 79~95 页。

［73］杨建华：《试论东周时期北方文化带中的内蒙古地区》，《内蒙古文物考古》2001 年第 1 期，第 79~95 页。

［74］李婉琪、索秀芬：《河套地区青铜时代陶窑》，《草原文物》2014 年第 2 期，第 63~69 页。

［75］杨建华：《试论东周时期北方文化带中的内蒙古地区》，《内蒙古文物考古》2001 年第 1 期，第 79~95 页。

［76］索秀芬、李少兵：《内蒙古地区早期铁器时代考古学文化与周围的关系》，《内蒙古社会科学（汉文版）》2016 年第 3 期，第 73~78 页。

［77］索秀芬、李少兵：《内蒙古地区早期铁器时代考古学文化与周围的关系》，《内蒙古

社会科学（汉文版）》2016年第3期，第73~78页。

［78］田广金：《中国北方系青铜器文化和类型的初步研究》，载苏秉琦主编：《考古学文化论集（四）》，北京：文物出版社1997年版。

［79］李婉琪、索秀芬：《河套地区青铜时代陶窑》，《草原文物》2014年第2期，第63~69页。

［80］索秀芬、李少兵：《内蒙古地区早期铁器时代考古学文化与周围的关系》，《内蒙古社会科学（汉文版）》2016年第3期，第73~78页。

［81］焦梦然：《内蒙古中南部先秦时期青铜遗存分析》，南京：南京师范大学2014年硕士论文，第47页。

［82］索秀芬、李少兵：《内蒙古地区早期铁器时代考古学文化与周围的关系》，《内蒙古社会科学（汉文版）》2016年第3期，第73~78页。

［83］焦梦然：《内蒙古中南部先秦时期青铜遗存分析》，南京：南京师范大学2014年硕士论文，第52页。

［84］焦梦然：《内蒙古中南部先秦时期青铜遗存分析》，南京：南京师范大学2014年硕士论文，第57页。

［85］索秀芬、李少兵：《内蒙古地区早期铁器时代考古学文化与周围的关系》，《内蒙古社会科学（汉文版）》2016年第3期，第73~78页。

［86］杨泽蒙：《鄂尔多斯青铜器国际学术研讨会论点摘要》，《鄂尔多斯文化》2008年第4期，第34~41页。

［87］李婉琪、索秀芬：《河套地区青铜时代陶窑》，《草原文物》2014年第2期，第63~69页。

［88］彭博：《朱开沟遗址早期青铜时代房址功能初探》，《北方文物》2015年第4期，第26~33页。

第四章

农耕与游牧：农牧业的更迭与农牧交错带的形成、演变

寨子圪旦遗址远景（鄂尔多斯博物馆供图）

第四章图表索引

原始农业是由采集狩猎经济逐步过渡而来的一种近似自然状态的农业生产模式，属于世界农业发展的最初阶段，出现在距今一万二千年前后，即在新石器时代出现了原始农业的早期模式。原始农业存在以下三个基本特征：1.生产工具简陋，以石器、木器等原始工具为主；2.耕作方法原始粗放，以刀耕火种的方式为主；3.人类社会主要从事简单协作的集体劳动，以此获取有限的生活资料，并用以维持低水平的共同生活需要。综合上述而言，原始农业是在自然状态下，采用简陋的生产工具从事简单的农业生产，随着原始农业的不断繁荣发展，人们开始普遍驯化更多种类的原始作物，并制造更多更复杂的生产工具，出现了更高级的生产技术。

　　人类文明的出现与繁荣发展得益于原始农业的滋养，因此，内蒙古黄河流域人类文明曙光的出现与早期人类文明发展同样离不开当地原始农业的出现与发展。受采集渔猎经济不稳定性、人口数量持续增加及自然环境变迁等因素的直接影响，单纯地依靠从自然环境直接获取物资已不足以供应人类生存所需，人类祖先便开始寻求通过自己生产食物的方式来弥补单纯依靠采集渔猎所获食物的不足，原始农业便随之产生了。人类是原始农业的缔造者，农业是人类利用和改造自然环境的杰出成就。农业是人类文明产生的必要前提，因为有了农业，才能为人类提供充足稳定的食物来源，人类在生存无忧的前提下才有创造文明的可能。中国是人类农业的发源地之一，世界农作物最早驯化地有三处，分别是伊拉克的两河流域，中国的长江、黄河中下游地带，墨西哥南部与南美安第斯山区。距今九千年前后，中国南、北方各自形成了独立发展的农业区，北方属于以谷子、黍子等作物为主的旱作农业区，南方则形成了以水稻为主要作物的水田农业区，无疑，内蒙古黄河流域是中国境内原始农业，尤其是旱作农业的分布地区之一。

　　辉煌灿烂的中华文明离不开农业的滋养，郑佩鑫在吴存浩所著《中国农业史》一书的序言中也指出：“农耕文化的悠久和深远，使中国成为世界四大文明古国之一，而传统农业的先进和丰富，则使中国成为四大文明古国中唯一一个没有中断自己文明的国度。”因此，人类祖先与原始农业之间相互作用、相互促进，人类发明了农业，同时农业的出现维系了人类生存延续并推动人类文明的继续发展演变。内蒙古黄河流域同样如此，这里不仅诞生了中国北方的早期人类社会，同时也孕育了原始农业，在此原始农业的滋润及影响下，这里的人类文明继续向前发展演进。

一、内蒙古黄河流域的
原始农业兴衰

中国的农业文明历久弥新、源远流长，在世界范围内也是独树一帜。有关中国农业历史的问题研究，吸引了大量学者的关注。何炳棣认为："中国历史很多课题之中，最基本而又最困难的一个，莫过于中国文化的起源。在中国文化起源这个异常广泛的课题之中，中国农业的起源是一个重要的专门课题。"[1]钱穆在谈论如何进行经济史研究时也曾指出："中国以农立国，只有农业生产为人生所最必需，乃最具低水准经济中所应有之积极价值者。"[2]探讨中国农业的起源和发展历史，不仅有助于展现中国光辉灿烂的文明发展历史，而且对理解当代中国的发展问题大有裨益。对此，英国社会学家甄克思在《社会通诠》一书中指出，社会演进之顺序，首先是游牧社会，其次为农业社会，再次为工商社会。其实此说并非完全恰当，因为农业社会进入工商

社会后，农业仍是不可缺的基础性产业。如果一个社会脱离了农业，此社会即因无法获取生存给养而无法生存（图4-1）。至于近代帝国主义统治下的社会，凭其超水准经济来推进其殖民地征服，此项事实，不可为训。[3]因此，农业之于人类社会的重要价值再怎么强调也不为过。因而对内蒙古黄河流域原始农业之起源的探索，具有重要的历史与现实意义，值得深入发掘。

（一）原始农业与人类文明

农业是人类参与下的动植物生产过程。农业根植于土地之上，是关系国计民生之根本。那是因为人类同其他动物一样，不进食就难以存活，因而"国以农为本，民以食为天"成为国人的共识。中国古代就以"民以食为天"来表达农业对人类社会的基础

图 4-1-1　石磨棒、石磨盘

图 4-1-2　磨制石斧　　　图 4-1　鄂尔多斯地区出土的新石器时代遗物（鄂尔多斯博物馆供图）

图4-2　鄂尔多斯地区新石器时代经济形态复原场景（鄂尔多斯博物馆展厅场景　赵国兴摄影）

性作用。人类社会基本生活的"衣、食、住、行"四大需求，也以食物为第一位。恩格斯在《在马克思墓前的讲话》中也提到"人们首先必须吃、喝、住、穿，然后才能从事政治、科学、艺术、宗教等等"[4]。可见，吃、喝、住、穿自古至今都是人类维持生存的最基本需求（图4-2）。因而无论生存在哪一个时代，人要活着，总是要动用资源，农业、畜牧业都是如此，这就无可避免地要同自然环境发生关系。

有人曾将人类社会初期的采集渔猎业归为利用型经济，农业为生产型经济，人们放弃劳动代价较小的利用型经济，转向劳动代价较高的生产型经济，只有在自然资源不能保证直接索取的前提下才会出现，而影响自然资源丰富程度的关键因素，一方面取决于资源本身，另一方面则与人口密度直接相关。[5]斯塔夫里阿诺斯在《全球通史》第一编《史前人类》中，将文明之前的人类分为"食物采集者"与"食物生产者"[6]，这意味着人之初，首先出现的不是精神追求，而是食物的获取，这也是维持生

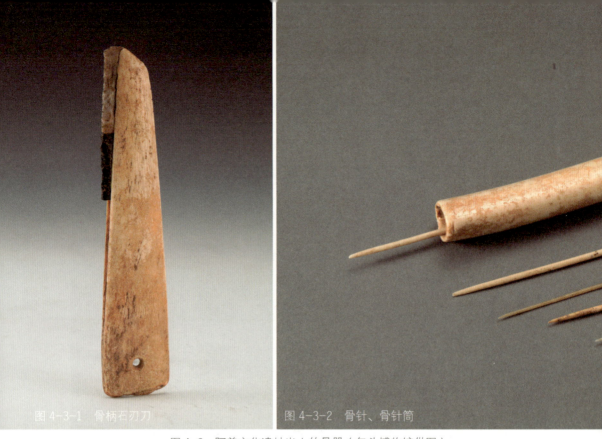

图 4-3-1　骨柄石刃刀

图 4-3-2　骨针、骨针筒

图 4-3　阿善文化遗址出土的骨器（包头博物馆供图）

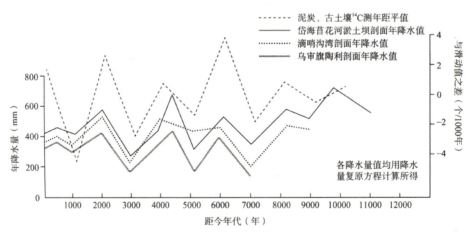

图 4-4　鄂尔多斯地区距今 12000 年—1000 年前干湿变化过程（摘自《长河沃野——魏坚北方考古文选》，科学出版社，2020 年。）

存的根本所在。也可以说，人类诞生之初的一切活动都是围绕着如何获取食物以维持生存而开展的（图4-3）。

在寻求食物的过程中，人类逐渐摆脱了早期对自然环境的单纯依赖，开始主动熟悉并适应环境，甚至利用并改造环境，实现了人类对自然环境由单纯依赖—部分依赖—主动利用与支配的角色转变（图4-4）。因此，斯塔夫里阿诺斯认为："人类，只有人类，能创造自己想要的环境，即今日所谓的文化。其原因在于，对于同此时此地的现实相分离的事物和概念，只有人类能予以想象或表示。只有人

类会笑；只有人类知道自己会死去。也只有人类极想认识宇宙及其起源，极想了解自己在宇宙中的位置和将来的处境。"[7]农业产生于距今一万年前后。农业的发明，对于人类历史而言是一次伟大的革命性变革，也是动植物发展史上一件划时代的大事。此后，人类开始通过劳动获得农产品，实现了由"食物采集者"到"食物生产者"的角色转变，从而也改变了整个社会面貌，动植物也在人为干预下，改变了其原本的生存状态，向有利于人类的方向发展。

农业是人类利用并改造自然环境的杰出成就，对于人在自然环境中如何获取资源及自然环境对人类社会的影响，马克思曾论述道："不同的共同体在各自的自然环境中，找到不同的生产资料和不同的生活资料。因此，它们的生产方式、生活方式和产品，也就各不相同。"[8]马克思的观点表明，早期人类社会的形成及存在状态特征是受到自然环境的极大影响，这一影响有时甚至是决定性的。

在近万年的时空演进历程中，农业不仅繁育了人类社会，更是一切物质与精神文明产生的基础。诚如杨懋春所说："人类在其文明上有第一次革命性的进步是他们在新石器时代有了相当完善的农业（图4-5）。所谓相当完善的农业，就是能在土地上种植

图 4-5-1　磨制石斧

图 4-5-2　石磨盘

图 4-5-3　石磨棒

图 4-5　新石器时代典型石器（鄂尔多斯青铜器，包头博物馆供图）

多种植物，饲养多种家畜与家禽，收获大量维生所需食粮与肉类。有了充足粮食与肉类，人类就有时间与聪明创造或发明其他种文化。有了多种文化后，人就比其他动物高出若干倍。

成为'万物之灵'。"[9]人要活着就离不开食物，吃饱饭是人类维持生存的第一要义，获取食物的需求是伴随着人类历史发展变迁而始终存在的。

人类祖先最初将第一颗种子播入

泥土之中或许是一种无意识的行为，但当他们发现，经过生长后能够收获更多相同的种子时，人们便开始重复这样的活动，原始农业也就随之产生了。但"此时人类播撒的每粒种子均带有鲜明的地理信息，这些信息并非源自人工培育，而是它们植根的土地赋予的属性。中国黄河两岸与西亚美索不达米亚平原、北非尼罗河流域，甚至与中国长江流域都有着完全不同的环境特点，生长在这些地方的植物或是耐旱的，或是喜温的；或是越冬型的，或是淹水地栽种的。携带这些地理信息的种子，通过人们的生产活动，不仅同类环境属性的作物相连成片，自成系统，而且不同环境属性的作物也选择在各自适宜的环境地带生长，彼此间清楚地构成了各自的分布空间"[10]。由此可见，农业起源地是多元的，不同起源地各自驯化出了适宜本地地理环境与气候条件的特有作物。

（二）内蒙古黄河流域的原始农业

黄河流域是否是内蒙古地区原始农业起源的主要区域？或者说，黄河流经是否是内蒙古地区原始农业起源的先决条件？显然，这是无法给出确定答案的，需要结合具体情况进行分析。

何炳棣在分析黄河与中国农业起源时也指出："中国文化的发祥地，一般皆以为是黄河流域。但是分析近年个别及综合性考古报告中几千处新石器文化遗址的地理位置、地形和其

图 4-6-1　寨子圪旦遗址远景

图 4-6-2　寨子圪旦石围墙及遗址鸟瞰

图 4-6　寨子圪旦遗址及石围墙（鄂尔多斯博物馆供图）

他自然条件，我们有理由相信我国文化的起源，实与这条泛滥难治的黄河甚少直接的关系，而与黄土（loess）区域的自然环境有牢不可分的密切关系（图4-6）。虽然一般讲来，黄河流域大都是黄土区域，但为了较深刻了解我国文化的起源，尤其是农业的起源，黄河本身并不能供给我们重要线索。重要的线索和原因，必须在黄土区域的种种自然条件里去追索。"[11]据何炳棣的观点，黄河并非影响中国农业起源的根本，而是由黄河冲击形成的黄土才是影响中国农业起源的根本所在。何炳棣的论述无疑给我们分析内蒙古黄河流域原始农业起源与这条大河之间的关系提供了思考视角（图4-7）。

目前，内蒙古黄河流域发现最早的人类——"河套人"的生存地萨拉乌苏河是一条纤细的小河，这条河流发源于陕西北部黄土高原白于山北麓，是黄河流经鄂尔多斯高原的一条较小的支流，河流流域蜿蜒曲折，流经覆盖着众多山丘的鄂尔多斯高原东

南部洼地。但沿河两岸，草木成荫，生机勃勃，宛如一条条绿色长廊连接起鄂尔多斯高原和黄土高原的南北两端，深深地镶嵌在毛乌素这个黄色茫茫的沙海之中。[12] 但就是在这样一条名不见经传的小河流经的地区，却孕育了鄂尔多斯高原上的早期人类文明，这与当地较优渥的自然条件是密不可分的（图4-8）。

因此，内蒙古黄河流域虽然不是直接产生原始农业的地区，但黄河及其支流却灌溉并滋养了内蒙古地区的原始农业文明。翦伯赞将此时期的蒙古高原誉为"中国的伊甸园"，并指出："在蒙昧时代下期，即传说中的有巢氏时代，北京人的族类，大概都流浪于这个内海的附近。他们在今日内外蒙古交界处之通古尔，在阿尔泰山东麓的沙碛中，在张家口等处，都留下了他们的文化遗存。虽然这些文化遗存不是属于蒙昧下期的类型，但是由此可以推知他们在这一带曾经有过长期的占领。"[13] 由此足见此时期内蒙古地区优渥的自然条件，以及在

图 4-7-1　石磨棒

图 4-7-2　石磨盘　　图 4-7　鄂尔多斯地区出土的新石器时代农业加工工具（鄂尔多斯博物馆供图）

图 4-8　1922 年"河套人"发现地（鄂尔多斯博物馆供图）

此自然环境下产生的原始农业。

　　翦伯赞所说的"蒙昧时代"是蒙古高原上人类文明的起源时期，此时期内的蒙古高原环境较之今日更为优越，存在着森林、草原等植被覆盖较好的生态区，这为人类的生存繁衍奠定了必要的自然前提，也是促进原始农业发展的必要前提条件。具体说来，在旧石器时代，内蒙古黄河流域就已出现了"河套人"，此时期的人之所以称为"人"，是"由于他们学会了说话、制作工具和使用火（图4-9）。这些本领使他们远远地胜过周围的其他动物，不过就下述这一基本方面而言，他们与其他动物仍十分相近：他们仍像猎食其他动物的野兽那样，靠捕捉小动物为生；仍像完全依靠大自然施舍的无数生物那样，靠采集食物谋生。由于他们依赖大自然，所以就为大自然所支配。为了追猎动物、寻找野果或渔猎场地，他们不得不经常过着流动的生活；由于一块地方所能提供的食物有限，他们只好分成小群行动"[14]。根据人类学家的研究，人类在旧石器文化晚期已经能够进行有效的捕猎，但狩猎采集经济一直到新石器文化早期在

图 4-9　萨拉乌苏遗址出土的动物烧骨（鄂尔多斯博物馆供图）

经济生活中都占有不可取代的地位。因而在"河套人"出现早期，原始农业尚未出现或正处于萌生状态。

进入全新世大暖期，迎来了适宜农业发展的黄金时期，原始农业在内蒙古黄河流域普遍出现并取得了较快发展。在"河套人"遗址中，也发现了大量的石器、骨器等，这些器具的出现时间也在萨拉乌苏文化后期，这一发现表明当时萨拉乌苏地区的原始人类文化形态中开始出现原始农业（图4-10、图4-11）。透过这些遗址中考古发掘出的遗存，可以想象当时生活在河湖两岸的"河套人"如何

在这样水草丰茂之地创造自己的原始农业文明。随着农业的出现及稳定发展，人类成为食物的生产者，一个崭新的世界展现在人类面前，人类的眼界大为开阔。从此，人类告别了旧石器时代，跨入了新石器时代。[15]

正是农业的出现及不断发展繁荣，推动了人类从旧石器时代进入新石器时代。因而农业是人类社会生活的一大转机，它为人类生存延续提供了充足稳定的食物来源。恩格斯在《家庭、私有制和国家的起源》中也指出："农业是整个古代世界的决定性的生产部门，现在它更是这样

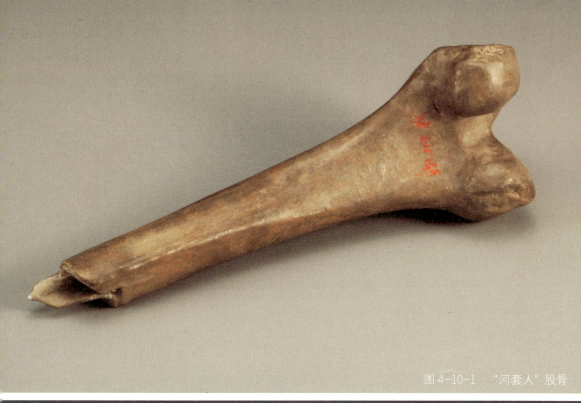

图 4-10-1 "河套人"股骨

图 4-10-2 "河套人"头骨

图 4-10 萨拉乌苏遗址出土的"河套人"遗存（鄂尔多斯博物馆供图）

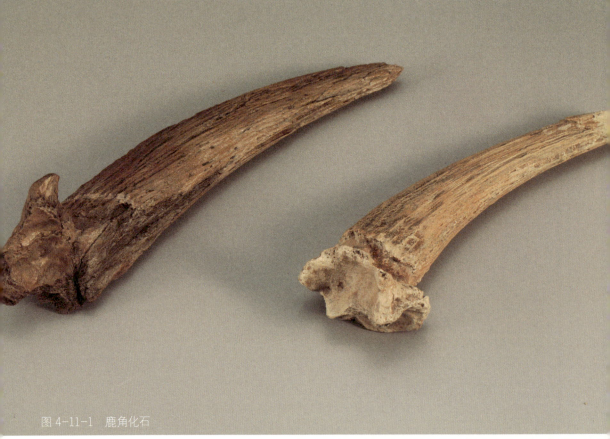

图 4-11-1　鹿角化石

图 4-11-2　龟化石　　图 4-11　萨拉乌苏遗址出土的动物化石（鄂尔多斯博物馆供图）

了。"[16]在新石器时代，蒙古高原由中原传入农业文化，文化面貌也与之相似；到了龙山时代，农业文化有了自身特色，文化面貌开始与中原的分道扬镳；到了青铜时代，由于气候的干冷化，出现了农牧混合经济。[17]

但在新石器时代早期，农业仍旧"采取粗放型的游耕方式，在没有施肥的情况下，种植旱地作物的耕地几年间地力就会耗尽，必须不停地寻找新的耕地才能维持生产的继续，新石器早期人口的稀少也为这种游耕方式提供了广阔的空间"[18]。到了朱开沟早期文化时期，这里仍然是以从事农业为主的社会经济形态，良好的生态环境，使他们的农业生产经济很快就发展到一个崭新的境地。据对遗址中发现的粮食作物的检测可知，当时北方地区农作物的种类主要是粟、黍、稷等。在朱开沟遗址发现的动物骨骼中（图4-12），野生动物的数量约占12%，由此可知当时狩猎业在社会经济生活中仍占有相当的地位。[19]农业与狩猎并存，表明当时鄂尔多斯气候仍较暖湿，自然环境也较良好。

（三）气候波动与农牧业兴衰发展

在内蒙古黄河流域，朱开沟文化的第三期（相当于夏代早期）之后，当地的原始农业也开始衰落。田广金

通过将朱开沟文化五期中的房址、陶器、铜镞、青铜鼎、青铜爵等与周边同时期文化的器物类型对比，认为朱开沟文化五期相当于二里岗文化上层文化，下限不会晚于殷墟一期。[20]自此时期开始，朱开沟文化的原始农业逐渐走向衰落，此时原始农业的衰落应与气候波动有关。到了第四期（相当于夏代晚期），以原始农业为主的经济模式已经发生了极大变化，第一期出土的家畜骨骼中，猪、羊、牛骨的比例是1：0.45：0.36，到第四期，已变成1：1.15：1.15，畜牧业的比重在明显上升；第五期文化房址明显减少，猪骨的比例仅占牛羊比例之和的二分之一，墓葬中殉牲种类和数量也比前几期减少，只见羊下颌骨（图4-13），与农业经济形态相关的陶器器型减少或消失，与游牧经济关联的蛇纹鬲、砂质带钮罐数量增多，成为随葬品组合中的主要成分。[21]

农耕与游牧虽然是历史时期人类社会农业生产的两大基本经济类型，但此二者之间也存在着极大的不同。游牧业是在逐水草的流动中，从一地到另一地获取水草；农业则是固定在同一块土地上，通过人的劳作，年复一年地获得生产品。归根结底，之所以出现农耕与游牧这样差别显著的经济类型，也源于地理环境与气候的差异。我们常说"农业起源于偶然"，

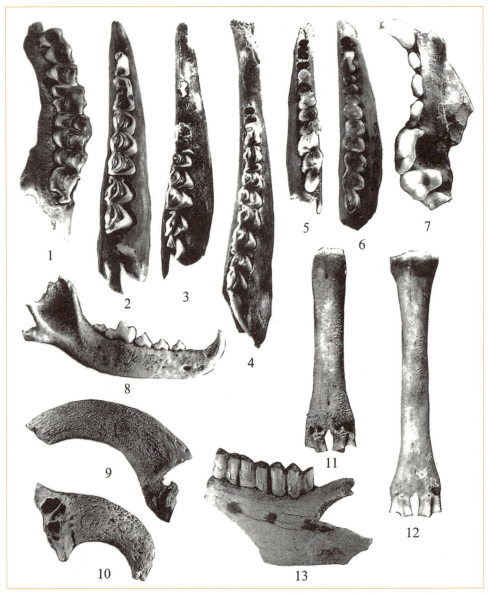

图 4-12　朱开沟遗址出土的猪骨（摘自《朱开沟——青铜时代早期遗址发掘报告》，文物出版社，2000 年。）

具体地说，"在地球上每一个地区，最早的选定粮食生产的族群显然不可能作出有意识的选择，也不可能有意识地把农业作为他们的奋斗目标，因为他们从来没有见过农业，根本不知道农业是怎么一回事。相反，正如我

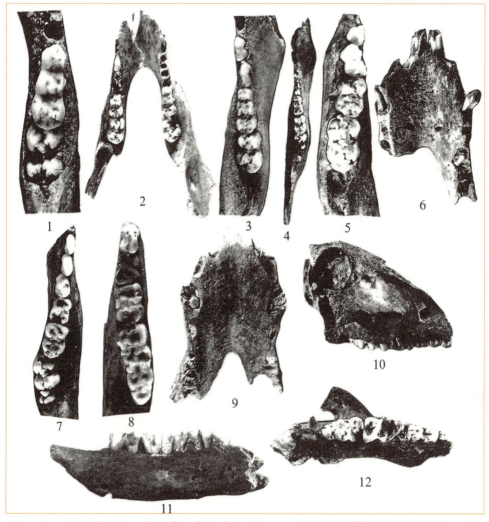

图 4-13　朱开沟遗址出土的羊骨（摘自《朱开沟——青铜时代早期遗址发掘报告》，文物
出版社，2000 年。）

们将要看到的那样，粮食生产是逐步
形成的，是在不知道会有什么结果的
情况下所作出的决定的副产品"[22]。

　　根据前文对朱开沟遗址出土器物
及遗址内古人类生存状况的分析，当
时内蒙古地区的温度较之仰韶温暖期

开始向寒冷转变。这一时期鄂尔多斯
地区的古人类也凭借着他们以原始农
业、家庭养殖业、制陶、制骨等手工
业为代表的雄厚的社会经济实力，以
及这种先进的社会发展进程下营造的
聪明才智和顽强的顺应自然环境的能

力，在越来越不适宜农业生产发展的自然环境面前，适时地转变了土地利用方式和经济形态。[23]因而在传统的原始农业基础上，当地古人类开始不断加大家畜养殖，特别是牛、羊等食草类动物，经济形态开始向着半农半牧方向转变，社会生活也随之发生变迁。

但需要注意的是，继朱开沟文化之后的西岔文化，位于内蒙古中南部南流黄河东岸，占地面积约120万平方米，年代距今约6000年至3000年前，是内蒙古黄河流域为数不多的定居型农业文化（图4-14）。近代以来的考古发掘成果也揭示出，西岔文化主要包括西岔遗址、四座塔遗址、扑油塔遗址、碓臼沟遗址等，其范围比先前的农业文化规模大为缩小。它的时代是晚商至西周时期。西岔文化时期整体上处于温和偏干气候时期，植被呈现出比较典型的草原景观，出现干旱化的趋向，并有偏湿润的气候波动，不同于以前的夏代晚期。从西岔遗址来看，这种文化类型的房屋为长方形半地穴式，出土器物中农业工具较常见，有石斧、骨铲、石刀、石铲、石研磨器等（图4-15），出土陶器有高领罐等盛储器，鬲和甗为主的炊器，以及豆、盆、钵、鼎等，均为手制。整体而言，前龙山时期、龙山时期、夏代晚期、西岔时期这里都有农耕活动，而且活动强度在逐渐增强，其中在西岔时期

达到最高峰。夏代晚期之前曾经有农耕活动短暂的间断现象，西岔晚期也曾出现过农耕活动的停歇。[24]

由此可见，气候波动对内蒙古黄河流域早期人类社会对农牧业的不同选择有较为深远的影响。以现代人的视角来看，只有提高对自己所在区域资源的利用程度才能保证群体的生存，即加强可利用食物的广泛适应性，方是适应环境变迁背景下维持人类生存的重要途径。但在一个区域内狩猎采集能够提供的资源毕竟是有限的，随着对一个物种或几个野生高产物种的驯化，种植业比采集狩猎更能提供稳定的食物来源，半定居的生活逐渐代替了狩猎采集的游动生计方式，原始农业也开始产生。[25]

图 4-14-1 遗址出土的房址

图 4-14-2 房址复原图

图 4-14 阳湾遗址出土的房址及其复原图（鄂尔多斯博物馆供图）

图 4-15-1　穿孔石斧

图 4-15　鄂尔多斯地区出土的新石器时代农业工具（鄂尔多斯博物馆供图）

图 4-15-2　石铲

二、草原自然环境的形成及草原文明的出现

草原自然环境是地球上重要陆地生态构成区域类型之一，分布于南北半球温带与热带之间的广阔区域，其自然环境优劣对全球生态环境安全维护及人类社会生存发展具有重要影响。自地质时代以来，随着欧亚大陆草原带内草原自然环境及气候条件的逐渐形成，农业逐渐让位于畜牧业，出现了以游牧经济为基础的诸草原游牧民族，并创造出了辉煌灿烂的草原文化。中国工程院院士、草业科学家任继周曾指出：华夏文化历来由若干文化板块构成。而农耕文化与草原文化同属华夏农业文化，或简称为华夏文化的两翼，所起的作用不容忽视。华夏文化如果失去草原文化这一翼，很难想象华夏文明的状况。[26]可见，草原游牧文化在中华文化大系中的位置极为重要，是不可或缺的一部分。

（一）内蒙古草原自然环境与畜牧业的出现

早在旧石器时代，由于北方草原的自然条件能够满足农业生产的要求，蒙古高原上就已出现了较为发达的原始农业。但在公元前2000年—前1000年间，蒙古高原自然环境及气候条件向干旱寒冷趋势转变，这个趋势到公元前1000年左右达到高峰，导致从河湟—鄂尔多斯—西辽河流域沿线地区农业衰落。[27]自此而后，包括内蒙古黄河流域在内的整个蒙古草原上的农业生产逐渐衰落下去，除部分时期在其南缘一线出现了阶段性与局部地区性的农业生产外，在更广阔的时段与区域内，始终是以畜牧业为主。在草原自然环境形成之后的数千年里，人们主动调节自身以适应环境与气候的变

图4-16-1 铃首、动物首青铜短剑

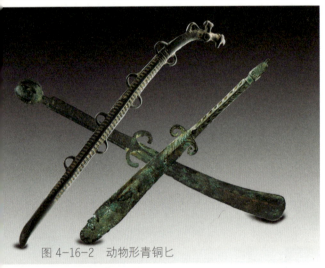

图4-16-2 动物形青铜匕

图4-16-3 铃首、动物首青铜刀

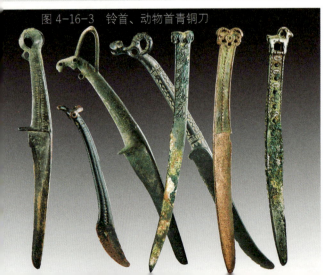

化而选择了发展畜牧业，并在长期的游牧生产与生活中，创造了辉煌灿烂的游牧文化（图4-16）。

概括而言，大致距今4000年前，受到干旱寒冷气候的影响，内蒙古黄河流域大部分地区的自然环境逐渐向草原自然环境过渡，在如此环境剧烈变动的影响下，传统的原始农业难以继续，顺应草原自然环境的形成，逐渐向半农半牧业及畜牧业方向过渡（图4-17）。从生态环境变迁的视角考察，草原自然环境形成以来是内蒙古黄河流域人类文明发展过程中的关键阶段，也是创造人类文明最为辉煌灿烂的历史阶段。对于"草原"的界定，根据《中华人民共和国草原法》第二条的规定，"天然草原包括草地、草山和草坡，人工草地包括改良草地和退耕还草地，不包括城镇草地"[28]。草原是地球上重要生态系统类型之一，自然与人文价值都十分显著，宋维明曾指出：

森林生态系统与草原生态系统共同构成了陆地最大的生态系统。在社会经济发展日益受到生态环

图4-16 代表草原文化的典型鄂尔多斯青铜器（鄂尔多斯博物馆供图）

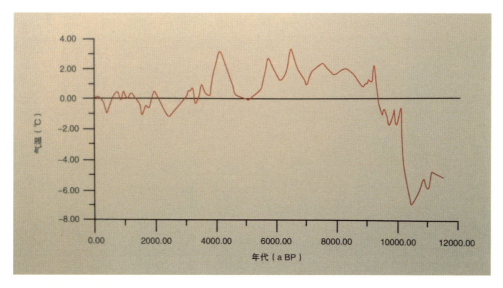

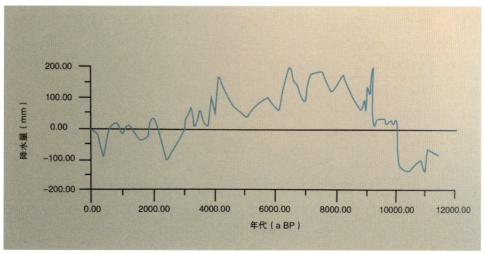

图 4-17　中国北方距今 1.2 万年以来气温、降水变化图（内蒙古博物馆供图，赵国兴摄影）

境问题影响的今天，森林生态系统，特别是森林生态经济系统受到的关注程度，远比草原生态经济系统要大得多，对草原生态经济问题的研究也不及森林生态经济研究的深入。实际上，草原与森林一样，对生态环境起着重要的支撑作用。但是，由于人们对草原问题重视不够，草原生态环境的恶化日益严重。草原学家任继周在给钱学森的信中："历史证明，人类文明发源于干旱地带，人类文明也首先毁灭于干旱地带，——人类生态环境崩溃的发源地。我们的草原正加速向毁灭前进。"[29]

由此可见，包括内蒙古黄河流域草原在内的整个内蒙古草原是我国锦绣河山的重要组成部分，一代又一代的游牧民族在这里繁衍生息，创造了辉煌灿烂的草原游牧文化。草原更是我国北疆的生态安全带，肩负着维护我国北方生态安全的重任。

中国是世界上的第二大草原国家。"草原面积3.93亿公顷，接近半壁江山"[30]。草原也是中国最大的陆地生态系统。中国草原分布范围广泛，粗略可划分为六大草原牧区，依据各牧区之面积大小，分别为西藏牧区（8205万公顷）、内蒙古牧区（7880万公顷）、新疆牧区（5726万公顷）、青海牧区（3636.97万公顷）、四川牧区（2253.88万公顷）、甘肃牧区（1790.42万公顷）等六个牧区。[31] 在这六大草原牧区中，内蒙古黄河流域所在的内蒙古牧区的草原面积位列第二位。由于西藏牧区的特殊地理位置和气候条件等影响了畜牧业的发展，因而内蒙古牧区草原的经济价值、生态价值等更加突出，它是我国可利用草原面积最大的地区，更是我国六大草原牧区之首（图4-18）。

内蒙古黄河流域位于今日内蒙古自治区的中南部。经历了第四纪

的气候变迁与环境变化，在全新世，蒙古高原绝大部分地区生物适应草原自然环境与气候的变迁而存活下来，这也为草原自然环境的发展和草原生态系统的稳定奠定了自然基础。随着草原自然环境与气候条件的形成及发展，人类社会也逐渐从采集渔猎、农业及农牧业并存的经济类型逐渐向单纯的以游牧经济为主导经济类型的方向过渡，适宜游牧业发展而出现并逐渐发展起游牧生产方式（图4-19、图4-20、图4-21）。全新世以来气候转寒及蒙古高原的形成直接促成了草原及游牧生产方式的出现，草原上出土的石器时代遗存是带有原始农业、采集渔猎业性质的，然而到了青铜时代，则更多的是带有典型的游牧经济特征，这一时期草原的温度明显下降，标志着全新世大暖期的结束。[32] 当地的农业发展也难以维持，进而转向了畜牧业，鄂尔多斯在此气候剧烈波动期内也出现了农牧业之间的更替，以畜牧业为主的经济与文化逐渐形成。

需要注意到，早期的畜牧业属于放养型，是依托定居农业而存在的，游牧业的产生晚于放养型畜牧业，与定居农业完全脱离。[33] 因此，虽然在采集渔猎的原始经济类型中孕育出了原始农业，又由原始农业分化出早期放养型的畜牧业，但在相当长的一段

图 4-18　当代草原地貌（鄂尔多斯博物馆供图）

图 4-19 鄂尔多斯地区出土的骨针（鄂尔多斯博物馆供图）

图 4-20 鄂尔多斯地区出土的骨锥（鄂尔多斯博物馆供图）

图 4-21 鄂尔多斯地区出土的骨镞（鄂尔多斯博物馆供图）

时期内，并没有明显的部门区别与区域分异，各生产形式之间相互补充、相互完善，形成你中有我，我中有你的结构特征。诚如韩茂莉所说："萌生于原始农业的畜牧业，不但在地域上与农业相互交叉，而且由于早期的畜牧业是与原始农业相伴而生，因此并不具备迁移特征，属于放养型畜牧业。随着农业生产内部结构进一步分化，以迁移生活为代表的游牧业逐渐游离出来，形成独立的生产部门。而依附于定居农业的放养型畜牧业继续与农业生产保持着密切联系，并以家庭舍养、近地放牧等不同形式持续发展到近现代。"[34]

（二）内蒙古黄河流域的草原文明

在鄂尔多斯地区，近代以来的考古工作者们发现，以动物纹饰为特征、刻绘着野兽搏斗场面的青铜兵器和饰件，时代最早的是出土于早商时期的墓葬之中，他们将这些器物统称为"鄂尔多斯青铜器"（图4-22—图4-26）。此种风格的青铜器不但扩展并影响到中国北方地区，而且在欧亚草原地区的游牧文化中也经常被发现。同样，在赤峰"夏家店"上层文化遗址中出土的青铜兵器，在欧亚草原的其他地区也有发现。因此，可以确定鄂尔多斯地区畜牧业兴起之后的早期游牧民们在纵马驰骋草原之时，也将早期的青铜器文化传播到了其他地区（图4-27）。从商周到春秋战国时期，他们的活动范围十分广阔，从西伯利亚到蒙古高原，从阴山南北到东欧草原，总是可以寻觅到他们的活动踪迹。[35]

图 4-22 青铜短剑（内蒙古博物院供图）

图 4-23 双虎咬斗纹银饰件（鄂尔多斯博物馆供图）

图 4-24　刺猬形银饰件
（鄂尔多斯博物馆供图）

图 4-25　银靴底形饰片
（鄂尔多斯博物馆供图）

图 4-26　虎噬鹿形青铜饰件
（鄂尔多斯博物馆供图）

图4-27-1 叠鸟形青铜饰件

图4-27-2 鸟形青铜饰件

图4-27-4 羊哺乳形青铜饰件

图4-27-3 双马咬斗纹青铜饰牌

图4-27-5 羊首青铜刀

图4-27 取材于草原生活环境的鄂尔多斯青铜器对比图（鄂尔多斯博物馆供图）

黄河流域环绕是影响鄂尔多斯高原成为人类文明重要发祥地之一的重要因素，当地人类文明源远流长，文化底蕴丰厚多彩。《农耕　游牧·碰撞　交融——鄂尔多斯通史陈列》一书引言中对鄂尔多斯地区的人类文明这样写道：

九曲回旋的萨拉乌苏所养育的"鄂尔多斯（河套）人"，开启了鄂尔多斯高原人类历史的新篇章；寨子圪旦遗址高高的祭坛、充满神秘色彩的喇叭口尖底瓶，折射着鄂尔多斯高原人类文明的曙光；三大袋足陶鬲，既镌刻着鄂尔多斯早期人类文明的辉煌，也维系着鄂尔多斯高原与中原文明的血脉；以鹰形金冠为代表的鄂尔多斯青铜器，拉开了北方游牧文明登上中国历史舞台的帷幕；蜿蜒巍峨的长城，见证着鄂尔多斯高原草原文明与农耕文明水乳交融的历史篇章；庄严肃穆的成吉思汗陵园，聚集了一代天骄的辉煌岁月以及草原儿女世世代代对他的敬仰。农耕文明与畜牧文明共同打造了鄂尔多斯悠久的历史和灿烂的文化篇章。[36]

可见，农耕与游牧经济的相继出现及同时存在共同塑造了内蒙古黄河流域（即内蒙古中南部地区）独具特色的悠久人类历史。

尤其是在黄河流经的鄂尔多斯及毗邻地区，自原始农业衰落以来，农耕与游牧文明在这一地区演绎的最为精彩，如张雯所说："历史上农牧业在鄂尔多斯地区交替发展，而作为农牧分界的长城有时修筑在鄂尔多斯以

图 4-28　鄂尔多斯最高峰——桌子山乌仁都西峰（鄂尔多斯博物馆供图）

北，有时又在以南的位置。鄂尔多斯地带代表着一个飘移和模糊的族群边缘，2000多年来，中心与边缘，文明与野蛮之间围绕着资源竞争在这里上演着一幕幕拉锯战，使鄂尔多斯的历史成为一部丰富的'地区世界史'。"[37]由此可以发现，历史时期农耕与游牧经济的相互碰撞与交融，成为鄂尔多斯地区人类社会历史发展的主旋律，并影响到当地自然环境与人类社会的发展变迁（图4-28、图4-29）。

　　正是由于鄂尔多斯被黄河环绕，

图 4-29　桌子山岩画（鄂尔多斯博物馆供图）

地处中原农耕民族与草原游牧民族的互动区，是联结中原与草原的自然通道，加之当地的特殊地理区位与独特的自然环境及气候条件，塑造了当地独具特色的人类文明与草原游牧文化（图4-30—图4-33）。但需要注意到，对于草原文化及游牧民族的评价历来褒贬不一，早期对游牧民族的历史研究多以贬低为主。日本学者杉山正明对此指出："先是来自近代西欧的亚洲蔑视、与之互为表里的优越感或歧视思想，再加上日本及中国学者们偏见或先入为主的助长，不知不觉间就创造出一个极为单纯、简化的

'历史坏人图像'。在高中世界史教科书等书籍里头，这种图像也一直被视做理所当然。这种在升学考试下内化于思想中的刻板印象，在无意识中就深植、定型了"。因此，"一直以来，不分东西方，总之只要提到游牧民，一般都会不分青红皂白地就直接作出负面印象的描述。从被世间称为名家的历史家或研究者，到民族学家、文明史家、评论家或作家等人士，也大致都以野蛮、杀戮等刻板印象来描述，几乎已经定型"[38]。杉山正明在创作《游牧民的世界史》时就明确指出要打破以往对游牧民族存在

图 4-30　桌子山岩画——山羊、花草（鄂尔多斯博物馆供图）

图 4-31　阿拉善岩画——放牧与围猎图（阿拉善博物馆供图）

图 4-32　阴山岩画——围猎图（河套文化博物院供图）

图 4-33　阴山岩画——动物群岩画（阿拉善博物馆供图）

的一些错误的负面印象，"'明明就不是这样啊'的想法就是这本书的主要写作动机"[39]。

事实证明，游牧文明并非以往所想象的那种负面形象，而是人类对自然环境的一种精巧利用与适应，王明珂也对此解说道：

人们对游牧社会的另一个误解为，"游牧"相对于农业而言是一种原始的人类经济生产方式，在人类文明史上属于由"渔猎"到"农耕"的中间进化阶段。事实上，正因为游牧所利用的是边缘、不稳定的自然资源，因此它需要人们高度技术性的对自然（地理环境与生物）的理解与掌握，并配合经济、社会各方面之种种精巧设计——此远非8000年前或5000年前新石器时代晚期的原始农民所能企及。因此在人类历史上，世界几种主要类型的专化游牧都大约出现在公元前1000至前400年之间，远较原始农业的出现为晚。[40]

由此可见，游牧经济是游牧民族对草原这样边际土地与恶劣自然环境及气候条件的高效利用，汤因比也十分推崇游牧民族的生存智慧，他指出："驯化动物显然是一种比驯化植物高明得多的艺术，因为在这里表现了人类的智慧和意志力对于一种更难控制的对象的胜利。牧人同农民相比，牧人是更高明的专家"；而千百年来游牧民族设法依靠他们自己不能食用的粗草来维持生活，把粗草变成他所驯化了的动物的乳品和肉类。[41]因此，游牧也是人类文明发展史上的巨大进步，马克思、恩格斯对此也指出："游牧部落从其余的野蛮人群中分离出来——这是第一次社会大分工。"[42]可见，游牧对于人类文明发展的贡献是不容小觑的，在当时的特定历史环境下甚至可以说是具有决定性的意义的。

就整个中国而言，"以农耕文化为基础的华夏文明主导着多民族统一历史的发展进程。中国历史上游牧文化与农耕文化之间彼此汲取、互相注入，使中国华夏农耕文明获得了不断发展壮大的动力，推

图 4-34　当今鄂尔多斯草原（鄂尔多斯博物馆供图）

动着中国多民族统一的历史进程"[43]。因此，无论农耕或游牧，都是构成中华文明的重要组成部分，推动着中国历史不断向前发展。在此认识基础上，我们回归到草原自然环境中人地之间的关系探讨。可以发现，游牧经济是适应草原地区特殊自然环境而出现的，游牧生产活动注重协调人与草原自然环境之间的和谐关系，也关注人类在谋求生存发展过程中同自然环境之间竞争的客观现实。正是在这样人与草原自然环境的和谐关系中，以鄂尔多斯为代表的草原游牧民族创造了独具特色的游牧文化，同时也实现了人与草原共荣共生的生存目标，这其中的合理性值得深入发掘与借鉴。

　　草原是一块神奇的土地，在这里生长的牧草生机勃勃，不仅饲养着成群的牲畜，而且还哺育了一个又一个的草原民族，他们生存着、繁衍着，延续着生命，也传承并发展着文化（图4-34）。在与草原的互动中，游牧民族也构筑了属于自己的生活空间，同时也创造了以草原为环境载体的游牧文化。时代在发展，游牧文化已几经变迁，也许，数千年中经历过辉煌的草原游牧文化，会随着社会的变迁而渐行渐远，但作为中华文明的组成部分，无论任何时候，都值得回味，且生机无限。

三、农牧交错带的形成及演变

（一）农牧交错带的形成与概念提出

依据现代农业生产条件要求分析，我国东部季风气候区、西北干旱区与北部高原区内不同的水热组合，导致各区内人类社会生产类型各不相同。北部高原与西北地区的光热组合不利于农业发展，导致当地以牧业为主，而东部及中原地区则是传统农业区，在两地域之间的过渡带就是农牧交错带。我国农牧交错带可分为北方与西南两大区域，以下若不做特定地域标识，所述"农牧交错带"均指"北方农牧交错带"。

北方农牧交错带形成于地质时代第四纪早期的更新世中期，在其形成之后的数千年里，带域范围及内部结构受气候及人口因素影响时有变动，在时间上表现为时农时牧，空间上表现为半农半牧，并经历过多次农牧业

的兴替。[44]因此，历史上的农牧交错带不单单是一条地理过渡带，更是中原王朝与北方草原民族碰撞与交融的核心区，同时也反映了经济社会及文化样式在地域组合上的迁移。从更深层意义上讲，更隐含着气候条件对农牧业生产的影响与操纵。[45]因此，农牧交错带的出现既是地理环境自身演变的结果，也受到人类社会的重要影响，农牧交错带也因此种自然与人文因素的影响而始终处于波动之中，体现出两类不同经济类型在此地区碰撞与交融的历史过程中共同推动着人类文明的发展。

气候要素除决定自然意义上的农牧交错带范围外，也对带内农牧业生产能否顺利进行有重要影响。农牧交错带位于过渡地带的特殊地理环境及气候敏感带的气候条件导致各气候因素变动频率更快、强度更剧烈，直接影响到带内农牧业生产。气候要素

包含气温、气压、风速风向、湿度、降水、云量云状、日照、雷暴、雾等多方面，不同地区的气候环境及各气候要素的异常波动对农牧业生产都极易造成破坏，且对农业产生的影响最甚。正如谢和耐所说："地域导致采纳某种生活方式，并对其有所限定。在某一海拔高度之上，超乎某种气候条件，小麦便无法生长而要让位于大麦与小米。蒙古的广阔草原地带更有利于畜牧业而不宜于农业……华北与蒙古南部不但适宜于农业而且亦宜于放牧马牛羊。地域规定着各种生活方式，反映出其发展、消退以及共存状态。"[46]因此，华北及蒙古高原南部广阔区域内能够同时满足农业与牧业生产的自然条件也是农牧交错带出现的必要前提（图4-35），且农牧交错带位于中高纬度的气候敏感地带内，

各气候因子变率较大，因而此地区农牧业选择及生产能否顺利开展受到气候条件的极大制约。

以今日之视角考察，农牧交错带位于典型季风气候区内，年均温在2℃~8℃，1月均温-8℃~-16℃，7月均温20℃~24℃，400mm等降雨线在本区纵横穿过。[47]农牧交错带的特殊地理环境及季风气候区也导致当地极易受到气候波动的影响，是敏感的生态脆弱带之一。[48]农牧交错带属于生态过渡地带，而生态过渡地带也是多种生态类型的交会地，且各生态类型多处于相变的临界状态，对外界干扰极为敏感，一旦外界干扰超出阈值，便可迅速扩大，且难于逆转。[49]因而当地自然条件也表现出过渡性特征，同时具备满足农耕与游牧经济发展的特性，这是影响农牧交错带出现并长期

图4-35-1 牧业与农业交错

图 4-35-2　草原上开辟的农业种植

图 4-35　当今鄂尔多斯西部农牧交错现状（奥静波摄影）

存在的必要自然前提。

　　较之畜牧业而言，农业对气候条件的要求更严苛，必要的气候条件是实现农业生产的自然前提，历史上出现的气候由暖转寒波动也影响到农业区分布范围及农业生产能否顺利进行，这在农牧交错带所处的中高纬度地区表现得最为显著。因此，气候因素对农牧交错带出现及范围界限波动的影响极其深远，越是靠近人类社会早期，其影响也越显著。纵观农牧交错带的发展变迁历史可以发现，由于气候波动而导致农牧交错带出现，且因历史时期气候波动而导致农业区北

界南北浮动及这一区域内人类社会对农牧业的不同选择，进而影响到农牧交错带范围及带域格局变迁。

　　对学术史梳理可以发现，对于农牧交错带的较早关注可追溯至20世纪早期，如日本学者江上波夫于1931年和1935年对锡林郭勒和乌兰察布考察时就所见蒙汉民族生活与农牧业生产分布情况指出："在广阔的内蒙古高原上，北半部是蒙古人的游牧地带，南半部是在汉人的耕地中点缀着一些蒙古人的牧场的蒙汉杂居地带……这两个地带内的蒙古人的生活迥然有别。"[50]江上波夫除记述了考察所

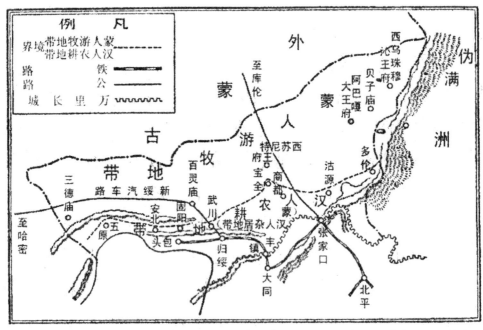

图 4-36　内蒙古高原蒙古人和汉人分布图（摘自《蒙古高原行纪》，内蒙古人民出版社，2008 年。）

见农牧交错带的分布特征之外，也绘制了其所见到的农牧交错带分布地图（图4-36）。

在我国，赵松乔1951年6月至9月在当时的察哈尔省察北专区六县、内蒙古察哈尔盟三县五旗及锡林郭勒盟五旗的野外调查工作结束后，于1953年首次提出"农牧过渡地区"概念，即"察北、察盟及锡盟是一个显著的农牧过渡地带：从外长城以南的集约农业地带向北递变为粗放农业区、定牧区、定牧游牧过渡区、以至游牧区"[51]。此后，赵松乔又于1959年对川滇等地农牧业地理做了调查，并将农牧交错带范围从北方延伸到西南地区，这是首次将我国农牧交错带大致范围完整地勾勒出来，其范围大致是从内蒙古高原东南缘，经辽宁西部、河北北部、山陕两省北部和宁夏中部，并在甘青两省交界处转而南北走向，经四川西部至云南西北部。[52]自此，我国境内农牧交错带出现了南、北两段的提法。

目前，对于农牧交错带概念的界定，较被认可的提法是1987年法国巴黎SCOPE会议确定的"相邻生态系统之间的交错带，其特征由相邻生态系统相互作用的空间、时间及强度所决定"的提法；我国学界普遍认可的观点是"农业区与牧业区之间的过渡地带，它在景观上表现为区域内草地、林地和农田景观在空间上大面积的交错分布，呈现出镶嵌或插花分布的农林牧复合景观格局；在社会经济和生产方式上表现为种植业、林业和畜牧业等多种生产方式在同一区域内并存"[53]。

（二）农牧业更迭与内蒙古黄河流域农牧交错带的形成

史前时代，农牧交错带内广布着发达的原始农业，畜牧业尚未出现或依附于原始农业而存在。根据前文所述，早在石器时代，蒙古高原上就已出现农业，到公元前2000年前后，鄂尔多斯、西辽河地区的农业有了一定发展。然而在公元前2000年—前1000年间，整个蒙古高原的自然环境及气候条件发生了剧烈变化，尤其是向着干旱、寒冷趋势转变，这一趋势到公元前1000年左右达到高峰，并导致从河湟地区—鄂尔多斯—西辽河流域沿线由农耕转向游牧，出现以此为界的南北农耕与游牧的分野。[54]

目前，有关气候波动导致北方农牧交错带出现的结论似已成为学界共识，许多学者对此做了大量的研究讨论。[55]韩茂莉对此进一步考证，总结道：蒙古草原上的草原民族由原始农业向畜牧业的转变几乎没有发生空间区域位移，是环境变迁推动人们适应环境放弃农业生产而转向畜牧业。[56]

此后，韩茂莉在考察畜牧业分离前农牧交错带内原始农业类型及分布基础上，进一步论述了因气候波动导致农牧交错带半农半牧区变化及农牧业分离与农牧交错带最终形成的过程，廓清了相关问题的讨论（图4-37、图4-38）。[57]因此，气候波动对史前内蒙古黄河流域原始农业衰落无疑产生了重要影响。

考察发现，农牧交错带形成于史前时期。根据韩茂莉的考察：畜牧业从原始农业中分离及畜牧区的出现是农牧交错带形成的重要标志，这一过程大约出现在距今3500~3000年，且与气候变化直接相关。[58]我国农牧交错带以北方为主，其面积约占农牧交错带总面积的80%，[59]其大致是北起大兴安岭西麓的呼伦贝尔，向西南延伸，经过内蒙古东南、冀北、晋北而至鄂尔多斯及陕北等地的一条广阔地带。[60]黄河在内蒙古流经的七个盟市的大部分区域（除阿拉善外）都位于农牧交错带内，是农牧交错带的主要构成部分，黄河流经也是维系带内农业生产的重要水源补给。

在黄河流经的内蒙古中南部地区，从仰韶至龙山文化时期出土的生产工具的种类变化也表明原始农业在这一地区的变迁情况，常璐对仰韶至龙山文化时期内蒙古中南部出土的生产工具种类进行了统计，见表4-1。

图 4-37-1　石铲

图 4-37-2　石镞

图 4-37　鄂尔多斯地区出土的代表两种不同经济形态的石器（鄂尔多斯博物馆供图）

图 4-38-1　陶垫

图 4-38-2　陶抹子

图 4-38　鄂尔多斯地区出土的手工业加工工具（鄂尔多斯博物馆供图）

表4-1　仰韶至龙山文化时期内蒙古中南部出土生产工具统计表

出土工具＼分期	陶刀	陶铲	陶纺轮	骨刀	骨匕	骨锥	骨凿	骨铲	骨镞	骨鱼钩	骨镖	角锥	角凿	蚌刀	蚌铲
仰韶早期	16		9	5	8	42	5	3	1	3		3		2	1
仰韶晚期	26	8	13	1	3	43	7	3	8		1		1		
龙山时代	9	1	17			20	6	2	1		1				

出土工具＼分期	石刀	石斧	石铲	石磨盘	石磨棒	石杵	石臼	石锄	石耜	石锛	石凿	石镞	石叶	磨石	石钻
仰韶早期	36	16	69	61	25	4				3	3	14	16	19	1
仰韶晚期	72	49	29	20	30	9		4		12		23	5	8	
龙山时代	73	73	3	8	10	8		1	1	16	13	21	2	1	5

出土工具＼分期	矛形器	尖状器	刮削器	砍砸器	研磨器	方形器	盘形器	饼状器	砺石	石球	石抹子	石垫子	石网坠	石纺轮
仰韶早期	1	4	10	7					15	2				2
仰韶晚期	1	1	11	12		1	3	6	3	10	1			18
龙山时代	3		16	1	2	2	1	1	12	13	12	3	2	25

（资料来源：摘自常璐：《内蒙古中南部地区新石器时代生计方式初探——以生产工具为视角》，《农业考古》2019年第6期。）

　　由表4-1可以发现，仰韶文化早期出土的生产工具中，以农业生产工具和粮食加工工具所占比重为最大，同时结合这一时期家养猪和狗（参见表4-2）的出现，说明以农业耕作为主，辅以饲养家畜。此外，这一时期出现的狩猎及加工工具占的比例也较大，这表明野生动物也大量存在，渔猎经济也是补充农业的重要生计方式。到了仰韶文化晚期，农业和狩猎依然是重要的生计手段，并且数量超过了上一个时期，只是到了龙山文化时期，出现了青铜器，进入铜石并用阶段。

表4-2 仰韶至龙山文化时期内蒙古中南部出土动物种类及数量统计表

动物属种	仰韶早期		仰韶晚期		龙山时代	
	最小个体数	所占比重（%）	最小个体数	所占比重（%）	最小个体数	所占比重（%）
猪	174	7.46	45	24.06	4	44.44
牛	7	0.30	7	3.21		
狗	40	1.72	40	11.23		
羊	2	0.09	2	0.53		
黄羊	3	0.13	5	2.67	1	11.11
马	1	0.04	4	2.14		
狍	872	37.41	37	19.79		
野猪			5	2.67		
鹿	1	0.04			3	33.33
马鹿	532	22.82	11	5.88		
斑鹿	9	0.39	1	0.53		
棕熊	30	1.29	1	0.53		
野驴			1	0.53		
豺	2	0.09				
狐	11	0.47	1	0.53		
貉	56	2.40	1	0.53		
狗獾	22	0.94				
豺猫	3	0.13				
野兔	5	0.21	1	0.53		
兔鼠	3	0.13	1	0.53		
鼬	1	0.04				

动物属种	仰韶早期		仰韶晚期		龙山时代	
	最小个体数	所占比重（%）	最小个体数	所占比重（%）	最小个体数	所占比重（%）
黄鼠	4	0.17	2	1.07		
鼢鼠	29	1.24	18	9.63		
鸟			4	2.14		
水牛	521	22.35				
鱼			7	3.74		
蚌	3	0.13	14	7.49	1	11.11
总计	2331	100	187	100	9	100

（资料来源：摘自常璐：《内蒙古中南部地区新石器时代生计方式初探——以生产工具为视角》，《农业考古》2019年第6期。）

由表4-2统计的仰韶至龙山文化时期内蒙古黄河流域出土的动物种类可以发现，从仰韶早期阶段开始，人类可以通过饲养、狩猎和渔猎等方式来获取动物的肉类资源，其中狩猎是主要的生计方式，饲养动物才刚刚发展起来，还未占到很大比重。但是到了仰韶晚期，可利用的动物种类与数量明显增加，人类的生计方式发生了一些改变，饲养的比重逐渐增加，成为重要性不亚于狩猎的生计方式。但是到了龙山时代，动物种类明显减少，可见的种类只有猪、羊、鹿、蚌。这个结论虽然受限于发表的材料，但在很大程度上也说明了此时的人类可捕食的动物大量减少，生计方式有可能产生了变化。[61]

因此，新石器时代的内蒙古中南部地区，由于地处于黄河的河曲内及沿岸，气候温暖，土地肥沃，宜于农业经济的开发。从最早的白泥窑文化遗存开始，农业经济就很发达（图4-39、图4-40），一直延续到相当于龙山文化时期，处于高度发展阶段。到龙山文化晚期，农业经济有所衰落，逐渐向畜牧经济过渡，形成半农半牧的经济形态。[62]

（三）个案分析：朱开沟文化所见农牧交错带的形成

就朱开沟文化而言，这一文化影响区域自早期至晚期的自然环境与气候条件经历了从森林草原向典型草原及干旱草原自然环境逐渐过渡的变迁过程，自然环境变化影响了人类社会的生产及生活方式变迁，当地的原初农业逐渐被游牧业所代替或农牧业在这一区域内同时并存，半农半牧的生产方式及农业生产方式开始向南、向东的方向上移动（图4-41）。[63]如现阶段对朱开沟遗址的科学研究即可发现，这一时期是内蒙古地区的牧业文化及游牧生产方式的兴起及发展的起始阶段，因而通过对朱开沟文化的考察，可以对史前内蒙古黄河流域的农牧业更替与农牧交错带形成加以了解。

21世纪以来，内蒙古自治区文物考古研究所与鄂尔多斯博物馆的研究人员对朱开沟文化遗址的各层文化层中五个不同层中的孢粉加以分析（图4-42），以此来对当时自然环境与人类社会的经济形态加以了解。其实验结果及结论为：

第一段，木本花粉较少，主要是草木科花粉，其中，蒿、藜花粉占全部花粉的50%左右。

第二段，木本花粉中出现了少量的胡桃和漆等阔叶林木，草本蒿、藜花粉增多，约占全部花粉的70%以上。

第三段，草本蒿、藜花粉继续增多，约占全部花粉的90%以上。

图 4-39　鄂尔多斯地区出土的石斧（鄂尔多斯博物馆供图）

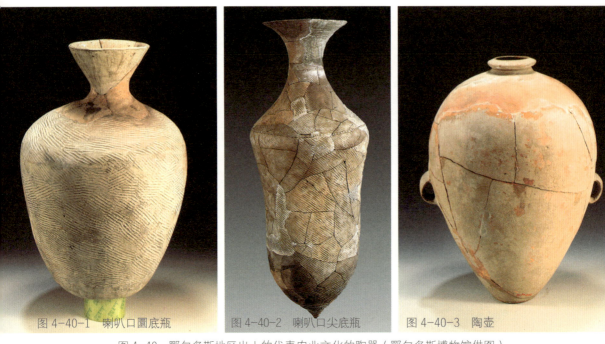

图 4-40-1　喇叭口圆底瓶　　　　图 4-40-2　喇叭口尖底瓶　　　　图 4-40-3　陶壶

图 4-40　鄂尔多斯地区出土的代表农业文化的陶器（鄂尔多斯博物馆供图）

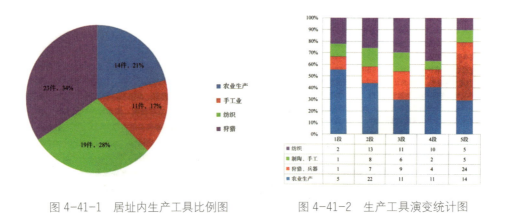

图 4-41-1　居址内生产工具比例图　　　　　图 4-41-2　生产工具演变统计图

图 4-41　朱开沟 I 区生产工具统计图（摘自《长河沃野——魏坚北方考古文选》，科学出版社，2020 年。）

段位	孢粉分析	年降雨及环境	饲养家畜比例（猪、羊、牛）
一	木本科花粉中有乔木，草木科花粉中蒿、藜花粉约占全部花粉的50%	≥600毫米 森林草原	1：0.45：0.36
二	木本花粉中有胡桃和漆等阔叶林木，草本科蒿、藜花粉增多，约占全部花粉的70%	450~600毫米 灌木草原	1：1.29：0.33
三	草本蒿、藜花粉继续增多，约占全部花粉的90%以上		1：1：0.27
四	木本花粉中出现了耐寒的云杉、桦、榆等，以针、阔叶混交林为主		1：1.15：1.15
五	木本科以松、杉针叶林为主，草本蒿、藜花粉约占全部花粉的93%	≤450毫米 接近典型草原	1：1：1

图 4-42　朱开沟遗址孢粉分析（鄂尔多斯博物馆制图）

第四段，木本花粉中出现了耐寒的云杉、桦、榆等，以松、桦针、阔叶混交林为主。

第五段，木本以松、杉针叶林为主，草本蒿、藜花粉约占全部花粉的93%。[64]

通过对不同层段孢粉数量的差别分析可以发现，朱开沟文化的第一段是以灌木、草本植物为多数，另有乔木，年降水量可达600毫米以上，气候温暖适宜，当地以森林草原自然景观为主。至第二及第三阶段，孢粉中的花粉含量显著增多，乔木减少，以灌木和草本植物为主，年降水量降到450毫米至600毫米之间，气温转寒、转干，当地自然景观也逐渐过渡到以灌木景观为主。到了第五阶段以后，主要植物是耐寒、耐干旱的蒿、藜等植物，这一时期气候转干冷，已经接近今天的典型草原景观。[65]通过对朱开沟文化发展演变过程的分析可知，自第三段之后鄂尔多斯地区的气候发生了急剧变化，逐渐向着干、冷的方向发展，这也影响到当地农业的衰落以及畜牧业的兴起。

根据引文所述，随着第三阶段以后内蒙古草原上气候的逐渐转寒、转干，人们越来越无法抵御气候波动与环境变迁带来的影响。在内蒙古草原上，农业生产受到气候波动的影响而难以保证农业收成，以农业为主导的经济类型已经无法保障当地人类的生存和发展。在此气候波动及环境变迁的影响下，畜牧业逐渐表现出对内蒙古地区新的自然环境及特殊气候条件

图 4-43-1　单耳罐

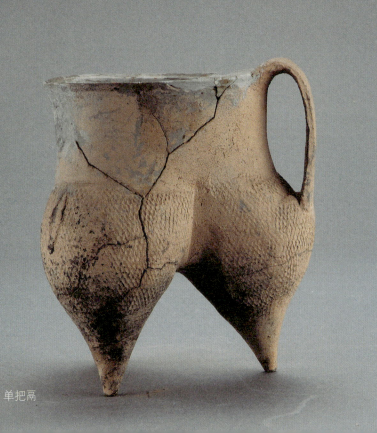

图 4-43-2　单把鬲

图 4-43-3　蛇纹鬲

图 4-43　朱开沟遗址出土的典型陶器（内蒙古自治区文物考古研究所供图）　　图 4-43-4　陶盉

的优越性和高度适应性。通过对现阶段考古资料分析，朱开沟文化从第四段开始，农业经济逐渐衰退，取而代之的是半农半牧的经济形态，这也是畜牧业逐渐从原始农业中衍生并分离出来的初期阶段（图4-43）。随着内蒙古草原自然环境及特殊气候的逐渐形成与稳定，游牧经济也逐渐成为当地主导型经济类型，游牧生产方式也随之出现（图4-44）。

在内蒙古草原上，畜牧文化首先在内蒙古黄河流域的鄂尔多斯地区的原始农耕文化中分离出来，完成了第一次人类社会大分工，这既是古人受自然因素变化影响的产物，也是古代草原先民主动适应自然环境变化、改变人类活动方式以实现人与自然环境和谐共存的关键一步。人类为了生存和发展，在人类生产力与生产工具不足以实现对自然环境改造利用时，只得调试自身生产及生活方式以适应新的自然与气候环境，主要表现在为了维持自身生存而调整土地利用方式。由农耕经济向游牧经济过渡的进行，是人类社会发展进步的表现，体现出人类对自然环境认知和开发利用水平的提高，同时也为我国草原游牧文化的形成和发展奠定了基础。

图 4-44　朱开沟遗址出土的铜戈（内蒙古自治区文物考古研究所供图）

注释

［1］ 何炳棣：《黄土与中国农业的起源》，北京：中华书局 2017 年版，前言，第 1 页。

［2］ 钱穆：《中国历史研究法》，北京：生活·读书·新知三联书店 2001 年版，第 73~74 页。

［3］ 钱穆：《中国历史研究法》，北京：生活·读书·新知三联书店 2001 年版，第 58 页。

［4］ ［德］马克思、［德］恩格斯：《马克思恩格斯文集》（第 3 卷），中共中央马克思恩格斯列宁斯大林著作编译局编译，北京：人民出版社 2009 年版，第 601 页。

［5］ 韩茂莉：《中国历史地理十五讲》，北京：北京大学出版社 2015 年版，第 12 页。

［6］ ［美］斯塔夫里阿诺斯：《全球通史：从史前史到 21 世纪》（第 7 版），吴象婴、梁赤民、董书慧、王昶译，吴象婴审校，北京：北京大学出版社 2012 年版，第 3~23 页。

［7］ ［美］斯塔夫里阿诺斯：《全球通史：从史前史到 21 世纪》（第 7 版），吴象婴、梁赤民、董书慧、王昶译，吴象婴审校，北京：北京大学出版社 2012 年版，第 6 页。

［8］ ［德］马克思：《资本论》（第 1 卷），中共中央马克思恩格斯列宁斯大林著作编译局译，北京：人民出版社 2004 年版，第 407 页。

［9］ 杨懋春：《人文区位学》，台北：五南图书出版公司 1983 年版，第 14 页。

［10］ 韩茂莉：《中国历史农业地理》，北京：北京大学出版社 2012 年版，第 1 页。

［11］ 何炳棣：《黄土与中国农业的起源》，北京：中华书局 2017 年版，第 3 页。

［12］ 内蒙古博物院、华南师范大学地貌与区域环境研究所等编著：《萨拉乌苏河晚第四纪地质与古人类综合研究》，北京：科学出版社 2017 年版，前言，第 1 页。

［13］ 翦伯赞：《中国史纲》第一卷《史前史·殷周史》，北京：商务印书馆 2010 年版，第 17~18 页。

［14］ ［美］斯塔夫里阿诺斯：《全球通史：从史前史到 21 世纪》（第 7 版），吴象婴、梁赤民、董书慧、王昶译，吴象婴审校，北京：北京大学出版社 2012 年版，第 23 页。

［15］ ［美］斯塔夫里阿诺斯：《全球通史：从史前史到 21 世纪》（第 7 版），吴象婴、梁赤民、董书慧、王昶译，吴象婴审校，北京：北京大学出版社 2012 年版，第 23 页。

［16］ ［德］马克思、［德］恩格斯：《马克思恩格斯选集》（第 4 卷），中共中央马克思恩格斯列宁斯大林著作编译局编译，北京：人民出版社 2012 年版，第 165 页。

［17］ 杨建华：《内蒙古先秦时代草原游牧文化研究的几个问题》，《草原文物》2011 年第 1 期，第 50~54 页。

［18］ 李荣辉、李春雷：《包头地区史前文化与农业》，《农业考古》2018 年第 1 期，第 31~37 页。

［19］ 杨泽蒙：《解读朱开沟文化》，载鄂尔多斯青铜器博物馆编：《鄂尔多斯文物考古文集·第三辑》（上册），内部刊印，2019 年版，第 286~288 页。

［20］ 内蒙古自治区文物考古研究所、鄂尔多斯博物馆编著：《朱开沟——青铜时代早期遗址发掘报告》，北京：文物出版社 2000 年版，第 285 页。

［21］李荣辉、李春雷：《包头地区史前文化与农业》，《农业考古》2018 年第 1 期，第 35 页。

［22］［美］贾雷德·戴蒙德：《枪炮、病菌与钢铁：人类社会的命运》，谢延光译，上海：
上海译文出版社 2016 年版，第 96 页。

［23］杨泽蒙：《解读朱开沟文化》，载鄂尔多斯青铜器博物馆编：《鄂尔多斯文物考古文集·第
三辑》（上册），内部刊印，2019 年版，第 284~285 页。

［24］汤卓炜、曹建恩、张淑芹：《内蒙古清水河县西岔遗址孢粉分析与古环境研究》，《边
疆考古研究》2004 年辑刊，第 274~283 页。

［25］陈胜前：《史前的现代化——中国农业起源过程的文化生态考察》，北京：科学出版
社 2013 年版，第 42~44 页。

［26］任继周：《草原文化是华夏文化的活泼元素》，《草业学报》2010 年第 1 期，第 1~5 页。

［27］王明珂：《华夏边缘：历史记忆与族群认同》，北京：社会科学文献出版社 2006 年版，
第 81 页。

［28］百度词条"中华人民共和国草原法"，网址：https://baike.so.com/doc/5470011-
5707923.html。

［29］盖志毅：《草原生态经济系统可持续发展研究》，北京：中国林业出版社 2007 年版，序，
第 1 页。

［30］刘晓莉：《中国草原保护法律制度研究》，北京：人民出版社 2015 年版，前言，第 1 页。

［31］农业部草原监理中心编：《草原执法理论与实践》，北京：中国农业出版社 2010 年版，
第 1 页。

［32］方修琦、孙宁：《降温事件：4.3kaBP 岱海老虎山文化中断的可能原因》，《人文地理》
1998 年第 1 期，第 71~76 页。

［33］游牧型畜牧业与放养型畜牧业存在许多差异，其中在以下几方面尤为突出：（1）规模：
放养型畜牧业中牲畜的食物来源主要限于聚落周围地带，因此畜养规模有限，与农业
生产之间的依存性很强。游牧型畜牧业中牲畜获取食物的空间范围很广，完全脱离了
农业聚落的束缚，畜养规模很大。（2）区域：由于放养型畜牧业与农业生产之间的依
存关系，其分布地区多与农业生产结合，出现在农耕区或半农半牧区。与放养型畜牧
业分布地区不同，游牧型畜牧业则跳出农耕区的基本范围，成为草原环境的产物，并
在迁移中建立了更广阔的生存空间。（参见韩茂莉：《论中国北方畜牧业产生与环境
的互动关系》，《地理研究》2003 年第 1 期，第 89~95 页。）

［34］韩茂莉：《论中国北方畜牧业产生与环境的互动关系》，《地理研究》2003 年第 1 期，
第 89~95 页。

［35］王大方、张文芳：《从考古发现看内蒙古草原文明的伟大贡献》，载董恒宇、马永真主编：
《论草原文化》（第一辑），呼和浩特：内蒙古教育出版社 2005 年版，第 124~132 页。

［36］鄂尔多斯博物馆编：《农耕 游牧·碰撞 交融——鄂尔多斯通史陈列》，北京：文

物出版社 2013 年版，引言，第 1 页。

［37］张雯：《自然的脱嵌——建国以来一个草原牧区的环境与社会变迁》，北京：知识产权出版社 2016 年版，第 48 页。

［38］［日］杉山正明：《游牧民的世界史》，黄美蓉译，北京：中华工商联合出版社 2016 年版，自序，第 1 页。

［39］［日］杉山正明：《游牧民的世界史》，黄美蓉译，北京：中华工商联合出版社 2016 年版，自序，第 1 页。

［40］王明珂：《游牧者的抉择：面对汉帝国的北亚游牧部族》，上海：上海人民出版社 2018 年版，第 8~9 页。

［41］［英］汤因比：《历史研究》（上册），曹未风等译，上海：上海人民出版社 1986 年版，第 210~211 页。

［42］［德］马克思、［德］恩格斯：《马克思恩格斯选集》（第 4 卷），中共中央马克思恩格斯列宁斯大林著作编译局编译，北京：人民出版社 1995 年版，第 160 页。

［43］段友文：《走西口移民运动中的蒙汉民族民俗融合研究》，北京：商务印书馆 2013 年版，第 20 页。

［44］萧凌波、方修琦、叶瑜：《清代东蒙农业开发的消长及其气候变化背景》，《地理研究》2011 年第 10 期，第 1775~1782 页。

［45］满志敏：《中国历史时期气候变化研究》，济南：山东教育出版社 2009 年版，第 353 页。

［46］［法］谢和耐：《中国社会史》，黄建华、黄迅余译，南京：江苏人民出版社 2010 年版，第 11~14 页。

［47］吴鸿宾等编著：《内蒙古自治区主要气象灾害分析》，北京：气象出版社 1990 年版，第 1~12 页。

［48］罗海江、白海玲、方修琦等：《农牧交错带近十五年生态环境变化评价——以鄂尔多斯地区为例》，《干旱区地理》2007 年第 4 期，第 474~481 页。

［49］郑度等：《中国生态地理区域系统研究》，北京：商务印书馆 2008 年版，第 138 页。

［50］［日］江上波夫等：《蒙古高原行纪》，赵令志译，呼和浩特：内蒙古人民出版社 2008 年版，第 233 页。

［51］赵松乔：《察北、察盟及锡盟——一个农牧过渡地区的经济地理调查》，《地理学报》1953 年第 1 期，第 43~60 页。

［52］刘洪来、王艺萌、窦潇等：《农牧交错带研究进展》，《生态学报》2009 年第 8 期，第 4420~4425 页。

［53］路战远编著：《中国北方农牧交错带生态农业产业化发展研究》，北京：中国农业出版社 2016 年版，第 6~7 页。

［54］王明珂：《华夏边缘：历史记忆与族群认同》，北京：社会科学文献出版社 2006 年版，

第 81 页。

［55］方修琦：《从农业气候条件看我国北方原始农业的衰落与农牧交错带的形成》，《自然资源学报》1999 年第 3 期，第 212~218 页；连鹏灵，方修琦：《岱海地区原始农业文化的兴衰与环境演变的关系》，《地理研究》2001 年第 5 期，第 623~628 页；方修琦，孙宁：《降温事件：4.3kaBP 岱海老虎山文化中断的可能原因》，《人文地理》1998 年第 1 期，第 71~76 页；张兰生、方修琦、任国玉等：《我国北方农牧交错带的环境演变》，《地学前缘》1997 年第 1~2 期，第 126~136 页；方修琦、章文波、张兰生：《全新世暖期我国土地利用的格局及其意义》，《自然资源学报》1998 年第 1 期，第 16~22 页；赵艳霞、裘国旺：《气候变化对北方农牧交错带的可能影响》，《气象》2001 年第 5 期，第 3~7 页；等。

［56］韩茂莉：《论中国北方畜牧业产生与环境的互动关系》，《地理研究》2003 年第 1 期，第 89~95 页。

［57］韩茂莉：《中国北方农牧交错带的形成与气候变迁》，《考古》2005 年第 10 期，第 2、57~67 页。

［58］韩茂莉：《中国北方农牧交错带的形成与气候变迁》，《考古》2005 年第 10 期，第 2、57~67 页。

［59］赵哈林、赵学勇、张铜会等：《北方农牧交错带的地理界定及其生态问题》，《地球科学进展》2002 年第 5 期，第 739~747 页。

［60］张兰生：《以农牧交错带及沿海地区为重点开展我国环境演变规律的研究（代序）》，《干旱区资源与环境》1989 年第 3 期，第 1~2 页。

［61］常璐：《内蒙古中南部地区新石器时代生计方式初探——以生产工具为视角》，《农业考古》2019 年第 6 期，第 28~35 页。

［62］张景明：《内蒙古中南部地区新石器时代原始经济类型》，《内蒙古文物考古》2005 年第 2 期，第 60~65 页。

［63］张久和主编：《内蒙古通史》第一卷《远古至唐代的内蒙古地区》，北京：人民出版社 2011 年版，第 79 页。

［64］内蒙古自治区文物考古研究所、鄂尔多斯博物馆编著：《朱开沟——青铜时代早期遗址发掘报告》，北京：文物出版社 2000 年版，第 287 页。

［65］内蒙古自治区文物考古研究所、鄂尔多斯博物馆编著：《朱开沟——青铜时代早期遗址发掘报告》，北京：文物出版社 2000 年版，第 287~288 页。